高等院校体育类基础课"十三五"规划教材

顾问◎胡声宇

体育运动心理学

Sport Psychology

主　编　黄志剑
副主编　熊明生

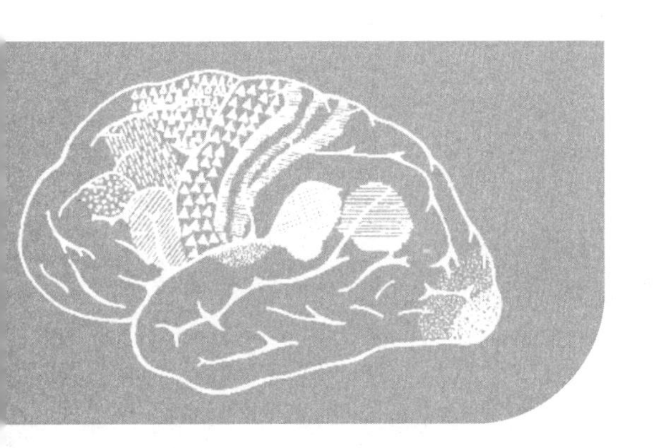

華中科技大學出版社
http://www.hustp.com
中国·武汉

图书在版编目(CIP)数据

体育运动心理学/黄志剑主编. —武汉:华中科技大学出版社,2016.5 (2023.8重印)
ISBN 978-7-5680-1444-1

Ⅰ.①体… Ⅱ.①黄… Ⅲ.①体育心理学-高等学校-教材 Ⅳ.①G804.8

中国版本图书馆 CIP 数据核字(2015)第 284270 号

体育运动心理学 黄志剑 主编

Tiyu Yundong Xinlixue

策划编辑:曾 光
责任编辑:赵巧玲
封面设计:孢 子
责任校对:张会军
责任监印:张正林

出版发行:华中科技大学出版社(中国·武汉) 电话:(027)81321913
武汉市东湖新技术开发区华工科技园 邮编:430223

录 排:华中科技大学惠友文印中心
印 刷:武汉市首壹印务有限公司
开 本:787mm×1092mm 1/16
印 张:13.5
字 数:316 千字
版 次:2023 年 8 月第 1 版第 9 次印刷
定 价:36.00 元

前 言

QIANYAN

运动心理学是体育院校体育学和运动学类各专业的专业必修课，也是普通高等学校体育教育专业的一门主干课程。根据国家体育总局全国体育院校教材委员会的要求及教育部《普通高等学校体育教育本科专业各类主干课程教学指导纲要》(教体艺厅〔2004〕9号文件)精神，由武汉体育学院运动心理学教研室组织具有丰富教学科研经验的教师，经多次研讨编写了本书。

现有体育运动心理学课程的教材和教学中普遍存在两种不足：一是脱离了心理学学科基础，直接从体育运动心理现象与问题入手，导致学生很难掌握相关知识；二是将心理学和体育运动心理学分为两门课程分开讲授，或者只讲一般心理学/心理健康知识，体育类专业的学生在心理学的学习过程中无法将心理学知识与他们的体育实践经验有机地结合起来，从而降低了他们的学习兴趣。

本书内容从身心交互作用的角度来组织和编写。每一章的结构上，先介绍一般的心理学内容，再联系体育运动，阐述体育运动与该部分心理现象、心理规律间的相互依赖与影响(作用与反作用)。从教学实践的实际需要来看，本书力图将基本的心理学内容与体育运动的现实问题较为紧密地联系起来，帮助读者从运动实践中理解与运用心理学。

本书由黄志剑担任主编，李琼负责统稿。参加本书编写的成员有黄志剑(第一章)、黄端(第二章)、李琼(第三章)、熊明生(第四章)、徐霞(第五章)、祝大鹏(第六章)、叶娜(第七章)、洪晓彬(第八章)。

由于编者的编写水平有限，书中错误和不足之处在所难免，恳请同行专家和广大读者批评与指正。

目　录

MULU

第一章　概论　/1
　第一节　心理与心理学　/1
　第二节　体育运动中的心理学　/12

第二章　认知过程与体育运动　/18
　第一节　认知心理学概述　/18
　第二节　知觉、表象与决策　/26
　第三节　体育运动中的知觉与决策　/35
　第四节　体育运动中的表象　/38
　第五节　体育运动与工作记忆　/44

第三章　注意　/49
　第一节　注意的定义与品质　/50
　第二节　注意的选择性　/55
　第三节　注意对运动成绩的影响　/60
　第四节　运动对注意的影响　/68
　第五节　如何提高注意水平　/70

第四章　情绪　/76
　第一节　概述　/76
　第二节　竞技运动中的情绪　/80
　第三节　健身运动的情绪效应　/95

第五章　动机与体育运动　/104
　第一节　动机概述　/104
　第二节　动机理论与体育运动　/108

第六章　人格和体育运动与个体社会化　/125
　第一节　人格概述　/125

第二节　人格与体育运动　/139
第三节　体育运动与个体社会化　/141

第七章　体育运动与心理健康　/158
第一节　心理健康概述　/158
第二节　体育运动与心理健康　/169

第八章　团体心理学　/180
第一节　团体心理学基础理论　/180
第二节　团体心理学在体育运动中的应用　/189

参考文献　/207

第一章　概　　论

教学目的

(1) 认识人类心理的本质、来源和主要内容。

(2) 了解心理学的概念和主要知识体系。

(3) 认识心理学的研究意义和应用价值。

(4) 了解运动心理学的基本概念、作用及学科发展历程。

(5) 初步建立身心交互作用的观点。

重要概念

心理现象、心理学、心理学流派、运动科学、体育运动心理学。

体育运动心理学是一门年轻的交叉学科。它一方面研究人们在从事体育运动的整个过程(前、中、后)中受到哪些心理因素的影响;另一方面探讨体育运动作为人类社会实践的一部分,会对参与者的心理产生怎样的影响。所以,我们在学习体育运动心理学时,需要始终将身体活动与心理活动之间的交互作用作为理解问题和思考问题的关键。

通过对体育运动心理学的学习,我们将对体育运动的本质与规律形成一些新的见解与思考。这不仅有助于我们更好地从事与体育运动有关的各种实践活动,而且有助于我们加深自我了解与自身发展。

本章的主要内容包括两个方面:一是对人类心理现象以及心理学的简要介绍;二是体育运动与心理的关系,体育运动心理学的主要研究领域,以及体育运动心理学与其他体育科学的关系。

第一节　心理与心理学

在我们开始学习心理学之前,首先要对人类"心理"有一定的了解。对于许多人而言,"心理"是一个经常使用但又充满神秘色彩的概念,事实也的确如此。这一概念和"灵魂""心灵"等词汇一样,反映的是人类精神层面的内容。人类精神层面的内容非常丰富,且具有多样性(如宗教的,哲学的,文化的,等等),所以“心理”一词则更能反映人们通过科学途径了解自身精神世界的愿望。

我们常常将心理与心理学联系在一起。其实,心理是对所有心理活动与心理现象的总称,而心理学则是一门将心理作为研究对象的科学。英文中的心理学“psychology”一词由希腊文中的 psyche 和 logos 两词合成,前者意指“心灵”,后者含义为“论述”。那么,我们所说的心理到底是指什么呢?回答这个看似简单的问题还要从心理的内容、来源、功能与意义等方面说起。

一、心理的内容

在当代心理学的知识体系中,“心理”一词是心理活动的简称,也叫作“心理现象”。它主要是指包括心理过程、心理状态和个性心理特征等内容在内的心理现象的总和。

1. 心理过程

心理过程是指人的心理活动发生、发展的过程,即客观事物作用于人(主要是大脑)时,在一定的时间内大脑反映客观现实的过程,也包括心理事件的相互作用和相互转化的加工进程。心理过程通常被人为地划分为认知过程、情绪和情感过程、意志过程,三者合在一起简称为“认知、情感、意志”。在实际情境中,认知、情感和意志这三个过程是相互联系、相互作用并且统一在一起的。

认知过程又称为认识过程,是指人们获取知识和运用知识的过程。它包括感觉、知觉、记忆、思维、想象和言语等。人对世界的认识始于感觉和知觉。我们的五官(目、耳、鼻、舌和口)是我们与外部世界保持接触的主要感觉系统。我们通过感觉获取事物个别属性的信息,如颜色、明暗、声调、气味、形状、软硬,等等。知觉是对感觉信息进行解释的过程。它反映了事物的整体关系,如一辆汽车、一幢房子、一场紧张的比赛、一群热情的观众等。感觉和知觉通常是同时发生的,因而被合称为感知。

感知过的经验能储存在头脑中,必要时还能提取出来,这就是记忆。借助感觉系统认识周围世界的可能性是很有限的。它只能使人认识到直接作用于感官的具体事物。人了解世界的知识显然不是仅仅由感觉、知觉提供的。人还能通过对已有的知识经验的加工去获取间接的、概括的知识,认识事物的本质和规律,这就是思维。例如,人们借助于思维可获得关于基本粒子的知识和遥远的星球的化学成分的知识等。正常成人的思维和言语活动有着不可分割的联系:一方面语言是思维的工具;另一方面,人们可以用言语把认识活动的成果与他人交流,并接受他人的经验。通过他人的描述,人脑能想出从未感知过的新形象,这就是想象。例如,人们能想象出史前人类社会的生活情境及“外星人”的形象。

感觉、知觉、记忆、思维、想象等都是为了弄清事物的性质和规律,使人获得知识的心理过程,在心理学上统称为认知过程。

当人认识周围事物的时候,他总是以某种态度来对待它们,他的内心会产生一种特殊的体验,或满意或不满意,或愉快或不愉快,还有我们通常所说的喜、怒、哀、惧及美感、理智感、自豪感、自卑感,等等,这些心理现象称为情绪和情感。情绪过程就是人对待他所认识的事物、所做的事情及他人和自己的态度体验。人不仅能认识世界,对事物产生某种情绪体验,而且能在自己的活动中有目的、有计划地改造世界。人在自己的活动中设置一定的目的，按计划不断地排除各种障碍，力图达到该目的的心理过程称为意志过程。

2. 心理状态

心理状态是指人在某一时刻的心理活动水平，是人的心理活动在信息加工过程中出现的相对稳定的状态。例如，一个人在一定时间里（如比赛之前）是积极向上还是悲观失望，是紧张、激动还是轻松、冷静等。心理状态犹如心理活动的背景。当人处于不同心理状态时，人的心理活动可能表现出很大的差异性。这一点在体育运动中表现得尤为突出：有些运动员在重大比赛中的表现和在平时训练中的表现判若两人（见本章拓展阅读1），这就是因为他在比赛和训练时处于不同的心理状态。

3. 个性心理特征

个性心理特征是显示人们个别差异的一类心理现象。由于每个人的先天因素不同、生活条件不同、所受的教育影响不同、所从事的实践活动不同，因此每个人身上总是带有个人特征，这样就形成了兴趣、能力、气质、性格的个体差异。譬如：每个人的兴趣广泛性，兴趣的中心、广度和兴趣的稳定性不同；每个人的观察能力、注意（能）力、记忆能力、想象（能）力、思考能力及表达能力、运动能力各不相同（见图1-1）。所有这些都是个性，它反映了个体心理相对稳定的不同特点。心理现象中的兴趣、能力、气质和性格等内容，统称为个性心理特征。

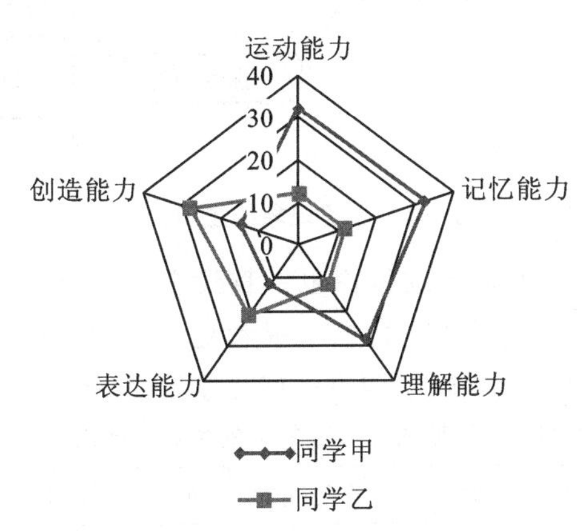

图1-1 不同个体的能力分布具有差异性

上述心理内容的三个部分之间是紧密联系、相互作用的关系。事实上，我们更应该把它们视为一个有机的整体，它们共同影响着人的行为。心理学家将它们进行划分，只是为了方便我们描述和理解人的心理这一复杂的现象。

二、心理的来源

如图1-2所示，人类的心理现象具有如此丰富的内容，而且在每一个个体身上的表现又各不相同。那么这些纷繁复杂的心理内容从何而来呢？中国古代认为人的性情思想是由一定的器官承担的，并且其活动会在器官上反映出来，如“心之官则思”（《孟子》），把心脏看成思考的器官。这种观点至今在汉语言中还留有痕迹，如“心中有数”“计上心来”“心爱”“心想”“心烦”“心疼”等，在汉字中几乎所有表示心理活动的字都带“心”旁，如思、情、意、恶、恨、感、惧、怒等。也有人曾提出“人精在脑”“头者神之所居”（《春秋元命苞》）等观点，认为心理的产生与脑的活动相关。在身心关系问题上，“神形合一”“形神相印”等思想在《黄帝内经》等涉及医学心理的著作中有很多阐述和应用。

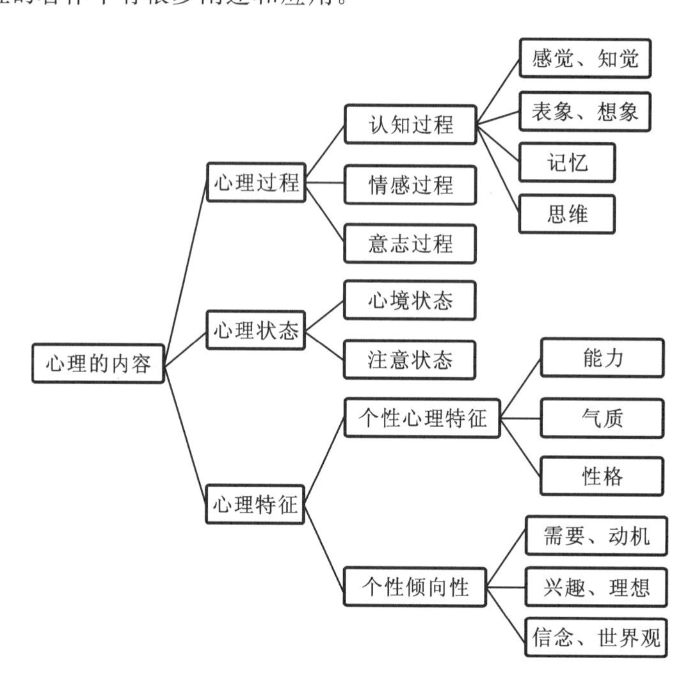

图 1-2　心理现象的主要内容

而在西方历史中，关于心理来源的争论也一直没有停止过，长期以来都存在着诸如“人的精神与躯体是联系的还是独立的?”“思想与观念是与生俱来的还是后天经验所致的?”等问题的尖锐对立。表 1-1 中大致反映了西方一些哲学家、思想家关于上述问题的态度。

表 1-1　早期关于心理问题的争论及代表人物

精神与躯体是相互联系的	精神和躯体是相互独立的	人有些观念是与生俱来的	心灵像一块白板
古代希伯来人	苏格拉底	苏格拉底	亚里士多德
亚里士多德	柏拉图	柏拉图	洛克
奥古斯丁	笛卡尔		

可以说，有关心理来源及身心关系问题的思考与争论在人类文明历史中从来就没有停止过。随着人类社会的发展和科学的不断进步，人们关于心理的来源逐渐有了更加系统和科学的观察与理解。

目前，辩证唯物主义的心理观认为，人类心理的来源主要可以从两个方面阐述：一是脑是心理的器官，心理是脑的机能；二是心理是对客观现实的能动反映。

（一）脑是心理的器官，心理是脑的机能

现代生物科学和心理学的大量研究早已证实，大脑是产生心理的主要器官。科学论断和研究结果足以说明，心理与脑的活动是直接相关的，产生心理的器官是脑。正如列宁所言：心理的东西，如意识等是物质（即物理的东西）的最高产物，是叫作人脑的这样一种特别复杂的物质的机能。

大脑的主要机能是接受下级中枢的神经冲动，引起大脑皮层有关区域神经元的兴奋，从而产生对特定刺激的感觉，管理身体各部分的活动；通过大脑皮层的分析器的活动，使机体对事物的作用产生知觉、联想、评价及发出行动的指令，通过大脑的分析、综合活动，使感觉器官接受的信息传到中枢之后，中枢能依据信息的意义主动去调节感受器，以便有选择地或更有效地去了解这些信息，同时从中枢传出的指令引起效应器的运动后，这种动作的状况也会反馈给中枢，以便中枢依据其有效性对运动做进一步的调节，使机体的活动更加准确和精细。

大脑产生心理活动的主要方式是反射活动，反射是有机体借助中枢神经系统实现对体内外刺激所做出的规律性的应答活动。实现反射的全部生理结构，称为反射弧。反射弧一般包括五个环节：感觉器官、传入神经、中枢神经、传出神经、效应器（肌肉、腺体等）。反射活动一般都需要经过完整的反射弧来实现。比如，听到发令枪响起跑这一活动经过学习形成相对稳定的反射后，是这样实现的：当枪声作用于运动员的耳（感觉器官）引起神经兴奋，兴奋沿着传入神经到达中枢神经，由中枢神经发出指令传到与起跑相关的肌肉（效应器）引起一系列肌肉运动，从而完成起跑动作（起跑动作同样也是经过学习获得的反应方式）。这就是一个简单的反射弧模式。

图 1-3 为大脑皮层主要中枢分布示意图。

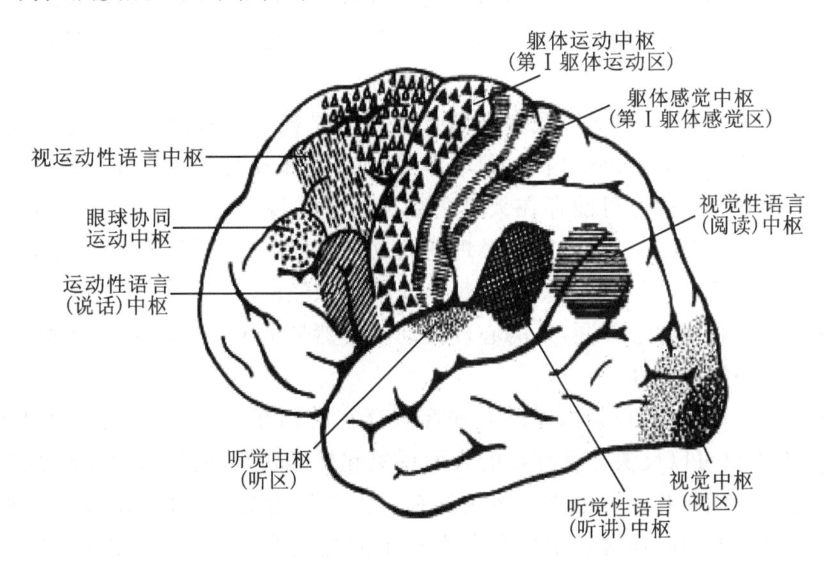

图 1-3 大脑皮层主要中枢分布示意图

（二）心理是对客观现实的能动反映

了解了心理产生的物质基础之后，我们需要回答一个问题：人类丰富多彩的心理内容从何而来呢？现代心理学认为，人脑必须在客观现实的影响下才能实现其复杂的心理机能，从而把客观存在转化为主观心理。人脑好比是个“加工厂”，客观存在就是“原材料”。没有“原材料”，大脑这个“加工厂”就不能生产出任何产品。没有客观事物的作用，就不能实现人脑的反映机能。只有在客观存在的作用下，人脑的反映机能才能由可能性变为现实性。客观存在制约着人的心理发展方向、速度和可能达到的水平。因此，人的心理所反映的是客观存在，客观存在是人的心理的源泉。对人来说，客观存在包括自然环境和社会环境。自然环境包括日月山川、蓝天白云等；社会环境包括城市、乡村、工厂、学校、家庭、风俗习惯、文化传统、人际关系等。社会环境是人的心理的最重要的起决定性作用的源泉和内容。

离开了社会环境，就不可能产生正常人的心理。“狼孩”便是一个典型的实例。1920年，印度人辛格在加尔各答附近发现了两个“狼孩”，大的7岁，取名为卡玛拉，小的2岁，取名为阿玛拉(很快便死亡了)。起初，卡玛拉用四肢爬行，双手和膝盖着地歇息，她害怕强光，白天蜷伏在黑暗角落里睡觉，夜间潜行，不穿衣物，不怕冷，不洗澡，用舌头舔饮生水和流汁，只吃扔在地板上的生肉。经过辛格的照料和教育，2年后她学会了站立，6年后学会独立行走。卡玛拉在8岁时只有6个月婴儿的智力水平，4年后学会了6个词，7年后学会45个词，17岁死去时只相当于4岁儿童的智力水平。这一事实告诉我们：一个人如果离开人类社会，尽管他有着正常的人脑，也不可能产生正常人的心理。卡玛拉自幼远离人类社会，生活在动物的自然环境里，她只能成为生物的个体，而不可能产生正常人的心理。即使后来她回到人类社会，得到多年的教育和训练，也难以达到正常人的心理发展水平。

无论是离奇的幻想还是虚无缥缈的神话故事，其内容材料都来自于客观存在。正是由于客观存在中复杂的事物作用于人脑，人才能产生感觉、知觉、记忆、思维、想象、情感、意志等心理过程和个性心理特征及个性倾向性。所以说，客观存在是人的心理活动的源泉和内容。

需要指出的是，人类心理对客观存在的反映并不是被动刻板的。人的心理是对客观存在的主观能动反映。对老师讲的内容，每个学生的感受和收获并不相同。每个人对商场里的同一件商品的好恶程度也可能存在天壤之别。这些都说明，人的心理按其内容和源泉及其发生方式来说，是客观的。但就产生心理的人这一主体来说，任何心理都是属于一定主体并产生于具体人的脑中，不可替代。由于每个人的知识经验、生活经历、世界观、需要、态度、个性特征及当时的心理状态不同，人的心理活动就必然带上了鲜明的个人色彩，人就表现出了对客观事物反映的主观性。

在主观反映客观存在的同时，通过人和客观存在的相互作用，对客观存在进行积极的、能动的反映，人不仅可以反映客观存在的表面现象和外部联系，而且可以反映客观存在的本质和规律，从而有目的、有计划地改造客观存在。人类行为的目的性、计划性和创造性都在一定程度上反映了人类心理对客观世界具有一定的能动性。毛泽东同志在1956年写下的“高峡出平湖，当惊世界殊”诗句，在2003年成为三峡大坝初步建成的客观存在，也是人类心理在反映客观存在的基础上对其具有一定能动作用的有力证据。优秀运动员为了准备重大比赛与教练员一同制订长期训练计划并坚持执行计划，最终有效地提高了运动成绩，也是心理能动性的具体表现。

正是基于人的心理的能动性，人才成为自然界的主人。但是人的心理的能动性并非随心所欲的"自由意志",其基础是人类的社会实践。由于社会实践经验的积累,人才能通过思维的抽象与概括深入反映事物的本质与规律。只有掌握了事物的本质与规律,人的行动才能成为自觉行动,进而产生巨大的能动作用。

三、心理的功能与意义

了解了心理的内容与来源之后,我们还需要回答另外两个问题:心理的功能是什么? 了解心理现象及其活动规律有何意义?

从宏观上来看,我们可以从哲学认识论,以及物质与意识之间关系等问题的讨论中理解心理对人类认识世界和改造世界的重要作用。而在微观层面上,每个人的心理活动都与其行为密不可分。可以说,心理是理解个体行为特征与规律的必经之路。这里我们所说的行为,是有机体在外界环境刺激下引起的反应,它既包括外显的骨骼肌运动,又包括内在的生理变化和心理变化。S-O-R 是一个典型的行为模式。S 代表刺激、O 代表有机体、R 代表行为反应。而我们将要学习的心理学正是从微观视角对心理与行为的关系进行研究的一门学科。

四、心理学的知识体系

心理学是一门研究人类及动物的心理现象、精神功能和行为的学科,它既是一门理论学科,又是一门应用学科。

人们关于心理现象及其特征、规律的研究由来已久。但直到 1879 年德国生理学家冯特在莱比锡大学建立第一个心理学实验室,心理学才从哲学、生物学等学科中脱离出来,成为一门真正独立的学科。心理学成为一门真正独立的学科的主要标志之一,就是放弃了传统哲学中内省思辨的研究方法,而采用实证主义的途径对心理现象进行研究。也就是说,所有知识来源于意识经验,来源于观察与实验。在此之后的一百多年中,心理学的学科知识体系不断拓展丰富,成为一门无论在基础研究领域还是在社会实践活动中都极富活力的学科。

当代心理学研究领域已经涉及人类生活的各个方面,产生了很多分支。这些分支按其性质可以划分为两大类:一类属于心理学的理论研究,通过各种方法和途径,探讨心理活动的基本规律;另一类为心理学的实际应用,探讨如何使心理学在生活实践的不同领域发挥作用。

1. 心理学的理论领域

1) 实验心理学与认知心理学

实验心理学借助科学的实验方法,研究科学心理学发展初期的那些传统核心课题,如感觉、知觉、学习、动机和情绪等。实验心理学的实验设计比较复杂,人们需要设计出一定条件,在此条件下用某种刺激引发出所期望的行为,以便进行观察,然后对结果做统计分析。认知心理学与实验心理学相近,致力于研究人的高级心理过程(如记忆、推理、信息加工、语言、问题解决、决策和创造性活动),用科学实验的方法探讨内部心理活动规律,实验设计要求严格。

2）人格与社会心理学

社会心理学主要研究人与人之间的行为和社会力量对行为的控制和影响。其典型课题有态度的形成和变化、偏见、顺从、攻击行为、亲密关系和集体行为等。其研究成果有助于人在人际交往中取得成功。人格心理学研究个人独特的心理特征和个体行为的稳定性特征，同时也探讨人格形成的影响因素并对人格特征进行测量、评估和培养。

3）发展心理学

发展心理学研究心理的发生发展规律，一般以人的整个生活历程作为研究对象，探讨人在不同发展阶段上的不同心理特点，但广义地讲，它也包括动物心理学。发展心理学曾一度集中于研究儿童期的心理特点，现在对青春期、成人期尤其是老年期的心理特点也都进行了广泛的研究。

4）心理测量学

心理测量指对行为和能力的测量，通常用心理测验的方法进行。对心理特性加以量化的研究是科学进步的表现，但心理测量不能直接进行，需要间接进行，自然困难很大，因此在测验的设计和使用方法上都有严格的要求。心理测量学已构成一门单独的学科，各种测验的处理还需要与之相关的统计技术的支持。

5）生理心理学

生理心理学研究遗传因素对行为的影响，以及大脑、神经系统、内分泌系统和生物化学因素等生理功能在其中所起的作用。现代科学技术的发展对脑功能的研究提供了更为有利的条件，如利用核磁共振、脑成像技术，在研究认知心理学的一些重要方面，取得了引人注目的进展。

2. 心理学的应用领域

1）临床心理学与咨询心理学

临床心理学涉及对心理障碍者的评估、诊断和治疗，同时涉及轻度行为和情绪问题的处理，其主要工作方式包括面谈、实施心理测验和提供集体或个人的心理治疗。咨询心理学与临床心理学相近似，二者的主要区别在于咨询心理学面对的心理障碍者的症状较轻，需要做出诊断，更具有指导方面的意义。

2）教育心理学与学校心理学

教育心理学是心理学的一个重要领域。作为教育科学的基础，其工作在于研究教与学过程中的心理规律，以提高教育、教学水平，改进师资培训和学业考试，并推动因材施教，培养学生健全人格和创造力等。学校心理学家通常在中小学工作，对在学校中学习困难、适应困难或某种问题行为的学生进行诊断和辅导，并协助家长和教师解决与学校有关的问题。

3）工业与组织心理学

工业与组织心理学主要在工业、企业和组织机构里发挥作用。如：在厂房设备安装、产品质量设计方面考虑到人的因素，可以更有利于促进生产，提高效率；在人事部门中，知人善任是人才选拔、人员安置、人力资源合理利用等一切工作的基础；在企业中，调动员工的积极性，协调关系，既提高生产力又提高职工的满意度，创造良好的企业形象等，都离不开心理学的应用。

4）广告心理学与消费心理学

广告心理学研究如何把产品信息传达给消费者，以更好地引起消费者的购买行为。消费心理学则以社会大众的消费行为为研究对象，考察消费动机、购买行为及影响和促进消费行为的各种因素。

5）法律心理学与犯罪心理学

法律心理学和犯罪心理学在内容上基本是重叠的，主要研究司法程序中的犯罪动机、犯罪行为，以及犯罪证据的可靠性等，如近年来在国内兴起的测谎，就在该分支的研究范围内。当前的法律心理学与犯罪心理学还涉及对犯罪者行为的矫正与指导。

6）运动与锻炼心理学

运动与锻炼心理学主要研究在体育运动和锻炼健身等情境中参与者的心理活动特征与规律。它的研究内容一方面涉及各种身体活动对参与者可能产生的心理效应，另一方面包括个体心理因素对身体活动的表现、坚持性等的影响。

随着心理学科的不断发展，心理学的分支在不断地丰富，新兴的学科分支层出不穷。

五、心理学研究与实践的目的

自冯特创办第一个心理学实验室以来，心理学在丰富知识的同时，也发展出一套独立的研究方法体系。那么，人们不断开展心理学研究、学习心理学知识的目的是什么呢？也许每个人对这个问题都会有不同的回答，但作为科学的心理学，其研究与实践的目的可最终归纳为以下几个方面。

（一）描述

心理学的第一个目的是观察和描述行为，即回答“是什么”的问题。这种观察和描述越客观越好。由于内部心理现象是在某种程度上无法被直接观察和测量的，心理学常通过对外显行为的观测实现对心理活动的间接观测。这是心理学与其他自然科学之间的重要区别之一。

（二）解释

当通过观测得到了关于某一心理现象的描述后，心理学家必须尝试寻找该现象发生的原因，即回答“为什么”的问题。

（三）预测

当通过描述与解释知道发生了什么及为什么发生，我们可以尝试推测将来可能发生的事件。西方国家有句谚语说得好：“对未来行为最好的预报者是其过去的行为。”

（四）控制

当我们既了解事件发生的内容、原因，又知道未来可能发生什么，那么我们就有可能对该事件加以控制或干预。

（五）提高/改进

心理学家不仅想要在一定程度上控制行为，而且想从积极的角度加以控制行为。也就是说，他们希望通过心理学的研究与实践提高人们的行为表现和生活质量。

六、影响我们的心理学流派

在心理学发展的一百多年的历史中，先后出现了许多不同的心理学理论流派。在这些理论流派的观点中，有些相互补充，有些则相互对立。这一现象的产生原因：一方面是人类心理现象的复杂性，另一方面也由于不同学者尝试从不同的出发点和视角对心理现象进行研究（见图 1-4）。

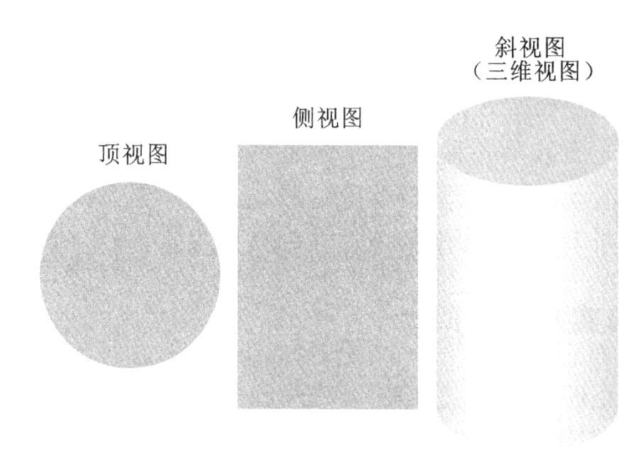

图 1-4　不同视角可能导致不同的观察结果

从以冯特等人为代表的结构主义心理学开始，心理学史上至少出现了上百种不同的理论流派。其中最具代表性的、对当代心理学仍产生重要影响的理论流派主要包括以下几个。

（一）机能主义心理学

机能主义心理学受美国哲学家、科学家、心理学家威廉·詹姆士影响颇大。该流派主张心理学的研究对象是具有适应性的心理活动，强调意识活动在人类的需要与环境之间起重要的中介作用。它着重研究心理的运作、意识的效用，以及心理与环境、心理与身体之间关系等问题。19 世纪杰出人物、德国心理学家艾宾浩斯是研究记忆实验的先驱，他在柏林洪堡大学创立了学习与遗忘的量化模型。俄国心理学家巴甫洛夫在对狗进行实验时发现了"经典条件反射"，并将其应用于人类。

自 20 世纪 50 年代起，冯特、詹姆士、艾宾浩斯与其他实验心理学家所发展的实验技术方向更加趋向研究认知—关注信息及信息处理—最终演化为认知科学中的一部分。

（二）精神分析心理学

精神分析心理学又称为心理动力学派。奥地利医生弗洛伊德自 19 世纪 90 年代开始研究精神分析心理学，直到其 1939 年去世为止。后继有一大批心理学家不断丰富和拓展了精神分析心理学的内容体系。精神分析心理学既是一种研究意识、解释经历的方法，又是一种关于人类行为的理论系统，还是一种针对心理、情绪的治疗方法，特别是对潜意识中的冲突进行心理治疗的方法。弗洛伊德的精神分析心理学中的很多理论基于解释法、内省法及临床观察。精神分析心理法广为流传，因为它的研究对象涉及性别、压抑、心理发展中的潜意识等。这些问题在当时都被列为社会禁忌,弗洛伊德则提供了催化剂,使得这些内容可以在正式社交场合公开讨论。在临床上,弗洛伊德是自由联想的先驱,他对释梦治疗也很有研究。

(三) 行为主义心理学

在整个20世纪的上半叶,行为主义学派支配了当时的心理学,其主张心理学是"寻求理解特定的环境刺激如何控制特定类型的行为"。该流派主张心理学应分析先行的环境条件,即在行为之前出现,为一个机体产生反应或抑制反应提供活动场所的条件。因此,他们把行为看作是机体理解、预测和控制的行为,并因此做出相应的结果。该流派对内在的认知过程存而不论。基于对实验和变量的严格控制和强调,行为主义心理学对后来的心理学研究有着重要的影响。其代表人物为华生和斯金纳。

(四) 人本主义心理学

20世纪50年代,在行为主义心理学与精神分析心理学的影响下,人本主义心理学应运而生。它以现象学作为理论和方法学背景,试图捕捉整个人——而不是人格或认知的一部分。人本主义心理学关注人类所特有的问题,例如个人的自由意志、成长、自我实现、认同、死亡、孤独、自由与意义。人本过程的特点在于它关注主观意向、拒绝宿命、着重成长的积极性而不是病理因素。一些人本学派的奠基人,如美国心理学家马斯洛创立了需求层次理论,罗杰斯创立了以人为中心的心理疗法。在此之后,积极心理学剖析了人本主义,对其进行了更进一步的科学分析。

(五) 完形主义心理学

苛勒、韦特墨、考夫卡三人联合创立了完形主义心理学派。这种心理研究建立在个人经历为一个整体的观点上。这种观点于19世纪晚期在德国、奥地利产生。完形主义心理学没有将思维、行为分解成细小的元素,而是坚持个人经历是一个整体的重要性,认为总体不同于部分相加的和。

(六) 认知主义心理学

认知主义心理学派研究心理活动,包括解决问题、知觉、记忆、学习等。作为认知科学的一部分,它与其他学科有密切联系,如神经科学、哲学、语言学等。

乔姆斯基在批评行为主义中的"刺激""相应""强化"等概念时,触发了一场心理学"认知革命"。乔姆斯基认为这些观点以一种肤浅、模糊的方式应用到复杂的人类行为中,特别是在语言习得的领域上。

与此同时,技术进步帮助人们重拾被行为主义抛弃的心理活动与表述,如认知等。英国神经科学家谢灵顿与加拿大心理学家赫布应用实验总结了心理现象与人脑结构、功能之间的联系。计算机科学与人工智能的兴起,使得人类信息处理时常与机械信息处理相互类比。在20世纪晚期,认知主义成为心理学的统领范式,认知心理学成为流行分支。

认知心理学与其他学科,如精神哲学、计算机科学、神经科学一起被归入认知科学。

第二节 体育运动中的心理学

体育运动心理学是一门年轻的交叉学科。一方面，它是心理学在体育运动领域内的分支学科；另一方面，它是体育学科的一个分支。不论从哪一个角度出发，体育运动心理学都可以被视为一门主要研究体育运动情境中的心理现象与规律及其对体育运动影响的应用学科。在汲取心理学和体育科学等相关学科领域知识的基础上，体育运动心理学的研究方法、研究对象及知识体系都具有一定的独立性。

在第一节的内容里，我们已经谈到了体育运动心理学作为一个心理学应用分支的意义。而作为体育科学分支，美国学者马腾斯关于运动科学的观点对我们理解体育运动心理学与其他体育学科之间的关系具有很好的借鉴价值。

马腾斯将运动科学定义为："对人类运动，特别是对各种情境下的各种形式的身体活动的研究。"根据这样一个全面概括性的定义，体育运动心理学可被视为关于人类运动现象的心理属性的研究。而运动科学中的其他分支，如运动生理学则相应地可被视为关于人类运动现象的生理属性的研究。对同一个运动现象的全面理解，需要我们从多个不同运动学科分支进行研究（见图 1-5）。所以我们需要学习运动科学的不同分支，从而实现对人类运动现象的相对完整系统的理解。例如，在图 1-5 中，要了解主观（运动）强度、运动成瘾、慢性（运动）疲劳等体育运动中常见的问题或现象，就不能仅从一个体育学科的角度进行研究，而需要从生理学、心理学等多学科综合进行研究，从而实现对该现象的全面理解。又如，在心理因素对动作运动学特征的影响方面，曾有学者使用运动生物力学手段研究了唤醒水平对儿童步行的运动学指标的影响。其他体育运动中的常见问题与上述两个例子一样，大都同时具有多重属性。这就要求我们对它们的理解不能局限在单个学科分支内，而应该围绕研究对象进行多学科，或者说进行基于"运动科学"视野的研究。

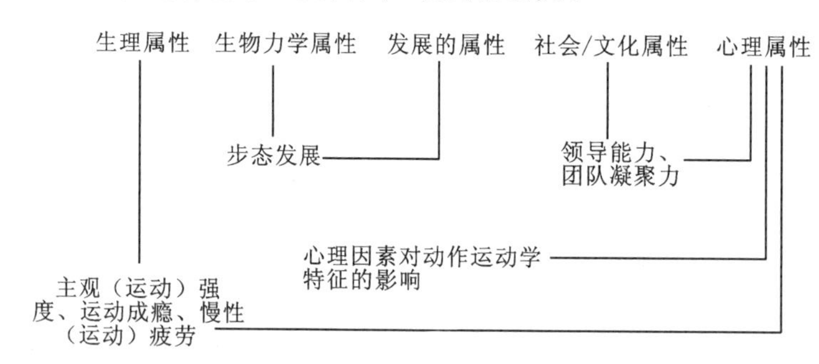

图 1-5 体育运动中的现象往往具有多重属性，需要从多学科进行研究和理解（改编自马腾斯）

一、体育运动心理学的研究与应用范畴

目前，体育运动心理学的研究与应用范畴按运动情境的不同通常被划分为三个部分：竞技运动心理学、学校体育心理学和锻炼心理学。

竞技运动心理学是长期以来本学科发展最独特也最受重视的领域之一。它主要涉及对高水平竞技运动中存在的心理现象及其特征规律的研究与应用。如运动员的情绪与比赛表现、运动员的训练动机与比赛动机、运动员在训练与比赛中的认知过程(注意、表象、判断,等)、心理技能训练,以及竞技运动中的社会心理学问题;等等。学校体育心理学是以学校体育情境中存在的心理及其特征规律为主要研究对象与学科领域。它与教育学等学科紧密联系:一方面探讨身体活动作为一种教育手段的心理学意义;另一方面从心理的特征与规律出发,研究如何拓展和提高学校体育的效益与功能。体育运动心理学的第三个领域主要涉及作为健康和休闲娱乐的体育运动的有关心理学问题。这些心理学问题总体上可以分为两大类:一类是参加体育锻炼的心理前因问题,即个体为什么参加和坚持体育锻炼;另一类是体育锻炼的心理效益问题,即参与身体活动对个体心理可能产生怎样的影响。

对体育运动心理学研究与应用领域的划分不仅只有上述一种。有学者曾提出临床运动心理学和教育运动心理学的分类方式,如图 1-6 所示,对于不同的个体,运动心理学可以实现不同的功能,从而区分出不同的研究应用领域。临床运动心理学的主要功能是解决运动中存在的心理问题,将异常行为向正常行为转化。而教育运动心理学的功能主要是发展运动心理技能,促进个体的正常行为向卓越行为发展。

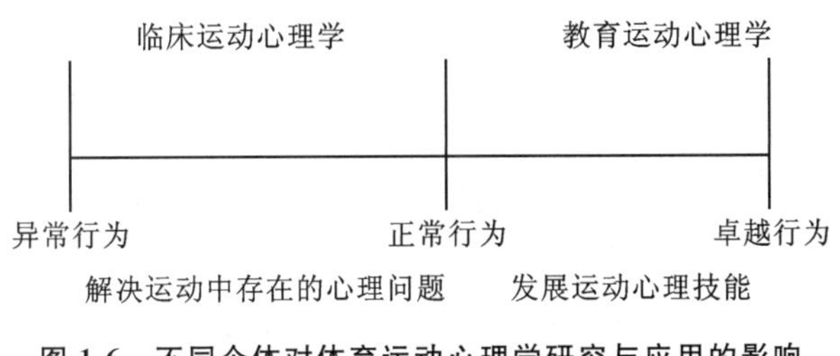

图 1-6 不同个体对体育运动心理学研究与应用的影响

第 13 届世界运动心理学大会(2013 年在中国北京举办)中主要的 19 种研究主题,可以帮助读者对当前体育运动心理学研究与应用的热点问题形成初步的印象。

(1) 心理训练与增强表现的心理准备。

(2) 运动专项化及其形成。

(3) 运动中的认知。

(4) 动机与体育运动。

(5) 运动中的心境与情绪。

(6) 耗竭与过度训练。

(7) 运动损伤防治的心理学因素。

(8) 生理心理学和神经科学视野。

(9) 领导能力。

(10) 团队凝聚力。

(11) 沟通技能。

(12) 运动道德。

(13) 教练员心理学。

（14）锻炼的心理学效益。

（15）作为心理治疗的体育锻炼。

（16）青少年体育运动的心理学问题。

（17）运动中的生涯发展与职业变迁。

（18）运动与终生发展问题。

（19）运动技能学习与控制问题。

从以上研究主题可以看出，体育运动心理学的研究和应用领域正在不断地拓展和丰富。在对人的全面发展与全面健康日益关注的当代社会背景下，体育运动心理学的科学意义和实践价值也逐渐得到了认可和重视。

同时需要指出的是，对运动心理学问题的理解需要同时考虑身心交互作用的两个方面：一方面，体育运动受到哪些心理因素怎样的影响；另一方面，体育运动又会如何影响哪些心理因素。这两个方面的问题往往是同时存在、循环作用的，这使得我们的研究和实践更加复杂和难以控制（见图1-7）。

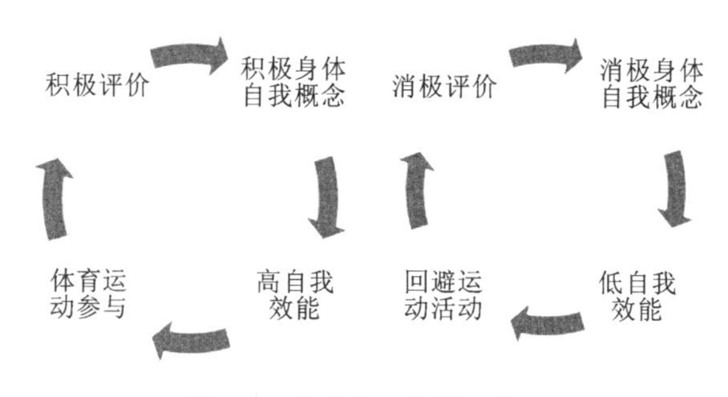

图1-7　心理交互作用示意图

个体喜欢还是回避参加体育运动既受到身体自我概念的影响，同时也会影响个体的身体自我概念。也就是说，一个人如果认为自己擅长体育，他/她就会喜欢参加体育活动。而经常参与体育活动的个体对自我身体能力、形象的评价也会提高。反之亦然。

二、体育运动心理学发展简介

最早的运动心理学研究一般会追溯到18世纪末英国格林尼治天文台台长N.马斯基林关于天文现象时间记录差异出现原因的有关研究，也就是人差方程式的研究。而公认的第一个体育运动心理学研究则来自1898年美国学者Norman Triplett关于自行车成绩的社会促进效果研究。他的研究发现，在有他人观看的小组比赛骑行情境下，被试的骑行速度要明显快于在个人骑行条件下的自行车骑行速度。他因此提出了体育运动中的社会促进（易化）现象。

此后，格里菲斯于1925年在美国伊利诺伊大学建立了第一个运动心理学实验室，研究心理运动技能、运动成绩的心理影响因素及运动中的人格问题，并出版了《教练员心理学》和《运动心理学》等著作。因此，格里菲斯在美国被称为“运动心理学之父”。

两次世界大战对运动心理学的发展既有很大的阻碍，又产生了一定的需求，特别是在运动技能控制与学习方面的研究得到了重视。在此期间的运动心理学研究大都是零散的和不系统的。值得一提的是，1938年，加利福尼亚大学体育系主任 Franklin Henry 创办了第一个体育运动心理学的研究生项目。在此期间，也有一些学者在不同项目的运动队中开展相关的运动心理学实践活动。

到了20世纪60年代，以下因素的共同作用促成了运动心理学在体育科学领域内逐渐成为一个独立的研究分支。

一是，多个体育运动心理学的研究项目和研究生课程被设立。正是这些研究项目和研究生课程的持续，使得运动心理学从运动技能学习中分离出来，成为一门独立的体育学科。这门独立的体育学科主要关注心理因素如人格、自信心、情绪等对运动员技能和成绩的影响。

二是，应用运动心理学的发展得益于两名临床心理学家 Bruce Ogilvie 和 Tom Tutko 的贡献。他们通过对运动员人格的深入研究，出版了名为《问题运动员及应对之策》(1966)的著作，指导教练员如何带领运动员获得成功。此外，他们还于1969年编制了第一份运动心理学专用测量问卷《运动动机问卷》，以测量运动员的动机并预测其运动成就。两位学者同时也在多个大学和职业运动队如洛杉矶湖人队和达拉斯牛仔队（职业美式橄榄球队）进行应用心理学实践活动。

三是，随着越来越多的人开始对运动心理学感兴趣，一些运动心理学专业组织开始在20世纪60年代出现。20世纪60年代初，国际运动心理学学会在罗马成立，并于1965年召开了第一届世界运动心理学大会。很多学者认为，该会议标志了运动心理学作为独立科研研究领域的正式诞生。一年后，北美运动心理学会成立。此后，多个运动心理学专业学术组织纷纷成立。1980年，运动心理学分会作为最早成立的五个分会之一，与中国体育科学学会同时成立。1989年，亚洲-南太平洋体育运动心理学学会在新加坡成立，目前已发展成为本地区最具影响的专业学术组织。

在我国，运动心理学的发展主要起步于20世纪80年代。1982年，中国体育科学学会运动心理学分会邀请加拿大著名运动心理学家特瑞·奥里克博士来华讲学。在当时相对封闭、资料匮乏的环境下，这些专业继续教育与培训工作为学科的起步创造了条件。武汉体育学院于1984年开始招收运动心理学专业硕士研究生，于1989年创新运动心理学本科专业，为国内运动心理学专业人才培养奠定了基础。到2010年，第九届全国运动心理学学术会议共收到投稿论文500多篇，这在一定程度上反映了本科学领域学术研究的丰富程度。在实践应用方面，自1987年第六届全国运动会开始，我国运动心理学工作者以科技攻关和科研服务等形式，参与从全运会（中华人民共和国全国运动会的简称）到亚运会（亚洲运动会的简称）、奥运会（奥林匹克运动会的简称）多个项目的心理备战工作中，积累了丰富的经验，取得了令人瞩目的成绩。目前，我国运动心理学的研究与实践活动正在从竞技体育向学校体育和全民健身等更为广阔的领域拓展，并将在上述领域发挥更大的作用。

【拓展阅读一】

运动心理学中的克拉克现象

克拉克是20世纪60年代世界著名的澳大利亚长跑选手，他曾19次打破5 000米和10 000米的世界纪录。然而，正是这位出类拔萃的优秀运动员，在他参加的两届奥运会上(1964年、1968年)均未登上冠军的宝座，仅获得过一枚铜牌。在两届奥运会举行的那两年，他平时训练的最好成绩都超过了奥运会冠军的成绩。因此，克拉克被人们称为“伟大的失败者”，研究者也借用“克拉克现象”来研究最优秀选手的大赛失利的问题。

【拓展阅读二】

行动影响态度

1980年，社会心理学家 Wells 和 Petty 报告了这样一个实验：作为课程学习的一个部分，Wells 和 Petty 要求学生参加一个测试耳机舒适度的测验。他们告诉学生，这种耳机已经在各种条件下，如走路、跳舞、听课等条件下进行了测试，现在要测试的是在平行移动头部(即摇头)和垂直移动头部(即点头)的条件下耳机声音的质量。接下来，73名学生被随机分成3组，分别为平行移动头部组、垂直移动头部组和对照组。对照组不需要移动头部，只需要简单地听和打分。在随后的测试中，被试首先听到一段音乐，然后是广告商对这款耳机的推荐，最后被试需要完成一份简单的问卷。问卷的第一项内容是给这款耳机打分，第二项内容是回答是否同意广告商的观点。统计结果证明，垂直移动头部组无论是给这款耳机的打分，还是赞同广告商的观点方面，分值都大大高于另外两组，而平行移动头部组在两个项目的分值上，远远低于另外两组。由此可知，点头的身体运动增强了积极的态度，而摇头的身体运动强化了消极的态度。

【本章小结】

包括竞技体育、学校体育和健身锻炼在内的众多身体活动形式既涉及活动参与者的身体，也涉及参与者的心理。本章用两节的内容分别概要介绍了个体心理现象的主要内容，以及心理与体育运动的紧密关系。作为概述章节，本章中出现的众多概念都将会在随后的各章节学习中先后出现。

总之，通过本章的学习，我们一方面可以更多地了解人类心理现象的本质、特征与规律，更重要的是，掌握这些心理现象与体育运动之间的相互依存、相互影响，从而更好地指导自己与他人的体育运动实践。

【思考题】

1. 个体心理现象主要包括哪些内容?

2. 心理学发展有哪些主要的理论流派?

3. 试述马腾斯的“运动科学”概念的主要内容。这一概念对我们在大学阶段的学习有何启发?

4. 结合个人的体育活动经验谈一谈身体活动与心理活动的关系。

第二章　认知过程与体育运动

教学目的

(1) 理解信息加工心理学的实质与方法、记忆信息的三级结构模型、知觉的过程、表象的特点和影响决策的因素。

(2) 掌握感觉记忆、短时记忆、长时记忆、工作记忆、知觉、表象、决策、专项化知觉等心理学概念。

(3) 了解认知心理学的研究方法、运动领域里知觉与决策的特点、表象训练的运用及工作记忆与体育运动的关系。

重要概念

反应时、感觉记忆、短时记忆、长时记忆、工作记忆、知觉、表象、心理旋转、决策、专门化知觉、事件预判、时间预判、表象训练。

20 世纪 50 年代中期以后，认知心理学逐渐采纳从信息加工的视角来研究人的认知活动，认为人的认知过程与计算机的认知过程是类似的，都是对信息进行处理的过程。以这种观点为基础，认知心理学家对认知过程中的各种心理现象（知觉、表象、记忆、思维、语言和决策等）进行了探索，取得了丰硕的成果。当前的认知心理学早已成为心理学的主流，渗透其他领域，如社会心理学、工效学、语言学等，当然也包括运动心理学。

第一节　认知心理学概述

以信息加工观点研究认知过程是现代认知心理学的主流，可以说认知心理学相当于信息加工心理学。它将人看作是一个信息加工的系统，认为认知就是信息加工，包括感觉信息的输入、编码、储存和提取的全过程。以这种观点为基础，产生了各种相应的方法（口语记录、反应时实验、计算机模拟），并逐渐形成了被广泛认可的理论。

一、信息加工的视角

在很多科幻电影中，机器被赋予人的形态和思想。比如说《变形金刚》中的钢铁巨人，还有斯皮尔伯格名作《人工智能》中的那个小男孩，他们的身体由各种无机物（各种电子元件、金属或塑料的骨架和外壳）构成，却能像人一样思考，甚至拥有像人一样的情感。目前的科技水平当然还不能造出有思想的机器人，但那台名叫“深蓝”的计算机与国际象棋大师卡西帕罗夫的那场著名对弈让许多人工智能的研究者看到了这种可能性。机器与人在棋盘上对垒，说明两者不仅在有关棋子功能和游戏规则方面的知识是一致的，而且他们依靠这些知识做出反应的程序也是相同的。换言之，“深蓝”的“脑”和象棋大师的“脑”在加工的对象和方式上都是相通的，这是两者可以沟通的前提。将人脑与计算机进行类比，将人脑看作类似于计算机的信息加工系统，这种思路已经成为现代认知心理学家的基本共识。

Newell 和 Simon 认为，无论是有生命的人的信息加工系统，还是计算机这种人工的信息加工系统，其加工的对象都是符号（如语言、标记等）。符号的功能是代表外部世界的事物，如“狗”这个汉字符号，代表着物理世界中的一种动物。符号之间通过联系可形成符号结构，如“狗是一种哺乳动物”。符号和符号结构都是外部事物的内部表征。当然，符号不仅可以标志外部事物，还能够标志另一个符号、符号结构，甚至一个程序。我们常用“未知数”这种汉字符号结构来指代“x”这种数学符号，用“方程”这种汉字符号来代表所有诸如“$x-1=0$”之类的符号结构，用“解方程”来指代“$\because x-1=0$；$\therefore x=1$”这样的运算过程。可以说，我们可以借助符号或符号结构将世间万事万物都表征在信息加工系统中。因此，Newell 和 Simon 才会认为信息加工系统（见图 2-1）就是符号系统。

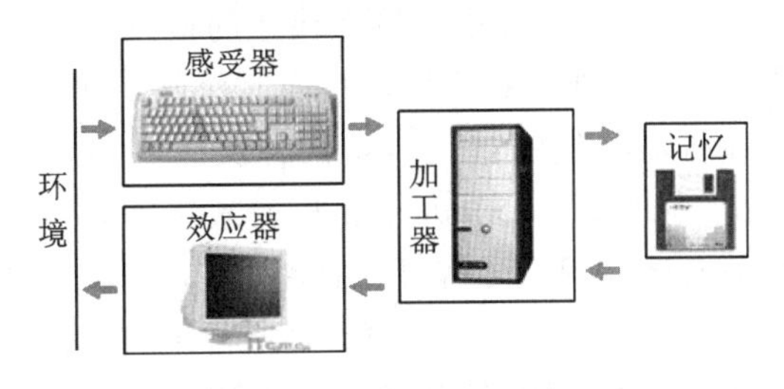

图 2-1　信息加工系统

人和计算机的信息加工系统都是由感受器、效应器、加工器和记忆四个部分组成的。这种系统的操作过程是：首先，环境向感受器输入信息，由感受器对信息进行转换（编码）；转换后的信息通过加工器进行符号的重构、辨别和比较，要么形成行为程序，要么进入记忆系统储存起来，同时，记忆系统中储存着的符号结构也可以提取出来进入加工器，经过重构、辨别和比较，形成行为程序；最后，由效应器根据形成的行为程序对外界输出反应。如果你看到一个苹果，苹果所反射的光线会经由眼睛在视网膜上形成苹果的影像，这个影像激活视网膜上特定区域（苹果影像所覆盖的区域）的感光细胞，使其发放特定模式的神经冲动（这种神经冲动模式中包含了有关苹果颜色和形状的所有信息）。这些信息经过加工器的重构，与来自记忆中的其他相关信息（如苹果的名称、类属及作用等）进行辨别和比较，使得你认识到“这是苹果，水果的一种，可以吃，味道甜美”，并形成了“拿过来吃”的行为程序。于是，你就伸手（效应器）把苹果拿到嘴（效应器）边开始吃。这个就是信息加工系统一次简单的工作过程，其中包括了对感觉信号输入的编码、储存和提取。

对于计算机而言，我们大致上可以认为键盘、鼠标及麦克风等输入设备是感受器，用来接收信息；而显示器、音箱及打印机等输出设备是效应器，用来输出反应；CPU 是加工器，用于对输入的信息进行各种操作；而硬盘等存储设备则是计算机的记忆装备。实际上，单从硬件上来看，计算机由无机物构成，而人是有机生命，两者之间的类比显得很牵强。因此信息加工的观点中有关人与计算机的类比只涉及“软件”，即通过在功能结构和过程上进行类比，来寻求人的认知与计算机行为的统一解释。在 Newell 和 Simon 的信息加工系统中，感受器和效应器的活动都是可以直接观察的，而加工器和记忆的活动过程却好像藏于“黑箱”之中，无法直接感触。认知心理学家感兴趣的恰恰也是这部分无法直接观察的活动，来自物理世界的信息被编码后是什么样子？满足什么条件的信息才能储存在记忆中？储存在记忆中的信息又是如何被提取出来的？因此，认知心理学的核心就是揭示认知过程的内部心理机制，即信息是如何获得、储存、加工和使用的。

如何才能知道“黑箱”中的活动规律呢？手段是多种多样的。比如，可以让人对自己的认知过程进行描述，即要求一个人在进行一个认知任务的时候，把他的思维过程口述出来，使用外部语言进行思考，这样就可以直接观察他的思维过程。但是口语报告难免会影响人的思维过程，在这种情况下观察到的思维过程，与默默思考时的思维过程很难说是同一种思维操作。另外，有些信息加工过程快得自己根本无法意识到，当然就无法进行口语报告。因此，这种直接得到内部心理过程的方法就有较大的局限性。

认知心理学家的另一个手段是实验法。研究快速的信息加工过程时，常常应用反应时实验。在这种实验里，通常需要安排两种不同的反应时作业，其中一种作业包含另一种作业所没有的某个心理过程（即所需测量的过程），这两种反应时的差即该过程所需要的时间。最经典的反应时实验是荷兰生理学家 Donders 提出的减法反应时实验，这个实验含有三种条件。在第一种条件下要求被试见灯亮就用右手按键，这样就得到一个简单的反应时（RT1：看见灯亮用右手按键所需的时间）。在第二种条件下安排两种灯光，要求被试见红灯亮就用右手按键，看见绿灯亮时不按键，这样就得到了比较复杂的反应时（RT2：看见灯亮，辨别颜色，右手按键所需的时间）。在第三种条件下同样安排了两种灯光，要求被试见红灯亮就用右手按键，见绿灯亮就用左手按键，这样就得到了更加复杂的反应时（RT3：看见灯亮，辨别颜色，选择左手或右手，按键，所需的时间）。在第二种条件下安排的任务，比在第一种条件下安排的任务仅仅多出一个辨别颜色的心理过程，那么两个反应时之差就是辨别过程所需的时间，即 RT2－RT1＝辨别（颜色）反应时。同理，在第三种条件下安排的任务，比在第二种条件下安排的任务仅仅多出一个选择左手或右手的心理过程，那么，RT3－RT2＝选择反应时。这个实验说明，反应时的技术可以确定某个心理过程所需要的时间，同时我们也可以从反应时的差异上来判定某个心理过程确实存在。例如，RT3－RT2 ＞ 0，那么我们就可以肯定确实有一个“选择左手或右手”的认知操作。这种认知操作是非常快速的，我们一般意识不到它的存在，只能通过这种反应时实验来把握。

计算机模拟是在第三种条件下研究信息加工过程的策略。我们虽然很难直接观察人类认知过程的内部心理机制，但是可以完全掌控计算机的内部机制(计算机的运作完全是通过人类编程实现的)。有些研究者根据一定的心理理论(有关信息加工过程内部如何运作的理论)编制计算机程序，让计算机模拟人的信息加工，然后将计算机模拟所提供的输出与人类行为相比较。如果理论是正确的，那么这个输出就应当类似于人类解决同样问题时所给出的输出；如果程序的输出与人的行为不一样，那么找出差别也就找到了改正理论的依据。从这个意义上说，计算机程序就是心理学理论，通过对心理过程的计算机模拟，也可以认识心理过程本身。总的来说，认知心理学家的研究方法是多种多样的。但不管是计算机模拟，还是反应时实验，又或是出声思维，认知心理学家都强调将输出与输入联系起来进行推理，进而确定某一心理现象的内部机制。这样的思路和方法催生出许多富有特色的心理学理论，为研究心理活动内部机制的方向注入了新的活力。随着这些理论在各种颇具启发性的争论和新技术(智能计算机的研制)的推动下不断进化，揭开人脑这一“黑箱”秘密的那一天也离我们越来越近。

二、记忆信息的三级结构模型

人通过感官获取信息，然后把信息在记忆中储存下来成为信息加工的素材。同时，这些信息积累起来，就成为这个人的经验或知识。记忆就好比一个容纳信息的仓库，将重要的信息保存着，在必要的时候拿出来用。我们的意识每天要进出记忆这个仓库无数次。请回答这个问题：我国的首都是哪里？绝大多数中国人不假思索就能说出“北京”。但是在接触这个问题之前，你的脑海中可有“北京”这个词？可见，即使回答这样简单的问题，也需要我们从自己的记忆中提取信息。同时，我们每天也在向记忆中存入新的信息：认识一个新的人、记住新的名字、听到新的故事，等等。除了可以永久储存信息的记忆(长时记忆)外，我们的记忆系统还包括可以暂时储存信息的记忆(短时记忆和感觉记忆)，前者相当于计算机硬盘的功能，后者相当于计算机内存的功能。外界刺激作用于感官，所产生的信息流在感觉记忆中会有瞬间的编码留存，其中有些(重要的)信息会进一步流经短时记忆，成为能被我们意识到的语言或者形象，在短时记忆中得到足够加工的信息最后会在长时记忆中安顿下来。在必要的时候，这些信息又会流回短时记忆，再次进入人的意识，引导我们的动作反应。当然，长时记忆中的信息也可能越过短时记忆，直接在我们无意识的情况下引导我们的动作反应。Atkinson 和 Shiffrin 提出的记忆信息三级加工模型对这三种记忆结构及其工作方式进行了详细的阐释，如图 2-2 所示。

(一) 感觉登记

一切输入记忆系统的信息，首先必须通过感觉器官的活动产生感觉。当引起感觉的刺激物不继续呈现时，其作用仍能继续保持一个极短的时间，这种短暂的保持就是感觉记忆。由于它就像登记一样把输入的信息记录下来，故又称感觉登记。视觉、听觉、嗅觉、味觉、皮肤觉及内脏感觉等，每一种感觉通道都有一种感觉记忆，每一种感觉记忆都能将感觉刺激的物理特征的精确表征保持几秒钟或更短的时间。因为人类主要是靠视觉和听觉获取外界信

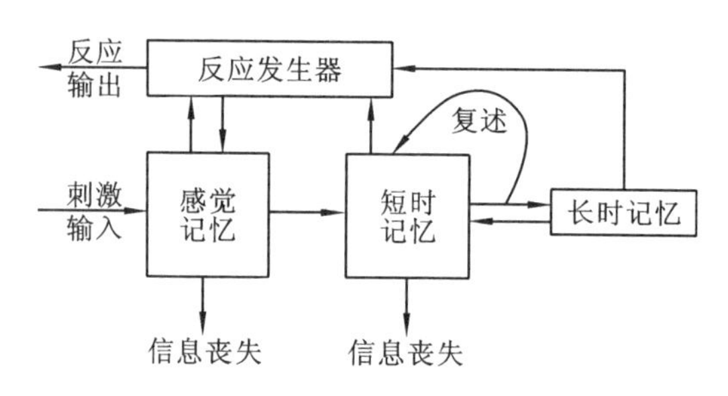

图 2-2 记忆信息三级加工模型

息的，因此视觉领域的感觉记忆（图像记忆）和听觉领域的感觉记忆（声像记忆）是感觉记忆的主要形式。感觉记忆能维持多久呢？答案是非常短暂。图像记忆的维持时间大约是 300 毫秒，也就是眨眼间的功夫就会消失。声像记忆维持的时间稍长，是 5～10 秒。感觉记忆中的内容特别容易被新的信息替代，我们的环境不断地提供新的刺激，它们冲淡感觉记忆中的内容，同时很快被更新的刺激冲淡。感觉记忆如此短暂，其内容又不停地变化，我们很难意识到这种瞬间的信息保持过程。直到著名的心理学家 Sperling 发明了部分报告法，才将这一微妙的过程呈现出来（见本章拓展阅读）。但是，感觉记忆是整个信息加工系统的开始阶段，它是一种原始的感觉形式，是外界信息在记忆系统对其进行进一步加工之前的暂时登记。这些暂时登记的信息一部分快速地消逝，另一部分则流入短时记忆，接受进一步的加工。

（二）短时记忆

短时记忆是我们能够清楚地意识到的那部分信息维持过程，它代表着心理上的现在。比如，你在聚会上新认识一个人，他向你报上姓名就去跟别人打招呼了。你记着这个名字，拿出手机，把它存进通讯录。过了一会儿，这个人再出现时，你突然无法叫出他的名字，不得不去查通讯录。从陌生人告诉你他的名字，到你把这个名字存进通讯录这一段时间里，这个名字很清晰地存在于你的脑海中，这一阶段就是短时记忆阶段。短时记忆中不能同时存在太多的信息，也就是说短时记忆的容量（又称为记忆广度）是有限的。我们可以做个小测试：请将下面的一列数字读一遍，然后把它们盖起来，并尽可能多地按照它们出现的顺序写下来：

8 4 3 0 9 4 2 6 5 1 7

你写对了几个？

再读一遍下面的一系列字母，然后按照上述方式测验：

J Q N L A S I N F L C

这次你写对了几个？

如果不出意外，你回忆出来的数字和字母的数量应该在 5～9 个。美国心理学家 Miller 发现，保持在短时记忆的刺激项目为 7±2 个。这个容量看起来让人气馁，我们的记忆能力仅止于此吗？实际上，我们可以用一种叫作“组块”的方式在 7±2 个的容量限制内有效地增加短时记忆的信息含量。组块是指将若干单个信息联合成有意义、较大信息单位的加工过程，即对刺激信息的再编码。例如，如果把 2824714932 这样一个数字序列中的每一个数字看作一个单位，记忆起来就比较困难，因为数量超过了短时记忆容量的限制；但如果你把它看作一个电话号码，分成 28（局号）、2471（总机号）和 4932（分机号）三个组块，就能减轻记忆的负担。也就是说，虽然我们很难突破 7±2 个的容量限制，但可以通过增加单位组块中的信息含量来增加短时记忆的容量。每个组块中可以包含多少信息？这并没有一个确定的值。但组块的信息含量取决于人的知识经验，例如，对于不懂英语的人而言，“turncoat”是 8 个英文字母，懂一些英语的人就知道这是由两个英语单词组成（两个组块），而在熟悉这个词组的人看来，这是一个组块（意为“叛徒”）。

短时记忆的保持时间在无复述的情况下只有 5～20 秒，最长也不超过 1 分钟。反过来讲，复述可以使短时记忆中的信息一直保持下去，最终形成比较深刻的记忆。复述分为保持性复述和整合性复述两种。保持性复述是通过语言重复刚刚识记的材料，以巩固记忆的心理操作过程，又称为简单复述和机械复述。比如，当陌生人告诉你他的名字后，你在心里不停默念这个名字，默念到一定程度，就不会忘记了。整合性复述使短时记忆中的信息得到进一步加工和组织，使之与个体已有的知识建立联系，又称为精细复述。在有复述的情况下，保持在短时记忆中的信息就会向长时记忆转移，没有复述的话，短时记忆的信息会很快消逝。实验表明，在学习任何材料以后，若使用分心技术干扰复述的进行，短时记忆的遗忘就会迅速发生。1959 年，彼得森夫妇让被试识记三辅音连串（如 C K S）后立即对某三位数进行“倒减 3”的出声运算，如 309－3＝306，要求每秒钟减出 1 个数，以干扰被试的复述。结果发现，间隔 6 秒后，就有 68％的被试不能回忆那个辅音连串，间隔 18 秒后，则有将近 90％的被试不能回忆起三辅音连串。为什么一个人告诉你他的名字后，你很快就忘记了？主要原因是你没有对这个信息进行复述，或者是你在复述的时候分心了。要记牢一些重要的信息，必须花时间进行复述，这样才能让它在你的头脑中生根。

（三）长时记忆

短时记忆阶段的信息经过足够的复述就会进入长时记忆，但也有因为印象深刻而一次形成牢固信息储存的情况。长时记忆是来自感觉记忆和短时记忆中所有体验、事件、信息、情感、技能、单词、范畴、规则和判断等信息的仓库。你能进行乘法运算，是因为还记得乘法运算规则，同样，你见到高中同学还能认出来，也是因为你的长时记忆中储存着他（她）的形象。长时记忆一般能保持多年甚至终身。心理学家 Wilder Penfield 给癫痫病人做开颅手术时，会用电极刺激病人大脑皮层，他发现，在这种电极刺激的过程中，病人有时会想起很久以前的儿时记忆。而当你学会数学运算法则后，基本上一辈子都不会忘记。可见，长时记忆的时效几乎是永久的，它记录着心理的过去，构成每个人有关世界和自我的全部知识。也就是说，一个人从出生到目前的各种经历，还有他所学习的各种语言符号规则判断，都存在长时记忆中。那长时记忆中能容纳多少信息呢？我们知道自己的计算机硬盘的容量大小，当硬盘中存入许多内容而达到极限时，就无法存入了。长时记忆会不会也出现被装满以至于再也存不进任何信息的情况？有的心理学家认为，长时记忆中可以储存无限数量的信息，也有的心理学家认为长时记忆的容量为 5 万～10 万个组块。实际上，我们没有办法测量长时记忆的容量极限。对上述问题，比较实在的回答是：不知道。但因为确实没发现过长时记忆被灌满的现象，所以也没必要过于担心。

长时记忆中信息以何种形式存在？认知心理学家 Paivio 认为长时记忆中的信息有词语和表象两种信息组织方式，即言语编码和表象编码。言语编码是通过词来加工信息，按意义、语法关系、系统分类等方法把言语材料组成组块，以帮助记忆。例如，“1＋1＝2”这种信息就是以言语编码的方式储存的。表象编码是利用视形象、声音、味觉和触觉形象组织信息来帮助记忆。例如，当目击证人指证犯罪嫌疑人时，他就得从长时记忆中提取有关犯罪现场人物的形象（表象编码）与被指证人进行比照，才能判断此人是否就是罪犯。如果长时记忆比作计算机的硬盘，言语编码就相当于硬盘中以文字符号的方式储存的信息（比方说 word 文档中的内容），而表象编码就好比硬盘中以视频音频的方式储存的信息（就好比你在硬盘中储存的电影和歌曲）。当然，人类的表象编码还包括与味觉、触觉等有关的表象，这在计算机中无法找到对应的储存形式。

另一个心理学家 Tulving 将长时记忆分为情境记忆和语义记忆。情境记忆保存着你亲自体验过的特定事件。例如，你参加过的一次面试、你的高考经历或者是你的婚礼。前面提到被 Wilder Penfield 医生用电极刺激大脑皮层的癫痫病人，他们产生的儿时回忆便属于情境记忆。在正常情况下，要让这些记忆浮现在脑海里，你得有一些指明发生时间和事件内容的提取线索。你还记得昨天中午你吃饭时的情境吗？昨天中午就是有关时间的提取线索。但我们的头脑中还存有诸如“北京是中国的首都”和“三角形的内角之和是 180°”之类的信息。要提取这些信息，不需要有关时间和地点的线索。这就是语义记忆，即对语词、概念、规则和定律等抽象事物的记忆，如对化学公式、物理定律、乘法规则及各种科学概念的记忆就属于此类。有的患有遗忘症的病人特别难以回忆特定的情境，但可以对此做一般的言语描述。如果让他回忆自己经历过的跟“旗帜”有关的任何一个场景，他会说，他记得旗子，这种东西应该用在游行队伍里。但他不能描述任何一面具体的旗帜或一次特定的游行。这是情境记忆受到损害的现象。而有些智力落后的患者可以记住具体事件，但特别不容易记住运算规则之类的抽象事物。这说明他的语义记忆存在很大的问题。

值得一提的是，言语编码和表象编码的划分与语义记忆和情境记忆的划分不一定是一一对应的关系。诚然，语义记忆一般是以言语编码的方式储存，而情境记忆一般是以表象编码的方式储存。但这不是绝对的。表象编码也可以表征语义信息，比如说，你可以在头脑中表象出“1＋1＝2”的图像；同样地，言语编码也可以表征情境记忆，昨天与恋人看电影的场景也可以在头脑中以言语的方式描述。长时记忆作为人类经验的仓库，其中的内容以层次网络的方式有组织地安置着。一般情况下，这些信息大部分处于“沉睡”状态，我们意识不到。外界的刺激产生的信息流会激活有关的部分，使一些内容活跃起来，进入短时记忆，进而被我们察觉。你高中一年级时的物理老师叫什么名字？这个问题出现之前，老师的名字沉睡着，好像从来没有存在过。当你看到这个问题时，你的意识中会立即（也许需要搜寻一会儿）浮现出那个名字，随即，老师的容貌和一些事迹就会在你头脑中走马灯似的变幻。

（四）工作记忆

在记忆信息的三级结构模型中，感觉登记阶段时间短促且这个过程是自动化的，因此我们很难体会到这个阶段的存在，而长时记忆中的信息一般处在“休眠”状态，若不把它提取出来，我们甚至不知道它是否存在。只有处在短时记忆中的信息才能被我们清晰地把握和自由地操纵。它就像一个临时的心理工作平台，在这个平台上，人们可以对信息进行各种操作处理和组装。为了更好地表述这个意义，Baddeley 和 Hitch 提出“工作记忆”的概念以替代“短时记忆”。所谓工作记忆，即是一种对信息进行暂时加工和储存的能量有限的记忆系统，其中的信息能被清晰地意识到，容易被抹去，并会随时更换。有研究者认为它也涉及一部分长时记忆，储存着长时记忆中刚刚被激活的部分。

工作记忆这一名称同时也强调了这种记忆中的信息与当前工作任务的关系。对许多认知任务来说，若要顺利地进行，就得把与之有关的信息暂时保留在清晰的意识中。请想一想，“四舍五入”这四个汉字一共有几画？当你想回答这样的问题，又不能借助于纸笔等外物时，就只能把“四舍五入”这几个字放在头脑中，先数一个汉字的笔画数，然后记住；再数下一个汉字的笔画，然后把这个数字与上一个数字相加，记住，依次类推，得出结果。在这一过程中，你头脑中发生的“数笔画”“把几个数字相加”等工作（认知操作），是以把汉字和数好的笔画数暂时留存在意识中为前提的。当我们要理解语言、进行决策及解决问题时，都需要对某些必要的信息集中暂时进行关注，这时，这些信息就处于工作记忆这个心理工作平台上。

心理学家提出了许多模型，试图说明工作记忆的运作机制。其中，Baddeley 提出的多重模型认为工作记忆包括三个部分：中央执行系统、语音回路和视觉空间画板。后来，他又增加了情境缓冲器的概念，作为对原本的多重模型的补充。中央执行系统是工作记忆的核心，它的主要工作是将内部注意的焦点导向与当前的认知任务相关的信息，同时压制不相关的信息和不合适的行为。当不得不同时进行两个或两个以上的认知任务时，中央执行系统可以让各个认知过程协调一致。就拿刚才的数笔画的认知任务来讲，你必须把这个成语中的四个字一个一个地分开来数，这就意味着，你在数“四”这个字的笔画时，另外三个字就不在你内部注意的焦点上，当你数“舍”这个字的笔画时，注意的焦点就从“四”转移到“舍”了。这种内部注意的顺序转移就是由中央执行系统来协调的。中央执行系统有两个从属系统——负责信息的短暂维持，而中央执行系统也负责协调从属系统的运作并监管各种信息的整合。

语音回路就是其中一个从属系统，它负责语音信息的暂时留存，通过不停地在头脑中发音以阻止信息消失。比方说，只要你不停地复述一个电话号码，就可以把它维持在工作记忆中。另一个从属系统是视觉空间画板，它主要负责视觉信息和空间信息的暂时留存。它可以建立和操纵视觉表象，还可以表征心理地图。比方说，如果让你想象自己从教室走到学校超市的过程，这时候就是你头脑中视觉空间画板在运作。视觉空间画板可以进一步区分为视觉子系统（储存有关物体形状、颜色和材质的信息）和空间子系统（储存有关方位的信息）。2000 年，Baddeley 加入了情境缓冲器这一成分，这一成分的作用是暂时留存语音、视觉、空间信息的综合表征，以及可能无法被语音回路和视觉空间画板储存的信息（如语义信息、音乐信息等）。情境缓冲器之所以是情境性的，是因为它会把上述各种信息整合进一个单一的情境表征中去。这个概念很像 Tulving 的“情境记忆”，两者的区别在于情境记忆是长时记忆，而情境缓冲器只是用于信息的暂时储存。

第二节　知觉、表象与决策

不管多么复杂的认知活动，都要在上节所述的基本信息加工过程中开展，但不同的认知活动也有着各自不同的特点和运作方式。有时候我们认为理所当然的认知过程，其实经历了非常复杂的内部操作，这些操作快得甚至无法被意识捕捉。有的认知过程并不需要经历所有的信息加工阶段，它无须外界刺激，就可以产生心理表征。还有的认知过程看似在我们完全掌控之中，实际上却在不知不觉间影响着我们，以至于有时让我们犯错却不自知。在本节，我们将介绍一些比较复杂的人类认知活动，即知觉、表象和决策。

一、知觉

知觉是一系列组织并解释外界客体和事件的产生的感觉信息的加工过程。知觉过程往往是自动化的，从看到一个苹果到意识到或说出"苹果"这个词所需要的时间可能不到 1 秒钟，一个知觉过程就完成了，似乎太容易了！但实际上在这期间我们的认知系统完成了很多工作。这些工作大致上可以分为三个过程：感觉、知觉组织和客体识别。

(一) 感觉

感觉是把物理能量转化成大脑能够识别的神经编码的过程。例如：眼睛里视网膜上的椎体和杆体细胞把光波的能转化成神经冲动，我们就产生视觉；耳蜗里基底膜上的毛细胞把振动的能量转化为神经冲动，我们就产生听觉；鼻子里的嗅上皮毛细胞接触可挥发性物质后产生神经冲动，我们就能闻到气味；可溶解的物质使舌头上的味蕾产生神经冲动，我们就能尝出味道；皮肤与外界环境接触，使得皮肤神经末梢(鲁菲尼氏小体、梅克尔氏小盘、帕奇尼小体)产生神经冲动，我们就产生触觉、痛觉、温觉和冷觉等皮肤感觉。眼、耳、鼻、舌和皮肤不同的感觉器官所获得的外界信息也不同，这些信息在大脑中整合起来，就形成了对外界事物的认识，这个过程便是知觉。

可见，知觉在感觉的基础上产生。我们感觉到的事物的个别属性越丰富，对事物的知觉也就越完整。一个苹果，如果只是看外表，你只能获得形状、颜色和大小的信息，拿在手里捏一捏，就知道这个苹果的软硬程度，闻一下，就增加了有关气味的信息，再尝一口，又增加了味道的信息。我们获得的信息越多，对这个苹果的知觉就越完整。买苹果的时候，挑剔的顾客总是会动用各种感觉器官来帮助自己选择最好的。实际上，现实生活中很难有单独存在的感觉，当人们形成对某一事物的知觉的时候，各种感觉就已经结合在一起了，以至于只要有一种感觉信息出现，就能引起对物体整体形象的反映。例如，蒙上你的眼睛，让你尝一口某种熟悉的水果，你立刻能够知道这种水果的形状和名称。

感觉和知觉都是人脑对直接作用于感觉器官的事物的反映，如果事物不再直接作用于人的感觉器官，那么有关该事物的感觉和知觉也将停止。但确实也有人声称自己能听到不存在的声音，看到不存在的形象。这种没有外界客观事物的直接作用而出现的不真实感知被称为幻觉。幻觉具有与真实知觉类似的特点，但它是心理功能失常的表现，感觉剥夺、药物中毒、饮酒过量、吸食毒品等情况都可能使人产生幻觉。正常的知觉必定源于感觉，没有感觉，就没有知觉。但知觉又不同于感觉，它不是单一感觉器官的活动的结果，而是各种感觉协同活动的结果。另外，知觉要受个人知识经验的影响。感觉不依赖于个人的知识和经验，不同的人对同一事物的感觉是相同的，但对它的知觉却会有差别。“red”这个英文单词投射在每个人的视网膜上的像都是一样的（相同的感觉），但不懂英文的人就无法识别它（不同的知觉）。

（二）知觉组织

知觉源于感觉，但高于感觉。它之所以比感觉更加高级，是因为知觉包括把感觉阶段获得的信息放在一块儿组织起来的过程。这种组织工作是无意识进行的，它就像“胶水”一样，把支离破碎的感觉信息片段按照一定的原则拼装起来，使进入我们感觉器官的海量信息不至于杂乱无章。没有知觉组织的过程，我们会面临一个荒诞无序的世界。对此，脑损伤病人为我们提供了很好的例证，他的感觉功能没有受损，整合感觉信息（知觉组织）的能力却坏掉了，于是他的感觉经验经常被解体，变得很奇怪，比方说，当看一个人唱歌时，他看到歌唱者的嘴巴在动，而且也能听到声音，但声音却好像来自一个外国电影中的配音（而不像是正在他面前唱歌的那个人的声音）。

知觉组织功能是以什么样的原则把不同的感觉信息整合起来的？最早对这个问题进行探讨的是格式塔心理学家。他们总结了这样几种知觉组织规律：①相邻性，即在其他条件相同时，最近的元素会被组织在一起；②相似性，在其他条件相同时，最相似的元素会组织在一起；③共同命运性，在其他条件相同时，朝向同一方向运动并具有相同速度的元素会被组织在一起。图 2-3(a)中的 9 个圆，既可以看成 3 行，又可以看成 3 列，并没有清晰的组织线索。再看图 2-3(b)中的 9 个圆，每一行比每一列靠得更近，因此，我们会把它看成 3 行，而在图 2-3(c)中，情况刚好相反，我们会把它看成 3 列，这便是知觉组织相邻原则。在图 2-3(d)中，颜色相同的圆被看成一部分，这是知觉组织的相似原则。在图 2-3(e)中，运动方向相同的圆被看成一个整体，很好地诠释了知觉组织的共同命运原则。

有些现象能够体现更复杂的知觉组织，比方说诱导运动和深度知觉。我们以视觉为例来说明这两种情况下的知觉组织。当你坐在一间黑屋子里注视一个静止的光点，同时有一个围绕着光点的矩形在缓慢地来回运动时，你感知到的是光点在一个静止的矩形中来回运动。这种现象便是诱导运动。在这种情况下，我们必须记住的事实是：此时你的运动探测细胞并没有对静止的光点起反应，而是对运动的矩形线条产生相应的神经冲动。我们之所以看到运动的光点，不是因为我们的感觉细胞出了问题，而是知觉组织过程自动选择矩形作为参照框架的结果。深度知觉也是通过知觉组织来实现的。我们每天所感知的都是三维空间中的物体，但是需要提醒大家的是：给我们提供最多信息的视觉依赖视网膜上的成像，而这种成像是二维的，我们如何能从二维的像中知觉到三维的深度信息呢？知觉系统有很多办法来做到这一点。其中一种办法是利用双眼视差的信息。每个人都有两只眼睛，当两只眼睛同时注视一个物体时，这个物体在两眼视网膜上所成的像在大部分时候并不一样（因为这个物体与两只眼睛的相对方位并不一样）。我们的认知系统通过分析这种差异信息，就可以

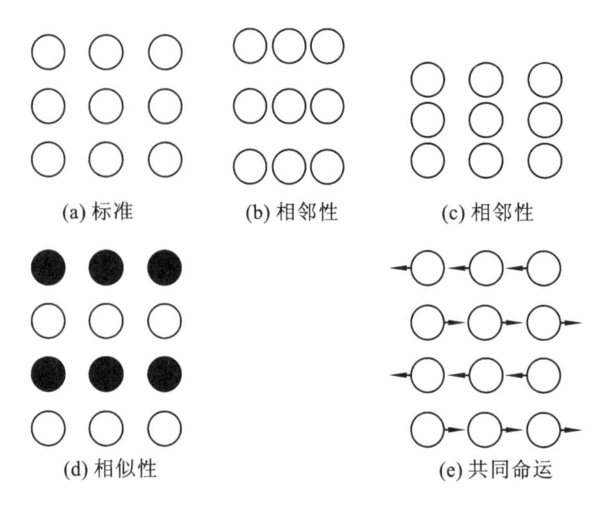

图 2-3 知觉组织规律

产生具有深度的单一物体的整体知觉(三维的立体知觉)。这其中的知觉组织工作既复杂，又精细，但我们每个人都可以很自然地在不知不觉间完成它。

(三) 客体识别

如果我们来到一个外星球，见到的每一件事物都是全新的。我们感知它们，对它们进行知觉组织，但依然不知道它们是什么，于是我们将组织好的信息送入长时记忆储存起来。但在现实世界里，我们能够识别和辨认大多数以前曾经见过的东西，因此不会觉得自己所在的环境是陌生的。知觉的最终目的在于辨别作用于我们感官的事物是什么，说出它的名字，这便是客体识别。心理学家认为，在人的长时记忆中储存着能够与外界事物对应的内部表征(符号与符号结构)。客体作用于感官使我们获取感觉信息，这些信息被发送到长时记忆，并与储存于其中的这些表征进行匹配，如果匹配成功，这个客体就得到了识别。比方说，你看到一个黄色的、大小适中、浑身有毛的四足动物，然后将其与长时记忆中的表征进行匹配，结果发现它是一种叫作“猫”的哺乳动物。这种客体识别的认知加工开始于外界的感觉信息，心理学家称之为自下而上的加工。但是客体识别的过程一开始就会受到已有经验的影响，比方说图 2-4 中的两个单词中间的字母，从感知上看是完全一样的，均为两条内斜的线由一条短横线连接。但它在“T”和“E”之间会被识别为“H”，而在“C”和“T”之间则会被识别为“A”。这显然是我们长时记忆中储存的词意引导了我们对这一客体的识别。记忆中储存的概念影响对输入信息的解释，这种客体加工的认知过程被称为自上而下的加工。当外界客体清晰可辨时，主要是自下而上的加工过程，而当客体模糊不清时，自上而下的加工就活跃起来。正如我们在白天和黑夜辨别对面走来的一个人。白天光线充足，我们一下子就能认出他来，而晚上，我们只能看出一个轮廓，听到脚步声，这时我们就不由自主地会提取脑中一切有关的经验来帮助我们识别对方。

THE CAT

图 2-4 TAE CAT

二、表象

著名化学家凯库勒的梦中曾出现一条像蛇一样的分子链，它突然咬住自己的尾巴形成一个环，他受此启发发现了苯的化学结构。作为普通人的我们即使醒着也无法感知到分子链，因为它是一种微观而抽象的客体，你可能梦见它，也可以想象它，却永远不可能用肉眼看见它（不知道利用现代科技的高倍显微镜能否帮我们实现这种奢望）。心理学家把梦和想象中的那种不需要外界信息输入即可产生的心理表征称为表象。换句话说，表象就是事物不在面前时，人们在头脑中出现的关于事物的形象。从信息加工的角度来讲，表象是指当前不存在的物体或事件的一种知识表征，这种表征具有鲜明的形象性。苹果不在人面前时，人的脑中也能浮现出苹果的形象。当然，表象这个词不仅可以指一个人的某种心理表征，而且可以指一种以表象的形式进行的心理操作。例如，当你头脑中有一个苹果的表象时，你可以说，我表象出了一个苹果。表象并不是什么神秘的心理功能，如果你会做梦或"白日梦"，当然也能够表象。

（一）视觉表象

表象可以是各种感觉信息的表征，包括视觉表象、听觉表象、嗅觉表象、味觉表象、触觉表象、动觉表象，等等。心理学家研究最多的还是视觉表象。心理旋转实验就是一个经典的视觉表象研究。在这个实验中，研究者给被试呈现字母 R 和它的镜像。每一个图像都经过从 0～300°的各种角度变化（见图 2-5）。被试的任务是先看到屏幕上短暂呈现的 R，当其从屏幕上消失后，立即尽可能快地判断这是一个正常的 R，还是一个 R 的镜像。研究者会记录被试做出判断所耗的时间。结果发现，判断所需的反应时间与图形旋转的角度成正比（见图 2-6）。也就是说，R 旋转的角度越大，被试做出判断所需的时间越长。这个发现似乎表明，在判断图形是正常的 R 还是 R 的镜像之前，被试首先会在头脑中表象出这个图形，然后以某种固定的速度把表象旋转到正立的位置。因为心理旋转的速度是固定的，所以旋转的角度越大，所需要的时间就越长；反之，旋转的角度越小，所需的时间越短。可见，心理旋转具有非常类似于物理旋转的一些特点（当速度恒定时，距离越远，耗时越长）。

心理扫描实验也是一个著名的视觉表象实验。在其中一种心理扫描实验中，被试要先观看一个虚拟的小岛地图，地图上有一些标志性的物体，包括石头、草地、水井、树、茅屋、池塘和沙地（见图 2-7）。实验开始的时候，研究者先让被试花一定的时间来记忆这张地图，直到他们能够用笔较为准确地把它复制出来。然后，研究者会向被试提供一个物体的名称（该物体是小岛上的某个标志性物体，比如说石头），要求他表象这个小岛，并集中注意力于那个物体（石头）。5 秒钟之后，研究者向被试提供第二个标志性物体的名称（比方说草地），并要求他们表象出一个漂浮的黑点从第一个标志物体（石头）扫描到第二个标志物体（草地）。地图上各个标志性物体之间的距离是不相等的，那么，我们就可以记录被试在每两个标志物之间进行心理扫描的时间，看看是否实际距离较远的两个标志物之间的扫描时间也较长。研究者反复运用这种程序进行实验，发现结果确实如此。也就是说，扫描时间与两个标志物之间的距离大小成正比，两个标志物之间的距离越大，扫描所需要的时间也越长。这一结果再

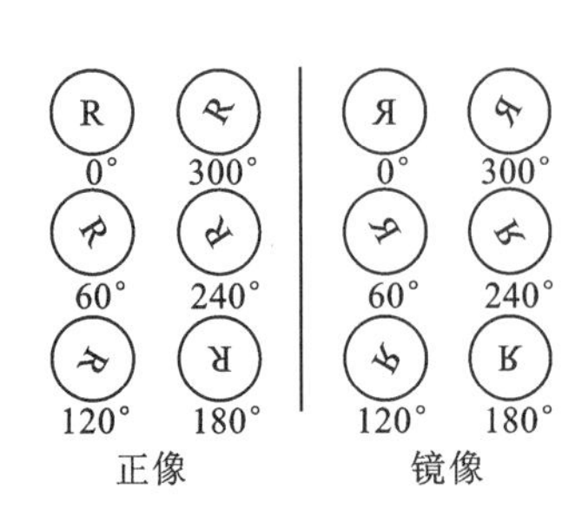

图 2-5 “R”的各种角度变化

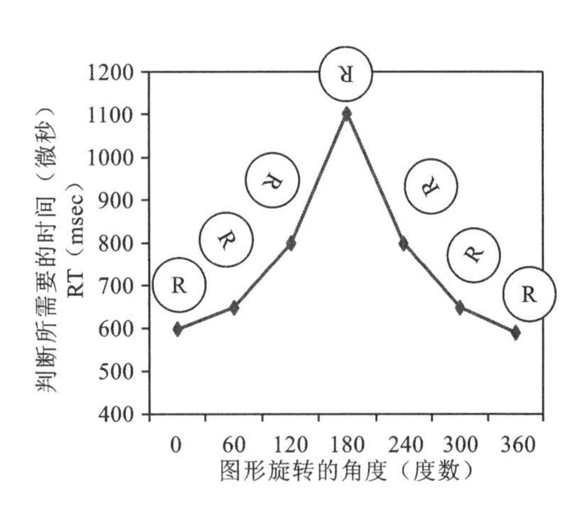

图 2-6 心理旋转实验的结果图示

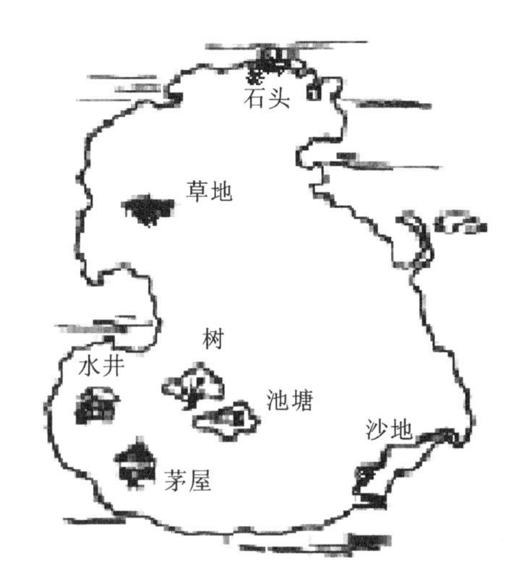

图 2-7 心理扫描实验“小岛地图”

次说明：表象中的时空关系与物理世界中的时空关系非常相似。

心理旋转实验和心理扫描实验的结果让有些心理学家相信，视觉表象出来的东西和客观存在的相应物体几乎拥有同样的特性。表象物体像物理实体占据物理空间一样要占据一定的心理空间，而且表象物体能够像物理实体在物理空间中被旋转和移动一样在心理空间中被旋转和移动。这种观点也有人表示质疑，因为在某些情况下，表象物体具有不同于物理实体的特性。如果要求被试表象异常复杂的物体运动和数量关系，那被试就无法在头脑中操作了。比方说，想象你有一大张白纸，在心里把它对折（形成两层），再对折（形成四层），然后继续对折，直到总数达到 50 次。请想象你完成这个任务时，纸大约有多厚？正确答案是一张纸的厚度约 $2^{50}\times0.028$ 英寸（1 英寸＝2.54 厘米）。5000 万英里（1 英里≈1.61 千米）相当于地球到太阳距离的一半。这个数字可能会吓到不少人，因为大部分人对这个厚度的估计相当不足。

(二) 双重编码理论

表象和实际客体不同的地方还表现在“两可图”的辨认上。何谓“两可图”？请看图 2-8 中的图案，它是一只鸭子？还是一只兔子？认真看几秒钟的话，大家都能发现这个图案的意图：它既可以被看成一只朝向左边的鸭头，又可以被看成一只朝向右边的兔头。也就是说，同一个图片有两种解释，这就是所谓的“两可图”。有研究者设置了这样一种实验程序，先让被试看类似于这样的两可图形 5 秒钟，然后把图移走，并让被试对其进行表象，最后要求被试在表象中看出该图形的两种解释。如果表象与实际客体具有同样的特征的话，那么被试就应该很容易地在表象中看出图形的两可性来。

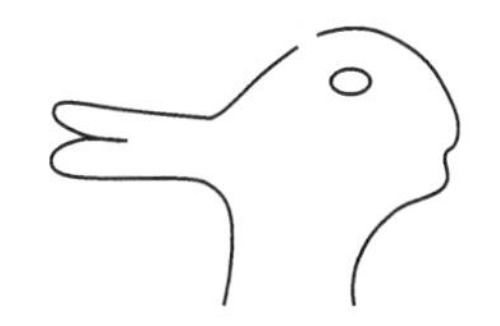

图 2-8　两可图“鸭还是兔？”

但结果让人奇怪：被试均不能在表象中看出“两可图”的第二种解释来，但却能根据表象把图形画出来，而一旦画在纸上，他就立刻能看出图形的两种解释。这说明，表象和实际呈现的图画确实有着功能上的差异。有研究者认为，被试之所以难以在表象中看出图形的第二种解释，是因为表象前的一刹那浮现在头脑中的第一种解释形成了言语表征，这种表征影响了表象的建构，使得可以对图形进行第二种解释的细节被模糊掉了。举例而言，当被试刚刚开始表象的时候，他如果把图形解释成为“兔子头”，那么就会在头脑中形成“这是一只兔子”的言语表征，这一表征先入为主，使得接下来在对图形进行表象的时候，那些可以把图形解释为鸭子的细节无法清晰地呈现，因此，被试无法在表象中把这个图形看成鸭子，只能持续地看成兔子。

上述有关“为何不能在表象中看出两可图形”的解释的基本前提就是心理学家 Paivio 提出的双重编码理论。正如我们在“长时记忆”中的一部分所讲，长时记忆中的信息有词语和表象两种信息组织方式，即言语编码和表象编码。而实际上，双重编码理论的解释范围超出了长时记忆的范畴，它认为大脑中存在两个对信息进行表征和加工的系统：一个系统负责处理语言信息，并把这些信息以适当的语言形式储存起来；另一个系统负责处理基于表象的信息加工和储存。每一个系统又被进一步区分为多个子系统。这些子系统在不同的感觉道（如视觉、听觉、嗅觉、味觉、触觉）中加工言语和非言语表征，当然，在语言系统中，味觉和嗅觉没有对应的表征，如表 2-1 所示。这两个系统的各个子系统之间是相互联系的，如果你在头脑中表象出狗的形象，那么它的言语表征（名称“狗”）也很自然地被激活。更复杂一点的例子是，你读小说的时候，头脑中也会随着字里行间的描述出现一幕幕场景。

表 2-1　感觉运动系统与符号系统之间的关系

感觉运动系统	符号系统	
	言语	非言语
视觉的	视觉形式的单词	视觉物体
听觉的	听觉形式的单词	环境声音
触觉的	书写形式的单词	对物体的“触摸”

续表

感觉运动系统	符号系统	
	言语	非言语
味觉的	—	味觉记忆
嗅觉的	—	嗅觉记忆

（三）表象的功能

实践证明，作为一种信息表征，表象在学习记忆中可以起到重要的作用。Paivio 曾经做过一个名为“对偶联想学习”的实验研究，来探索表象在字词记忆中的作用。他先准备了一批词汇，然后让一些大学生评价这些词是否容易引起表象，评价的分数从 1～7 分，1 分是最低分，表示该词汇极难引起表象，7 分为最高分，表示该词汇特别容易引起表象。很显然，比较具体的词汇容易引起表象，如教堂、大象、乐队、街道、酒精和鳄鱼之类的名词得分都在 6 分以上，而比较抽象的词汇不太容易引起表象，如上下文、能力、失误、格言之类的名词得分都在 3 分以下。Paivio 从这些词汇中选出意义性和使用频率均相当的若干词汇，将其区分为高表象词（特别容易引起表象的词）和低表象词（特别不容易引起表象的词），作为“对偶联想学习”研究的实验材料。

对偶联想学习的过程是这样的，首先让被试学习由对偶词（成对单词，例如大象—鳄鱼、乐队—能力、失误—格言、上下文—街道等）组成的词表，然后呈现某个对偶词的前一个词汇（刺激项目），要求被试说出与该词汇对应的后一个词汇（反应项目）。例如，向被试呈现“大象”，那么他的正确回答应该是“鳄鱼”。这挺像我们背英语单词，开始的时候将英文单词和中文单词一起呈现，学习一段时间后进行考查：呈现英文单词，要求写出中文字义，或者呈现中文字义，要求写出中文单词。大家要记住的是，在 Paivio 的实验里，刺激词和反应词都确定了表象的容易程度，按照这个标准可以将对偶词分成四种情况：高—高（刺激词和反应词均为高表象词，如大象—鳄鱼）；高—低（刺激词为高表象词，反应词为低表象词，如乐队—能力）；低—高（刺激词为低表象词，反应词为高表象词，如上下文—街道）；低—低（刺激词和反应词均为高表象词，如失误—格言）。我们想知道的是，在哪种情况下正确反应的可能性最大。

实验结果表明：当刺激词和反应词都非常容易形成表象时（高—高），正确回忆的数目最多；当刺激词和反应词都很难形成表象时（低—低），正确回忆的数目最少；当刺激词和反应词中只有一个词汇容易形成表象时，刺激词容易生成表象时的回忆效果要优于反应词容易生成表象的情况。这些结果显示，表象在字词识记的过程中起着一定的作用，形成表象有利于增强记忆的效果。实际上，很多心理学家认为表象的作用并不仅限于此，它在问题解决、创造活动中均有重要的作用。比如说，视觉表象对诸如绘画、建筑设计、机械设计和安装都必不可少，而听觉表象对音乐家而言有重要意义。

三、决策

日常生活中，我们常常面临选择：快餐店提供的饮品有大杯、中杯和小杯三种容量，选择哪一种比较划算？上清华、上北大、出国留学，哪一种才能让自己的人生实现最大的价值？这都需要我们做出决策，在心理学的术语中，决策就是指这种在几种选项中选择其一（拒绝其他）的心理过程。人的一生中要做的大大小小的决策何止千万，正确决策的前提是准确地判断：你在选择大杯、小杯和中杯之前，一定会先评估一下每种杯子的容量和价钱，看哪一个可以以最少的价钱买到最多的饮料。判断即是通过对事件和人做出评估来形成看法和得出结论的心理过程。决策和判断是认知心理学领域的重要主题，心理学家发现，人类常自诩为“理性”的智慧生物，但实际上在做出判断和决策时，常常并不是理想中的“理性人”。

（一）判断

如前所述，我们要做出正确的决策，得先有一个准确的判断。那么，如何才能做出准确的判断？真正理性的做法是：收集各个选项的所有信息，评估每个选项的利益和损失，得出结论。以快餐店提供的三种饮品为例，我们要评估每个杯子的容量，比较商家的定价，以计算每个杯中的饮品是否具有同等价值，同时，我们还要评估自己口渴的程度，以判断哪种容量的杯子刚好能够解渴而又不过量。综合这些精确计算后的信息，我们才最终得出结论，这就是绝对理性的做法。但是显然，在生活中，真正这样做的人会让我们觉得很怪异。而且，即使真的有人想这么做，在大部分时候也不现实。因为我们往往没有时间，也没有足够的信息来进行这样的正规程序。卡尼曼和他的同事通过研究发现，我们在做判断的时候常常根据经验采用一些简便的判断程序，这些程序大大降低了做判断的复杂性，当然，也大大增加了人们犯错误的可能性。他们称这些小程序为启发法。我们现在来看看几个例子，来说明我们做出判断的时所用的启发法，以及可能出现的错误。

先看看卡尼曼和同事曾经做过的一个实验。首先，他们给被试看一篇简短的小说摘录，然后拿走摘录，并让每一个被试判断在这篇摘录中，是以字母“k”开头的单词（例如 king）多一些呢，还是第三个字母是“k”的单词（例如 duke）多一些？结果发现，大多数被试认为首字母是“k”的单词要多一些。而事实上，第三个字母是“k”的单词的词频大约是前者的两倍。为什么会这样呢？答案很简单，因为首字母是“k”的单词容易想起来一些，虽然实际上它数量少一些，但在我们头脑中能够启用的那些信息中，它的数量要多一些。我们的判断往往基于记忆中容易得到的信息，这种简便方法被称为可得性启发法。如果我们的记忆是精确的，这种启发法不仅省事，而且能够帮助我们做出正确的判断。但如果我们的记忆是有偏差的，那就会出现实验中的这种判断失误。

在另一个实验中，有的被试被要求在 5 秒钟之内写出下面一个乘法算式的答案：1×2×3×4×5×6×7×8＝？而另一些被试被要求在 5 秒钟之内写出另一个乘法算式的答案：8×7×6×5×4×3×2×1＝？作为旁观者，大家都知道答案是一样的（正确值是 40 320）。但是大家要清楚，没有人能够在 5 秒钟内给出答案，参与这个实验的人只能凭少许的信息猜测。研究者关心的是，这两组人猜出来的答案是否会有差异。结果很明确：前一个乘法算式猜测结果的均值是 512，而后一个乘法算式猜测结果的均值是 2 250。心理学家认为，出现这个差异的原因很简单：5 秒钟的时间只够进行少数几个数字的运算，剩下的运算就只能以这几个数字运算出来的结果为依据进行估计，这个结果作为随后估计的基数，其大小自然影响着最终估计结果的大小。第一个乘法算式即使算到第 5 个数字（5），结果也才 120，随后的估计自然不会很大；而第二个乘法算式刚刚算到第三个数字(6)，就已经是 336 了，在这个基数上进行的猜测自然会比较大。当人们对某个结果的可能值做判断时，往往有一个判断的起始值，这个值会引导其最终判断的结果，这叫作锚定启发法。设定起始值(锚)后，如果随后的估计有精确的信息作为依据，那么最终判断的结果也会是精确的，但如果随后的估计是没有一点根据的任意猜测，那么起始值(锚)的大小对最终结果起着很强的导向作用。

当然，人类进行判断时的启发法(或者说捷径)并不只这些，这些方法在大多数情况下能够引导人们进行正确的决策。但是，正如上述两个例子所显示的，捷径有时会将人们导向歧途。当了解这些内容后，我们应该学会对自己的思维保持批判的习惯，并有意用这些知识来检查自己的思维过程。如果能做到这一点，我们可能会避免很多判断失误。

(二) 决策

综上所述，在几种选项中选择其一的心理过程就是决策。现实的情况是，鱼和熊掌常常不可兼得，任何选择都是得失相伴的。考虑一个选项时，自然要判断它会带来多少收益，以及会招致多少损失。当然，这个判断过程可能因为我们使用简便程序(启发法)而出现误差，因而导致有偏差的决策。不仅如此，人类的决策还会受到一些心理因素的影响。也就是说，即使某个选项在客观上的价值完全没有改变，我们还是会因为心理上的一些倾向不同对它进行不同的抉择。下面以经典的框架效应来说明这个现象。

心理倾向如何会影响人们的决策？我们先来举个例子：领导在一次会上宣布，你会得到 1 000 元的加薪，你是否会特别高兴？如果你没有指望自己会被加薪，面对这样一笔增加的收入，当然会觉得喜出望外。但如果你曾经被告知，自己将会得到 5 000 元的加薪，而领导在会上宣布你的加薪是 1 000 元，你还会那么高兴吗？可能就不会了，甚至反而会觉得自己失去了不少钱，因为 1 000 元跟你的预期相差太远了。在这两种情况下，你都会多挣 1 000 元，客观上的价值是一致的，但这两种情况的心理效应却完全不同。框架效应的产生和这种情况很类似。框架是指对一个选项的一个特定的描述。对同一个选项进行不同的描述会使人对收益和损失的知觉变得不同。有一个流传很广的段子很能说明这种现象的本质：一个烟鬼问神父，我可以在祷告的时候抽烟吗？神父的回答当然是“no”。而另一个烟鬼则问，我可以在抽烟的时候祷告吗？神父的回答是“yes”。前者的参照点是祷告(好行为)，这使得神父对其行为有一个高预期，抽烟(坏行为)会在这个预期的基础上减分(视作损失)，因此神父不能接受烟鬼抽烟。而后者的参照点是抽烟(坏行为)，这使得神父对这个人一开始就没抱多高期望，而祷告(好行为)当然会在这个预期的基础上大大加分(视作收益)，因此神父很容易接受烟鬼抽烟。可见，决策时人的内心所设定的参照点尤为关键，它决定着人的期望，这个期望又决定着他对待定选项的价值感受。

同样的选项，只是说法不一样，就会让人有不一样的取舍。正如认知心理学的奠基人之一 Herbert Simon 所讲：我们的理性是有限的。因此，我们更需要有自知之明，了解影响决策过程的这些心理特性，可以帮助我们在做出重大决定之前进行有依据的自我审查和分析，认清自己，做出无悔的抉择。

第三节　体育运动中的知觉与决策

在上一节中，我们了解了知觉、表象和决策等三种复杂的人类认知活动。实际上，认知过程在体育活动中也至关重要，体育活动绝不是仅仅四肢发达就能达到高水平状态的。在赛场上，运动员常常要“眼观六路，耳听八方”。水平不同的运动员往往识别出不同的环境线索，显示出不同的知觉能力来。同样，在决策过程中也能显出运动员的优劣，高水平运动员能够快速选择有效的行为，因为他们掌握了有助于决策的“窍门”。

一、体育运动中的刺激识别与专门化知觉

Williams 和 Davids 在 1998 年的研究中，招募了两组被试，一组是有 13 年经验的足球运动员，而另一组是有近 4 年经验的足球运动员。Williams 和 Davids（研究者）让这些运动员观看关于足球比赛的影片（影片上的人和场地都和真实的人和场地一般大小，影片投射在 3.0 米×3.5 米的大屏幕上）。影片会定格在对方球员一个传球上。这时，研究者要求运动员假想自己是一个中卫，要阻止对方球员向传出的球逼近。每个运动员脚下都有几个脚踏板，分别位于他们的左、右、前和后。一旦他们决定好拦截对方球员的时机和方向，就可以踩上相应的踏板，这样研究者就可记录他在什么时间准备从哪个方向去阻击对手。研究者还会记录下他们的视线移动情况，并听取足球运动员即时的口头报告（即运动员在行动的同时，大声说出自己的意图及行动方向等信息）。影片定格的场景有两种情况：一种场景中有 1 名进攻球员和 1 名防守球员；另一个场景中有 3 名进攻球员和 3 名防守球员。

结果发现：经验老到的足球运动员（13 年经验）比经验尚浅（4 年经验）的足球运动员起脚更迅速，同时，视线移动情况和足球运动员的口头报告说明这两组足球运动员从环境中获取的信息种类也不一样。在对方只有 1 名进攻球员和 1 名防守球员的场景下，经验老到的足球运动员常常看在对方进攻球员的臀部上，同时视线在对方臀部和小腿之间频繁地转换；经验尚浅的足球运动员则喜欢盯着对方进攻球员的脚和足球。而在 3 名进攻球员和 3 名防守球员的场景下，经验老到的足球运动员不仅盯着带球的对手，而且经常在 3 名对手之间转换视线，这说明他们不仅盯着带球的人，同时还在留意着另外两个进攻球员的一举一动；经验尚浅的足球运动员则主要被球的位置牵引着，他们的视线似乎不敢常常从带球者的身上移开。从这些结果我们可以看出，经验老到的足球运动员的长时记忆中储存着有效的专项知识，这些知识引导着他们的信息加工，使他们关注更有意义的潜在信息（对手臀部的运动、不带球对手的活动与方位等），因此他们能够更快更准地对不同的情形做出恰当的判断和预测，这种境界就好比武侠小说中“独孤九剑”的剑理：料敌机先，进而后发先至。而经验尚浅的足球运动员只能被显而易见的环境信息（对手的脚、球等）牵着鼻子走，看不到有助于先一步预测对方举动的环境线索。

上述研究表明，好的运动员善于从复杂的运动环境中识别有用的线索模式。在认知心理学的术语中，这种认知过程叫作刺激识别，属于感知觉的范畴。人的认知系统对从各种感

觉器官中输入的信息进行分析和综合所达到的识别的程度就是知觉。而同样的感觉信息输入，在经验不同的人眼中就会产生不同的知觉。例如，在刚才的研究中，面对一模一样的运动场景，经验老到的足球运动员就能比经验尚浅的足球运动员识别出更有意义的环境线索。具体而言，经验老到的足球运动员会将对手的臀部运动视为关键线索而特别关注，经验尚浅的足球运动员即使看到这个部位的动作也熟视无睹，留不下任何印象。长期的经验会引导人的知觉，而长期的训练（也是一种经验）则可以形成专门化知觉。所谓专门化知觉，是指运动员在运动实践中经过长期专项训练形成的一种精细的主体运动知觉，它能对器械、场地、运动媒介物质（水、空气等）及专项运动中的时间、空间特性等做出高度敏锐和精确分化的识别和感知。专门化知觉根据所从事的运动项目的不同而表现出不同的特征，如水中项目的"水感"，球类项目的"球感"，各种使用专门器械的运动项目的种种"器械感"，射击、射箭和跳水等项目运动员的"动作感"等。我们常看到篮球队员拿着篮球进行类似杂技一样的随意耍弄，以及足球运动员的"颠球"，其目的均在于熟悉所谓的"球性"，实际上这些都是该项目专门化知觉练习的一个部分。这些练习使运动员能够更加有效率地识别自身状况、运动环境中的人和物，以及这些因素之间微妙关系的关键线索。

二、体育运动中的决策

如果已经顺利地知觉到了情境中的刺激，那么信息加工的下一步就是产生反应。但在此之前，人的头脑中可能同时出现好几种反应选项。比如，当一个正在带球前进的足球运动员觉察到对方足球运动员的拦截企图时，心中会有许多念头在纠结：带球闯过去，还是传球？传给队友 A，还是队友 B？等一下再传，还是立即传出去？这时就要进行反应选择。反应选择也是一种决策，既然如此，那么有关决策的一些心理特点也适用于这种行为决策。例如，如果此时这名足球运动员头脑中浮现出的是自己某次成功带球过人的经历，他多半会选择自己闯过去，要是想起了失败的经历，此时他会更愿意把球传出去。这是可得性启发法的特点。除此之外，运动场上的决策也有自身的独特性，那就是时间紧迫，决策往往得即时进行，由不得人去反复斟酌。

（一）反应时

我们在第一节提到的反应时技术是这种快速决策效率的最好的指标。反应时即刺激呈现和个体产生反应之间的时间间隔。例如，百米赛跑前，从裁判员枪声响起（刺激呈现）到运动员立刻起身奔跑（反应）之间，总有非常短暂的延迟。不同运动员的延迟时间也不同，有人反应快（反应时短），有人反应慢（反应时长）。在许多快速运动中，成败就取决于运动员能够多快地探测环境特征（对手的动作）、决定该怎么行动并实施这一行动。通过测量运动员的反应时，我们可以知道运动员完成这三个阶段（刺激识别、反应选择和动作启动）所需的总时间，并考察可能会影响这个反应时的因素。

那么，哪些因素会影响运动员的反应时？刺激-反应的选项数量是一个重要的因素。在第一节中提到的简单反应时和选择反应时就是一个很好的例子，简单反应时只有一个 S-R 选项（灯亮-按键），而选择反应时有两个 S-R 选项（红灯亮-按左键，绿灯亮-按右键），选择反应时显然会比简单反应时更长。S-R 选项数量与反应时之间的关系的最精确描述被称之为 Hick 定律。Hick 定律认为，S-R 选项数量与反应时之间是对数关系，简单来说，当 S-R 选项数量从 1 增加到 2 的时候，反应时会显著地增加，而当这个数量继续增加，反应时也会继续随之增加，但增势会渐渐趋缓。也就是说，当 S-R 选项数量从 9 增加到 10 时，所需反应时的增量要远远小于从 1 增加到 2 时所需反应时的增量。但总的来看，选项数量越多，反应时会越长。百米赛跑时，听到指令枪响就起身，这是一个简单反应时，运动员往往能够快速反应。但在篮球或足球这类团体对抗运动中，对手不止一个，队友也不止一个，需要应对的刺激非常多，每一刺激出现时需要做出的反应也不一样，比如，控球中卫试图阻拦对手向球逼近时，对手的数量、每个对手的可能动作、对各个位置对手的每一种动作的应对方式都不止一个。他必须在心中设想这些情况，并准备做出相应的举动，这其中涉及的 S-R 选项的数量就相当庞大，决策所需要的反应时自然会很长。

另外两种会影响决策反应时的因素是刺激-反应的兼容性（S-R 兼容性）和练习。S-R 兼容性是指刺激和相应反应之间联系的“自然”性。用选择反应时的例子来讲，左边的灯亮用左手按键反应，右边的灯亮用右手按键反应就比较“自然”，这样的刺激-反应是兼容的；若左边的灯亮用右手按键反应，右边的灯亮用左手按键反应，则比较不自然，这样的 S-R 兼容性就很差。在 S-R 选项数量相当的情况下，兼容性好的 S-R 比兼容性差的 S-R 所需反应时要短。在复杂的体育赛事中，运动员无法选择自己所面临的环境，在有的情况下，S-R 选项很复杂，而 S-R 兼容性也很差，尽管如此，还是有人能够做出迅速的决策和反应。因为通过练习，人可以在一定程度上克服这些不利状况。研究发现，通过一定强度和数量的联系，运动员的反应可以达到自动化的程度，不仅快，而且当 S-R 选项数量增加的时候，他们的反应速度几乎不受影响。这种情况在日常生活中也可以有所体验，当一个人驾车十几年后，他看到红灯就踩刹车的反应会变成自动化的反应，这就是经过成千上万次的练习后的成果。

（二）预判

心中的行为选项越多，抉择的速度就会越慢，往往等你最终决定了一个行为，最佳时机已经过去了。除了在平时大量练习外，运动员在比赛中如何克服这种决策延误？他们一般靠预判对手的行为来增加决策时间。有经验的运动员能够预测对手接下来会做什么，因为他知道对手在采取这个行为之前会有哪些常规举动。当一个有经验的羽毛球运动员和一个新手对打的时候，你可以看到老手在场上基本上没什么奔跑的举动，而新手则需要满场狂奔，疲于应付。为什么？因为老手看到对手的某个动作时，就可以预判他会把球打到哪个方位，于是早早地就等在那里了，就像对手把球送给他打似的。在这种情况下，他有充足的时间进行决策，选择最有效的行为。当然，我们也知道，这种预判是否会成功在很大程度上取决于运动员对关键线索的识别。

运动心理学家区分了两种类型的预判：其中一种是事件预判，即对环境中会发生什么事件的预测；另外一种是时间预判，即预测环境中将要发生的那件事会在何时发生。比如说足球运动员预感队友要传球给他，而且感到大约再过 2 秒他就会行动，前一种预判是事件预判，后一种预判是时间预判。事件预判使得运动员能提前准备反应选择，当他的预感应验的时候，就能够以极快的速度反应。这种反应速度是没有预感的仓促应对所无法企及的。在交通管理中，红灯亮之前会先亮黄灯，目的就在于给司机预先提个醒，使他有“前方该停车”的预期，这样在红灯亮的时候就已经有了足够的心理准备，不至于仓促间来不及刹车。时间预判也能带来很明显的好处，知道队友将何时传球，就能够适时地准备接应，这样的默契可以使球队的攻防保持节奏和控制。如果一个人在事件预判和时间预判上的能力都很强，那自然是再好不过了。但从为正确决策争取时间的角度来说，事件预判的价值更加显而易见一些。而且，事件预判的能力是可以通过学习来改进的，运动心理学家已经通过研究证实，将有效的运动线索识别经验整理出来传授给新队员，可以增进他们的反应速度和决策准确性。

正确的预判能够让运动员占尽先机，但如果预判是错误的呢？那就会付出额外的代价。所以，预判是有风险的。如果运动员预判对手将要传球，那他就可以在对手传球行为实际出现之前就完成自己的行为决策过程，行为已经准备就绪，只等对方的行为出现。如果对手确实如料想中那样传球了，自然会被逮个正着。但如果料想落空，对方没有传球而是硬闯了，这时预判失误的副作用会让优劣的态势瞬间逆转。首先，预判错误的运动员得抑制住已经准备就绪的行为，这是需要时间的，即使停止最简单的行为也需要大约40毫秒的时间；抑制住这个行为之后，他得立即选择新行为，这又需要一个决策的过程，实际上，大部分人此时已经无暇细想，只会下意识地随着对手的行动而反应，即便如此，新行为的发起也需要时间。等他完成这一系列新的信息加工过程后，对方可能早就带着球跑远了。可见，预判是把双刃剑。经验老到的运动员常常可以创造出对手的预判失误，并从中得利。比如篮球运动员会用假动作迷惑对手，作势要投三分球，却出其不意地突然运球过人，或者突然从对手胯下将球传出。这种策略往往能够得逞，就是因为对手欲跳起防守三分投篮，已经来不及应对随后的情境变化。

第四节　体育运动中的表象

人人都会的“白日梦”能力（表象能力），在体育训练和比赛中居然有着特殊的功效。著名的高尔夫球手Jack Nicklaus这样描述他在击出每一球前的心理准备活动：“首先，我头脑中浮现出球落在我预想中位置的情形，漂亮的白色小球趾高气扬地停在明亮的绿草坪上。然后，我想象小球正在天空划过，去往目的地，它的路线、轨迹及落地的方式都栩栩如生。最后，我想象自己正在摇摆身体，准备击球，要让刚才想象中的好球成为现实。这种在头脑中过电影的练习是我能够保持专注的关键，它会将我的每一击都导向正途。”这就是运动领域里的表象训练的一个实例。

一、运动表象的种类

我们已经了解，表象编码是人们表征信息的一种方式。这意味着，我们的头脑中能产生与物理世界中的事物具有大致相似特点的形象和体验来。表象实际上就是一种模拟，它近似于真实的感官体验，但仅仅发生在意识中。最近几十年来，运动界逐渐开始尝试把这种认知操作运用到提高运动成绩上，运动员可以通过表象运动情境中可能出现的复杂状况，在头脑中预演各种应对方式，提前做好心理准备。比如，橄榄球运动中的四分卫是发起攻击的领袖，他们常常先观看某种自己可能面临的某种防守阵型的影片资料，再在想象中利用各种进攻组合和相应战术去攻破这种防线。这种心理训练让他们在真正临场时“胸有成竹”，充满自信。

表象中的体验往往被认为是“形象”，仿佛它仅仅是视觉的。但实际上，表象中的所有感觉（视觉、听觉、嗅觉、味觉、动觉和平衡觉）都很重要。尤其是动觉和平衡觉，对运动员的表象训练有着特别的意义。以棒球运动为例，一个击球手在表象比赛场景时，就要能在心中“看”到球被对方投手丢出，向本垒飞来，体验到自己挥棒时利用身体重量蓄力的动感，“听”到球棒击球时的脆响，感觉到此时手上麻麻的触感，甚至“闻”到修剪过的草坪的清香。这些体验越生动，表象训练就越到位。在表象中体验各种情绪和思绪（焦虑、愤怒、高兴、痛苦、自信和专注等）的产生和自控也有助于在实际情境中对这些状态进行调控。表象除了可以根据上述不同感觉和情绪体验划分为不同的类型外，也可以从另外的角度区分为内部表象和外部表象。内部表象是从自己的角度来体验表象中的各种经历，就像自己真的在参加这个活动。刚才我们所讲的 Nicklaus 和棒球击球手的表象方式都是内部表象。外部表象是指你在表象中以第三者的角度来看自己，就像在看一部自己参演的电影或戏剧。从第三者的角度来看自己的比赛，能够具有更广阔的视野，不仅看到自己的活动，还能看到其他所有人的活动。

二、表象训练的效用

表象真的能够影响运动成绩吗？这个问题一直是运动心理学家们关注的焦点。有很多证据显示，答案是肯定的。首先是大量的优秀运动员把表象训练纳入他们的日常训练计划中，还有不少运动员声称表象训练帮助自己从伤病中恢复。美国奥林匹克训练中心曾经做过一个调查，发现所有的运动心理顾问和 90％的奥林匹克运动员使用过一定形式的表象训练，其中有 97％的运动员相信这种训练能够帮助自己提高成绩。此外，有 94％的奥林匹克运动员教练员在他们的训练过程中用过表象训练，其中 20％的人在每一次训练中都会用到。运动心理学家还通过设计精确的实验来验证表象训练的效果，发现表象训练在不同种类的运动项目（包括篮球、足球、皮划艇、田径项目、游泳、空手道、下坡滑雪和越野滑雪、排球、网球和高尔夫球等）中，以及不同水平的运动员身上都有积极的作用。但是值得一提的是，表象对运动成绩的影响不一定总是正面的，因为有时候消极的表象也会在不经意之间冒出来。积极表象一般会在训练中和比赛前实施，是可控的，但消极表象一般出现在比赛中，有运动员就曾经报告自己脑海中突然出现自己打了个臭球的情境。结果你猜怎么着，他接下来就真的打了个臭球。一项调查通过直接询问收集的信息表明，大约有 35％的运动员、25％的教练员和 87％的运动心理学家可以说出表象干扰成绩的实例来。鉴于这类情况，有的运动心理学家建议如果运动员的表象出现下列几种现象，就应该引起警惕，因为它们会带来厄运：①表象导致太多的焦虑；②表象导致注意力被转移到无关的因素上；③表象无法自控，而且全是消极表象，如总想到失败或失误的情形；④表象让运动员过度自信和兴奋，像打了鸡血一样。

对具有积极效用的表象，在不同情况下起作用的程度也不一样，因为有一些因素会影响表象的效果。比如说任务的性质，即这个运动项目要求完成的任务主要是身体上的，还是认知上的。如果运动项目的操作过程中具有较多的认知成分（如知觉和决策），那么表象预演的效果就更加凸显一些。举个例子，相对于长跑运动员和举重运动员而言，表象训练对篮球运动员中的控球后卫意义更大一些，因为后者更需要在头脑中预演战术和策略。运动员的水平也影响表象训练的效果，具体而言，运动员中的新手和老手均能从表象训练中得益，似乎老手得益更多，而中等水平的运动员受表象训练的影响较少。每个人的表象能力不同，也会影响表象的效用。也就是说，只有精通表象的人才能从表象训练中得到更大的好处。何谓精通表象？精通表象有两个关键条件：生动性和可控性。前者是指表象者的表象生动形象，感官丰富，体验真实；后者是指自己的表象自己可以控制，想什么就是什么。有的运动员无法控制自己的表象，老是在表象中重复一个失误的动作，这样显然不会有什么好的效果。不同的人在表象能力上水平不一，但表象能力是可以通过练习来提升。下面介绍两个提升表象能力的小练习。

（1）生动性练习示例。

想象自己的房间——现在想象自己正在自己的寝室，向四周看看，体验每一个细节。你看见了什么？注意家具的形状和材质。你听到了什么？温度如何？可有风吹过？寝室里的气味怎样？使用你的所有感觉器官去感受和体验房间里的每一个角落。

（2）可控性练习示例。

控制运动表现——想象自己正在完成一个难度很大、自己总是失误的动作。特别留意自己会做错的地方。然后在表象中把这个动作完美流畅地做下来，仔细观察和体验这个过程中自己的动作。比如，一个篮球运动员要能看到自己投了一个完美的三分球，身体感觉流畅，篮球准确入网，干净利索，连框都没沾。好，现在再想象自己在比赛中艰难时刻的表现。还是以篮球为例，比赛即将结束，你们队落后一分，而你得到两次罚球的机会，很显然，如果两罚两中，你们就将获胜。想象自己心如止水，周围的欢呼声夹杂着嘘声，但就像在很遥远的地方，你接过球，看着篮筐，轻轻一送，球进了。你感到喜悦，信心十足，但依然心态平和，再接过球轻轻一送，球又进了。

经常进行这样的系统练习，可以显著提高表象能力。以此为基础来辅助身体训练，自然比单纯的身体训练更加有效。但要注意的是，单纯的表象训练不会很显著地提高运动成绩，也就是说，表象训练不能代替身体训练，结合身体训练的表象训练才能发挥它的效用。当然，如果运动员受伤或疲劳了，无法进行身体训练，在这种特殊的情况下若想做点什么，表象训练就是比较合理的选择。

三、表象能力训练

表象可以帮助运动员提高成绩，但要让这种能力成为真正的助力，表象训练应该成为日常训练的一部分。当然，这种训练计划要配合运动员自己的需要、能力和兴趣。除此之外，实施表象训练计划也有一些要点需要注意。

1. 表象能力评估

表象训练计划的第一步是要测量运动员当前的表象能力水平。在这里，表象是一种技术，不同的人拥有这种技术的水平并不相同。但要测量表象能力水平并不容易，因为表象是一种心理过程，看不见，摸不着，无法直接把握。因此，运动心理学家一般用问卷来评估表象能力水平的不同方面。这样的问卷有很多，Hall 等人编制的运动表象问卷(见表 2-2)，读者可以用它自测一下自己的表象能力。在掌握了运动员表象能力水平和特点之后，才能有的放矢地制订表象训练计划。

表 2-2　Hall 等人编写的运动表象问卷

比赛或训练时所想到的内容	从来没有/分	介于“从来没有”和“总是这样”之间/分					总是这样/分
1. 我想象观众为我的成绩而欢呼	1	2	3	4	5	6	7
2. 当我想象一场比赛时，我感到自己非常兴奋	1	2	3	4	5	6	7
3. 我能轻易地改变头脑中的技术动作	1	2	3	4	5	6	7
4. 我想象万一比赛原计划失败后所采用的新策略	1	2	3	4	5	6	7
5. 我想象自己在困难的情况下，依然能够控制形势	1	2	3	4	5	6	7
6. 我想象其他选手祝贺我取得好成绩	1	2	3	4	5	6	7
7. 当我想象自己即将参加比赛时，我感到焦虑	1	2	3	4	5	6	7
8. 我可以在头脑中纠正技术动作	1	2	3	4	5	6	7
9. 我在头脑中制订新计划或新策略	1	2	3	4	5	6	7
10. 我想象自己在一个极具挑战性的情境中成为大家关注的焦点	1	2	3	4	5	6	7
11. 我想象自己赢得奖牌	1	2	3	4	5	6	7
12. 我想象到比赛时兴奋的感觉	1	2	3	4	5	6	7
13. 当我想到某个技术动作时，我通常能在头脑中很好地完成它	1	2	3	4	5	6	7
14. 我想象比赛过程的各个部分(如进攻或防守)	1	2	3	4	5	6	7
15. 我想象自己在一个艰苦的情况下成功完成比赛(如遇强手或交替得分时)	1	2	3	4	5	6	7
16. 我想象领奖时的气氛	1	2	3	4	5	6	7
17. 我能重现以前比赛时所感受到的情绪体验	1	2	3	4	5	6	7
18. 我能在头脑中稳定地控制技术动作	1	2	3	4	5	6	7
19. 我想象坚持自己的比赛计划，甚至在情况比较糟糕时也一样	1	2	3	4	5	6	7
20. 我想象自己意志坚强	1	2	3	4	5	6	7

续表

比赛或训练时所想到的内容	从来没有/分	介于"从来没有"和"总是这样"之间/分					总是这样/分
21. 我想象自己作为冠军在接受采访	1	2	3	4	5	6	7
22. 我想象到现实比赛中的压力和焦虑	1	2	3	4	5	6	7
23. 我在做某一动作前,会想象自己能很完美地完成动作	1	2	3	4	5	6	7
24. 我想象在一场比赛中按自己的意愿完成整个比赛	1	2	3	4	5	6	7
25. 我想象自己百分之百地投入一场比赛中	1	2	3	4	5	6	7
26. 我想象赢得冠军时的气氛	1	2	3	4	5	6	7
27. 我想象自己控制比赛时的压力和兴奋,依然保持冷静	1	2	3	4	5	6	7
28. 当我学习新动作时,会想象自己很好地完成这个动作	1	2	3	4	5	6	7
29. 我想象自己能成功地按照自己的计划进行比赛	1	2	3	4	5	6	7
30. 我想象自己在对手前表现得非常自信	1	2	3	4	5	6	7

以下句子是描述人们在进行比赛或训练时所想到的各种内容,请在右栏选择合适的数字,以代表平时你自己所想的相应内容的次数。"1"代表"从来没有","7"代表"总是这样","2"至"6"则表示介于"从来没有"和"总是这样"之间。答案无所谓对和错,请你按照平时真正所想的来做选择。

计分方法:30个题目共包括5个分量表,每个分量表都有6个题目,每个分量表所有项目得分相加就是该分量表所得的分数,分数在7～42分之间。分数越高,说明频率越高;反之,则越低。

"激发特殊动机的表象"分量表:

1、6、11、16、21、26题相加,分数越高,说明激发特殊动机的表象使用越多。

"激发唤醒动机的表象"分量表:

2、7、12、17、22、27题相加,分数越高,说明激发唤醒动机的表象使用越多。

"激发控制动机的表象"分量表:

5、10、15、20、25、30题相加,分数越高,说明激发控制动机的表象使用越多。

"特殊认知的表象"分量表:

3、8、13、18、23、28题相加,分数越高,说明特殊认知的表象使用越多。

"一般认知的表象"分量表:

4、9、14、19、24、29题相加,分数越高,说明一般认知的表象使用越多。

2. 适当的环境

对于表象能力水平很高的人而言，在任何时候都可以进行表象训练。但这样的人是很少的。对于初学者来说，最好找一个干扰比较少的环境来进行表象训练。有的人会在自己的房间练习表象能力，一般是在睡觉之前。有的人则喜欢比赛前在衣帽间进行这种训练。还有的人会在训练间隙训练表象能力。随着这种技能变得成熟，人们往往可以在有干扰的情况下使用表象，最后，甚至在实际比赛的过程中也可以随时使用表象。

3. 放松技术

在表象之前先让自己放松，比直接进行表象更有效果。所以，在每一次表象训练之前，人们可以先采用深呼吸、逐步放松法或其他一些对自己有效的放松技术来让自己身心平复。这样做有两个好处：一是通过放松，让人忘掉日常的烦恼，把精神集中到当前的任务中来；二是通过放松可以减少其他刺激（身体上的紧张不适等）的干扰，使表象过程更干净、单纯。

4. 适当的预期和足够的动机

有些运动员会拒绝这种非常规的训练，他们认为只有艰苦的身体训练才能提高成绩，而想象一种技术操作就能帮助提高成绩这种事情并不能让他们信服。这种负面的认知和疑虑会破坏表象训练的效用。另一些运动员则非常信服表象训练，认为通过这种训练可以帮助他们成为像泰格·伍兹那样的天才运动员，仿佛表象训练有魔力一般。这也是不切实际的。事实是：系统的表象训练可以在一定程度上帮助运动员提高运动成绩，但正如运动员主动进行数月甚至数年的系统化身体训练来磨炼身体技术那样，表象技术要想见效也需要这样的主动投入。

5. 如何让表象生动和可控

当使用与某个技术有关的表象时，尽量使用自己所有的感官，体验身体的运动就好像它们真的在发生。简而言之，就是要让表象生动，而且在自己的把握中。为了达到这样的效果，有些奥林匹克运动队会提前一个月到达赛场熟悉环境，这样他们就可以在表象中看到自己在这个赛场中运动，赛场的颜色、布局、建筑物及看台等都像真的一样。在表象的时候，让自己的身体动起来，好像真的在实施表象中的动作，这样会让表象和身体体验更加真实生动。也就是说，与其躺在床上表象自己在踢球，不如在表象的同时站起身把腿踢起来，就像真的在踢球一样。表象能力到了实用阶段，应该能在运动的间隙随时进行。因此，运动员在训练的过程中，要学会睁开眼睛使用表象，并能够在表象中为所欲为。

6. 积极关注

表象要集中在积极的结果上，比如射进一个球、击出一个安打、完成一个成功的身体康复治疗等。虽然有时候在表象中识别和分析自己的失误是有益的（毕竟没人是十全十美的，实际上几乎每个人在每次运动时都会有一定程度的失误），但是，更重要的是把这些失误放开，关注现在。要使用表象对可能发生的不测做好准备以便能够有效地应对失误。如果运动员被某一个特定的失误困扰，可以这样使用表象：先表象出这个失误并同时决定正确的反应，然后立即表象自己正确地完成正确反应。对正确反应的表象要重复数次，而且每次真实地训练这个反应后都要随即进行表象。这样的程序可以在表象中正确技术操作的动作样式和体验更加真实可控。

7. 使用录像和录音

有些运动员可以对自己队友或常常交手的对手形成清晰的表象，却无法对自己形成表象。原因很简单，对自己从未见过的东西形成表象确实很困难。这个时候，录像就很重要了。把自己的训练或比赛过程拍下来看，然后你就能对自己进行表象了。第一次看见有关自己的录像会让很多人吓一跳：那真的是我吗？对训练过程进行录像后，可以在教练员的指导下进行剪辑，找出完美的（或接近完美的）动作，然后不断地重放。运动员可以先完成放松程序，然后观看录像，几分钟后再闭上眼睛开始对这个动作进行表象。对运动员在比赛中的经典时刻进行录像，甚至配以能让这名运动员感到激动的音乐或话语（录音），可以激发其动机和自信，并能让表象更加清晰和生动。

8. 表象执行过程和结果

表象中不仅包含某种技能的执行过程，还包含执行后的结果。有的人只表象动作过程，没有动作结果，有的人则只表象结果，而没有过程。运动员要能在表象中体验运动，并引导动作产生期望的结果。例如，跳水运动员要能够在表象中体验自己的身体在跳水过程中不同位置上的感觉，而且要能看到这些动作促使自己完美地扎入水中。

9. 实况表象

最后一个要点是要能够进行实况表象。所谓实况表象，就是在表象中某一个技术动作所需要的时间应该等同于实际完成这个动作所需要的时间。如果一个高尔夫球手在击球前的准备动作要花 20 秒的话，那他在表象中击球前的准备动作也要有 20 秒。由于运动员表象的时候比实际实施动作的时候要快，所以运动员最好给动作计时，让自己清楚地知道这个动作应该表象多长时间。实况表象可以使表象中的效果向与真实效果转变时更加顺当。

第五节　体育运动与工作记忆

运动心理学家有关体育运动和工作记忆的关系的研究说明，高明的运动员不仅需要四肢发达，还需要头脑灵光，同时也证明了体育锻炼不仅可以增强人的体魄，还能够锻炼人的头脑。请想象一下这样一个场景：在美国小学的一次篮球联赛上，还剩 15 秒比赛就要结束了，场上得分牌显示为 49 比 50。落后一方的教练员立即叫了暂停，召集队员，面授机宜。他给本队前锋的指示是这样的："我要你把球传给 Kevin，然后利用 John 的掩护摆脱对方球员的纠缠并乘机切入篮下。Kevin 会把球传给 Mike，当你到篮下时，Mike 就会顺势把球再传给你。"一个 7 岁大的小篮球手能够执行这样的指示，组织一次漂亮的进攻吗？估计可能性不大。为什么，因为信息量对他而言太大了，这些信息同时涌入，信息加工系统会因为超载而停止工作。通俗地说，他的大脑可能会变得一片空白。在这样的情况下，就涉及我们在第一节提到的工作记忆。

在详细讲述工作记忆与体育活动之间的关系前，我们需要注意区分比较依赖工作记忆的运动和不太依赖工作记忆的运动。大家知道，工作记忆是个体认知操作的平台，如果体育活动中涉及认知方面的操作，那么当然要依赖工作记忆的运作，如刚刚提到的对抗性较强、需要讲究策略的篮球运动，象棋、围棋之类的智力运动就更不用说了。而有些已经自动化了的运动技巧，就不怎么依赖工作记忆，比如说高尔夫球的推击和篮球的跳投。然而，不论是哪一种运动，在学习的初期都离不开工作记忆的运作。我们将从两个方向来阐述工作记忆与体育运动的关系：①工作记忆性能优良，会促进运动员的运动技能学习、增强心理技能训练的效果及改善压力情境中的运动表现；②参与体育运动，会提升个体的在工作记忆各个方面的性能。

很多看起来不需要太多认知操作的体育技能，在学习的过程中也少不得工作记忆的参与。任何体育技能的知识都可以分成陈述性知识和程序性知识两类。陈述性知识是可以说出来并解释清楚的知识，某个技术动作的书面说明、教练员的指导语都属于陈述性知识。而程序性知识可以做出来，不一定说得出来。比如说，你学会骑自行车后，不一定能够把学车的技巧整理成文（这属于陈述性知识）交给别人，却可以上车就骑（程序性知识）。任何陈述性知识的学习都要依赖工作记忆，工作记忆越好，学习的效率越高。程序性知识一旦形成，可以实现自动化操作，不需要意识的参与，因此并不依赖于工作记忆。同时，任何运动技能的学习都要经历认知阶段、联结阶段和自动化阶段。在第一阶段（认知阶段），运动技能学习者了解了某个动作的说明（来自教练员和书本的陈述性知识），并一步一步地对照说明进行实际操作，这个阶段，工作记忆基本上需要全程参与。你可以想象一个正在学开车的人，第一次驾驶的时候，他必定会随时在头脑中复习离合器、油门、刹车及方向盘等元件的操作知识，将这些知识维持在工作记忆中。而当运动技能学习进入第二阶段（联结阶段）时，运动技能学习者已经掌握了一定的程序性知识，工作记忆的作用开始减退。到了第三个阶段（自动化阶段），动作变得自动化了，完全不需要工作记忆的参与了。

我们已经知道，运动员或教练员会通过表象训练来帮助运动员。这种心理技能训练的要旨就是在运动员自己的意识中呈现自己希望出现的场面和体验。工作记忆中的视觉空间画板和情境缓冲器是产生表象所必不可少的要素。除了表象训练，运动员还可以通过一种叫作自我谈话的技巧来帮助自己，这种方式与表象训练不同的地方在于，它不是在意识中呈现感官印象和体验，而是呈现适当的话语，就像脑海中有个人（一般来说是自己）在对自己说话一样。比方说，当你学习或执行某项动作的时候，可以在头脑中用内部言语指导自己。这样的认知操作显然要借助工作记忆中的“语音回路”来实现。可见，不管是自我谈话还是表象训练，都与工作记忆的运作密切相关。工作记忆的运作越有效，表象才会越生动可控，自我的内部谈话也会更加条理清晰，它们才能发挥更大的效能。

工作记忆与运动员在压力情境中的运动表现也息息相关。对于依赖工作记忆的运动而言，压力导致运动员的焦虑和紧张，而紧张和试图对抗紧张情绪的心理操作都会抢夺工作记忆的空间。正如我们开头提到的那个 7 岁的小前锋所处的状况，白热化的比赛局面会使得他听不进去教练员的战术布置，因为他的意识（工作记忆平台）可能已经被紧张情绪挤满了。运动心理学家也通过诱导负面认知的方法证实了这种现象。他们发现，白人篮球运动员的脑子里如果被诱导出“白人跳不好”这种刻板印象，他们在跳跃任务中的成绩会变差。而黑人篮球运动员如果被诱导出“黑人在场上脑子不灵光”的刻板印象，他们在需要战术决策的任务中的成绩会变差。这些都是负面情绪抢夺工作记忆的空间而导致运动成绩变差的例子。而对于不怎么依赖工作记忆的运动技能操作而言,情况有些不太一样。这样的运动技能均已熟练到自动化的程度,操作时根本就不需要意识的参与就能自如地完成。当运动员紧张的时候,这种情绪的危害不是占据工作记忆空间,而是使运动员开始留意自己动作的成败,于是开始运作工作记忆监控自己的技术动作。这样就不妙了。为什么?因为意识监控太慢,根本就跟不上平时已经自动化的动作,其结果是让本来流畅的动作变得呆滞甚至变形。这是负面情绪强迫工作记忆参与本来不该它参与的动作程序,结果导致成绩变差的情况。

总的来说,工作记忆会影响体育场上的成绩表现,那么反过来,体育运动对人的工作记忆会有什么样的影响呢?运动心理学家发现,在实验室里完成各种认知任务时,职业运动员的成绩比校队运动员要好一些,这说明运动经验越长久,人的头脑越灵光。还有人发现了直接指向工作记忆的证据,即坚持规律性的有氧健身运动会提高人们在中央执行系统(工作记忆的核心成分)上的运作水平。因此,长期坚持体育运动能够增强人的认知功能,特别是工作记忆,这种观点已经基本得到了公认。那么,即时的身体运动会不会对工作记忆有立竿见影的促进作用呢?大家凭个人经验应该也有所体会,当在自习室学习得有些头昏脑涨的时候,到操场去跑上几圈,立刻会觉得神清气爽,又能集中精神了。运动心理学家通过严格的实验也证实了这种效果。这个实验分为两个阶段:第一阶段,被试要在休息状态下完成一个能够反映工作记忆运作水平的认知任务,并记录成绩,命名为成绩 1;第二阶段,被试先要以一定的速度骑自行车一段时间(中等强度的运动),然后完成与第一阶段同样的认知任务,记录成绩,命名为成绩 2。结果发现成绩 2 要显著地优于成绩 1。这一结果有力地证明,进行体育锻炼可以当即提高工作记忆的运作水平,有提神醒脑的功效。

【拓展阅读】

部分报告法实验

著名心理学家 Sperling 的部分报告法实验是认知心理学历史上最为经典的实验之一,设计精巧,捕捉到了“感觉登记”这一转瞬即逝的记忆阶段。实验分成前后两部分:第一部分是全部报告法实验,第二部分是部分报告法实验。

在第一部分实验中,Sperling 用速示器给被试呈现宽大约 5 英寸,高大约 8 英寸的卡片,卡片离被试 22 英寸,上面写着英文字母,每个字母的高度均为 0.45 英寸。如图 2-9 所示,字母在卡片的正中央,其分布形式大约有 12 种,以下是几种典型的分布:①几个字母(可以是 3~7个)按照适当的间距排成一行;②6 个字母紧密地排成一行;③6 个或 8 个字母排成两行,每行 3 个字母或每行 4 个字母;④9 个字母排成 3 行,每行 3 个字母。

按照不同的字母及不同的分布形式,实验中一共使用了超过 500 张卡片,每个被试都要经历 12 种分布形式的卡片,每种分布形式至少呈现 15 次,每次都呈现不一样的字母组合。卡片呈现 50 毫秒,然后让被试立即将图片上的字母全部报告出来(将字母写在答题纸上),

因此这个实验得名全部报告法。全部报告法实验的结果是：不管卡片上有多少字母，被试一般只能报告出4～5个字母，平均数为4.3个字母。

既然能够报告一部分字母，说明这些字母在50毫秒间已经投射到了被试的视网膜上。但是，既然字母能投射到视网膜上，那就应该9个字母全部投射成功，但为什么只能回答出一部分(一半左右)？Sperling认为，在字母卡呈现完毕后，被试对全部字母都有鲜明的视觉图像，但这些图像在极短的时间里飞速消退，当被试报告第4个或第5个字母的时候，那些还没来得及报告的字母就已经在记忆系统中完全消退，再也无法报告出来。为了验证自己的这一设想，他设计了第二部分实验，即著名的部分报告法实验。

图2-9　字母的分布形式图例

在部分报告法的实验中，卡片上的字母一般是2行或3行，每行3个或者4个字母。我们以3行3列的字母呈现模式来说明部分报告法的原理。在这种情况下，当卡片呈现给被试的同时，会出现一个提示音(大约呈现50毫秒)，被试需要根据提示音来报告看到的字母。在3行字母的情况下，提示音有高音(2500 cps)、中音(650 cps)和低音(250 cps)三个档次。当提示音为高音时，被试需要报告最上面一行的3个字母；提示音为中音时，报告中间一行的3个字母；提示音为低音时，报告最下面一行的3个字母。也就是说，卡片呈现完毕后，被试只需要报告9个字母中的3个就行了，这就是部分报告法名称的由来。每次卡片呈现前，被试并不知道提示音是哪一档，因此不可能提前准备好看哪一行的字母，而且高音、中音和低音出现的次序也是随机的，被试也不可能猜测提示音的档次。

在部分报告法的情况下，被试几乎每次都能报告出全部的3个字母，回忆正确率几乎达到100%。这个实验设计巧妙的地方在于，3个字母报告时间短，可以在字母的视觉图像消退之前完成。另外，虽然每次被试只需要报告某个声音信号指定的那一行字母，但由于这个声音信号是在字母卡片呈现后随机呈现的，被试事先不知道要出现哪个声音，即事先不知道应该报告哪一行字母。在这种情况下，如果被试可以根据提示音正确地报告某一次的第1行字母，那就说明其实他每次都能够形成第1行字母的视觉图像；第2行字母和第3行字母也是同样的道理。既然部分报告法的结果显示，不论出现哪个提示音，被试都能几乎100%地回答出全部的3个字母，那就说明，被试每次都形成了全部9个字母的视觉图像。

将全部报告法和部分报告法的结果进行对比，我们就能推测，外界信息进入我们的感官后会有一个几乎瞬间的保持期(我们能顺利地报告出4～5个字母，就是因为在报告的这段时间，字母的形象还保持着)，然后就飞速地消退。心理学家就把这种感觉信息的瞬时保持叫作感觉登记或叫作感觉记忆。

【本章小结】

现代的认知心理学家把人的认知过程看成是信息加工过程，外界刺激通过感官进入我们的信息加工系统后，都要经历筛选的过程。有的刺激能够最终进入长时记忆被我们储存起来，而大部分刺激仅在感觉记忆中转瞬即逝。感觉记忆和长时记忆之间的信息加工过程叫作短时记忆，经过短时记忆的内容可以被我们意识和操纵，它就像一个心理内容的加工平台，是我们完成各种认知任务所不可缺少的一个阶段。因此，当代的心理学家更愿意用“工作记忆”这个概念来指代这一过程。

知觉是一系列组织并解释外界客体和事件的产生的感觉信息的加工过程。它源于感觉，但高于感觉，大致可以分为这样三个过程：感觉、知觉组织和客体识别。另一种心理现象——表象，同知觉具有相似的特点，但它是不需要外界信息输入即可产生的心理表征。心理学家通过对心理旋转和心理扫描的研究来探究这种心理现象的特点。本章探讨的第三种心理现象——决策，它是一种更加综合的认知过程。这一过程并没有我们想象中的那么理想，经常会因为走捷径(启发法)而出现失误，还常常受到诸如框架效应之类的现象的影响。

运动员知觉与决策的基本特点与普通人并无不同，但运动员要适应在比赛这种极端环境下进行信息加工，就得学会识别有用的环境线索，培养好专项化知觉，并能够善用“预判”来引导自己的决策。运动员还常常运用表象训练这种方式来辅助练习和准备比赛，但表象训练只有在达到生动性和可控性两点要求时才能有最佳的效果。比较高级的心理过程都需要在工作记忆中进行，因此，工作记忆运作良好的运动员不仅在学习新技术时更有效率，而且在某些对认知能力要求较高的项目中也更有优势。不论是即时的体育活动，还是长期的体育锻炼，都能促进工作记忆的效能。

【思考题】

1. 信息加工系统都由哪几部分构成？
2. 感觉记忆、短时记忆和长时记忆各有什么特点？
3. 知觉大致可分为哪几个过程？运动领域的知觉有什么独特的地方？
4. 人类的决策有哪些特点？运动员在赛场上如何能够快速决策？
5. 表象有哪些功能？运动员的“表象训练”如何才能有效？
6. 工作记忆有哪些特点？它与体育运动有什么样的关系？

【推荐阅读文献】

[1] 王甦，汪安圣. 认知心理学(重排本)[M]. 北京：北京大学出版社，2006.

[2] 马启伟，张力为. 体育运动心理学[M]. 浙江：浙江教育出版社，1998.

[3] 张力为，毛志熊. 体育科学常用心理量表评定手册[M]. 北京：北京体育大学出版社，2004.

[4] M. W. Eysenck，M. Keane. 认知心理学[M]. 4 版. 高定国，肖晓云，译. 上海：华东师范大学出版社，2004.

[5] R. Gerrig，P. Zimbardo. 心理学与生活[M]. 王垒，王甦，译. 北京：人民邮电出版社，2004.

第三章　注　　意

教学目的

(1) 了解注意的定义，以及注意的四种品质。

(2) 了解中枢能量理论对双作业操作的解释，以进一步理解注意与自动化技能间的关系。

(3) 理解心理难控制期的现象，以及它对做好运动中的假动作的启示。

(4) 掌握 Nideffer 注意模型的内容、联系策略与非联系策略的区别，熟悉运动中的分心物。

(5) 掌握提高注意水平的方法。

重要概念

注意、注意的广度、注意的稳定性、注意的分配、注意的转移、注意容量、注意的选择性、自动加工、受控加工、心理不应期、Nideffer 注意模型、联系策略、非联系策略。

在体育比赛中，集中注意是非常重要的，运动员只有处于注意力高度集中的状态时才能进入理想的竞技状态。Michelle Smith 在成为奥运游泳冠军后曾说："我从未像比赛时那样地完全集中注意于全速前进，不看任何东西，以至于到达终点后几乎忘记看自己花了多少时间。"400 米世界纪录保持者 Michael Johnson 也说过："我知道在跑道上的时候，要排除一切无关的想法，只是集中注意于实在的东西，跑道、比赛、障碍物还有我必须做的事。人群消失了，其他的运动员也消失了，只有我和这条赛道。"这都是顶尖级运动员通过集中注意帮助自己获得成功的实例。相反，运动员在比赛中只要注意稍有分散，其动作的成功率就会大大降低。因此我们会看到，在网球比赛中，当球员在比赛发球时，裁判会要求所有观众安静，以免分散球员在发球时的注意力。

既然注意对运动员创造好成绩如此重要，那么什么是注意呢？哪些因素会影响运动员的注意？运动员又该如何在训练和比赛中集中注意？这些便是本章要探讨的问题。

第一节　注意的定义与品质

一、注意的定义

在详细说明注意与运动间的关系之前，我们首先需要了解注意是什么。在心理学的研究中，注意是最受关注的研究课题之一。这是因为注意与人类的认知活动有着相当密切的关系。当我们观看一场精彩的足球比赛的时候，我们的视线会紧紧跟随场上奔跑的球员，这时就是注意在起作用。当我们在头脑中计划一天的安排时，我们也会注意与此有关的一些信息。甚至在和朋友闲聊的时候，注意也在起作用，因为我们需要倾听他的谈话内容，看他的表情，以理解他说的话的意思。

正因为注意和我们的日常生活紧密相关，有很多的心理学家都对注意进行了研究。William James 是最早为注意下定义的心理学家。他认为，注意以清晰且生动的形式，在同时呈现的物体或思绪中，挑出一个来占据人的心智。其特征是集中、专注和意识。台湾学者张春兴也认为注意是指个体对情境中的众多刺激，只选择其中一个或一部分去反应，并从而获得知觉经验的心理活动。这些定义虽有不同，但其实很相似。通俗地说，注意就是坚持全神贯注于一个确定目标，不为其他内外刺激的干扰而分心。

以上关于注意的定义和我们的生活经验是一致的。如果你愿意在此刻闭上眼睛，仔细听一下周围的声音，你会发现，你能听到一些在此前你不曾意识到的一些细微的声音，比如鸟的叫声，或者机器低沉的噪声，等等。或者你也可以用眼睛仔细观察一下你周围的环境，看看是否能发现一些你从未注意过的事物的细节。其实这些声音或者事物一直都存在，可为什么在此前我们不会发觉它？就是因为我们置身于一个复杂的世界，周围的事物可以向我们提供各种各样的感观刺激，但是我们只会意识到其中的一部分和去注意它，并且也只对我们注意的这一部分做出反应，其他的信息都被我们忽略掉了。注意使我们有选择性地关注环境中的某些方面，同时忽略其他事物。

在体育运动中，注意起到了很关键的作用。运动员需要集中注意在比赛上。而在比赛情境中，又恰恰有很多的因素会在不知不觉中导致运动员分心。例如，运动员参加比赛往往是在一个陌生的环境中，周围的一切事物对他们来说都很陌生。人在陌生的环境中，自然而然会被周围新奇的事物吸引。对于运动员来说，这是非常不利的，因为它会严重分散运动员的注意力，使运动员不能完全地专注于自己的比赛。还有在对抗性的比赛中，对手往往会先做出一个假动作来迷惑运动员，然后再做出代表自己真实意图的动作，这种情况对运动员是一种极大的考验：一方面，运动员需要密切关注对手的行为，迅速做出反应；另一方面，运动员还要针对随时变化的情境及时调整自己的动作。这些都与日常情境中的注意有较大的不同。

在一般的心理学研究中，对注意常采用普通心理学中的研究范式，比如通过在计算机屏幕上呈现静止的词语或者简单图形的方式让被试做出反应，这样在实验室中完成的实验和日常生活的情境就已经比较脱节，和运动情境中的快速变化、场地较大的特点更是相去甚远，因此，这些研究成果对真实的运动和比赛的指导性并不是很高。因此，研究者们认为，有必要专门针对运动过程中的注意进行研究。

二、注意的品质

(一) 注意的广度

1. 注意的广度的含义

注意的广度是指在一段时间内人能够清楚地觉察或认识客体的数量。为了了解人究竟可以同时注意到多少东西，研究者使用的方法是在计算机屏幕上给被试呈现一些黑色圆点，但是这些圆点只会出现 0.1 秒就消失。然后研究者问被试刚才屏幕上有几个黑色圆点。0.1秒的时间很短，人的眼球还来不及转动，这些点就消失了。所以用这个方法可以知道人在一瞬间可以注意到多少个事物。结果发现，成人一般能清楚地觉察到 8～9 个黑色圆点。当然研究者还会使用像字母、汉字之类的材料给被试。结果也类似，即人能同时注意的事物的数量是有限的，在屏幕上让很多汉字同时出现 0.1 秒时，人只能清楚地认出其中的 4～5 个。

这种情形就类似于在足球场上的一瞬间，球员能关注到的其他人的数量。在其身边跑动的球员数量可能会超过 5 个，那么，如果训练运动员扩大其注意广度，就能帮助他在同样的时间内注意到更多的信息，以做出正确的决策，创造更好的战绩。

2. 影响注意的广度的因素

1）知觉对象的特点

知觉对象的特点能影响注意的广度，具体来说，注意对象越相似、越集中，排列越有规律，越能构成相互联系的整体，注意的广度就越大；反之，注意广度就越小。比如，心理学家在研究中向被试呈现一系列图形。被试在看那些排列有规则的图形时，注意的广度较大，即能在很短的时间内注意到较多的内容；相反，被试在看那些排列得杂乱无章的图形时，注意的广度较小，即需要较长的时间才能注意到全部的内容。如图 3-1 所示，第 1 组、第 3 组的图形排列得有规则，人在看的时候，其注意的广度较大，能快速看到全部的内容，第 2 组、第 4 组的图形排列得杂乱无章，人在看的时候，其注意的广度较小，看到全部内容需要较长的时间。

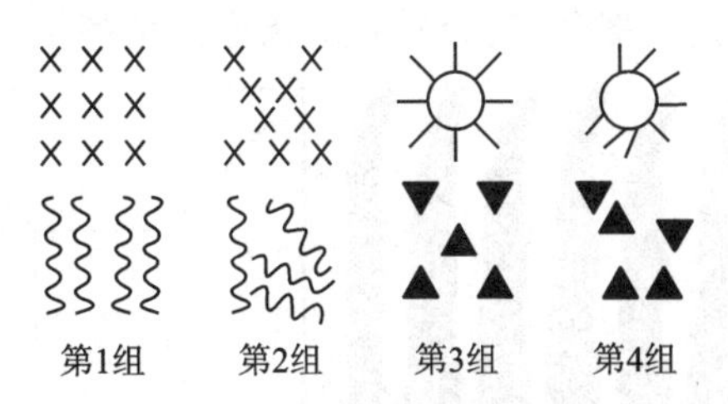

图 3-1 注意对象的特点影响注意的广度

2）任务的复杂程度

要完成的认知任务的复杂程度也会影响注意的广度。任务越复杂，注意的广度就越小；

反之，任务较简单时，注意的广度也越大。例如，一个人在看一些文字的时候，如果要求他在很短的时间里说出文字写法的对错及文字的数量，或者仅仅只是指出文字的数量，那么前一种情况下的任务显然更加复杂一些，人的注意的广度就会较小，能注意到的文字的数量也会较少。

3）个人的知识经验

注意的广度还与个人的知识经验有关。一个人在某一方面的知识经验越丰富，就越善于把所感知的对象组成一个整体来认识，因而他在这一方面的注意范围也就越广阔；反之，注意的范围就越狭窄。我们在阅读非所学专业的书籍时，会觉得很困难，需要仔细琢磨文字的意思，注意范围自然非常狭窄；我们在阅读本专业书籍时，会觉得较容易，快速浏览就能掌握其要说明的意思，这说明此时注意范围较大，能在短时间内注意到大量的信息。

因此，运动员需要不断参加比赛、加强训练。只有这样，运动员才能逐渐丰富自己的经验，从而进一步帮助自己扩大注意范围，快速把握赛场上的复杂局面。

（二）注意的稳定性

1. 注意的稳定性的含义

注意的稳定性是指注意持久地保持在一定事物或活动上的特性。这是注意在时间上的特征。注意持续时间越长，注意的稳定性就越高。稳定的注意是活动顺利进行的保障。

注意的稳定性分为狭义的稳定性和广义的稳定性两种。狭义的稳定性是指注意在某一事物上所维持的时间，比如被一本小说吸引，连续看了两三个小时。但一般来讲，人们在集中注意某事物时，往往很难长时间地保持不变。注意常会周期性地加强或减弱。注意的这种周期性的变化，称为注意的起伏。它是一种经常发生的正常心理现象。比如读者可以尝试把一只手表放在离耳朵有一定距离，但又刚刚能够听到表的滴答声的地方，然后专心去听手表的滴嗒声。你会感到时而听到，时而听不到。听到的时候，手表的声音似乎也是有时强一些，有时又弱一些。这便是由于注意的起伏造成了这种周期性的变化。

当我们看图 3-2(a)时，有时候会看到 7 条穿黑色裤子的腿，有时候会看到 6 条穿白色高跟鞋的腿。当我们看图 3-2(b)时，有时候会看到中间的小正方形凸起，有时候会看到中间的小正方形凹下去。这种现象就是因为我们的注意并不能长时间保持在某个点上，也就是不断发生着注意的起伏。如果我们注意图 3-2(a)中的白色部分，就会看到 6 条穿白色高跟鞋的腿，如果我们注意图中黑色的部分，就会看到 7 条穿黑色裤子的腿。

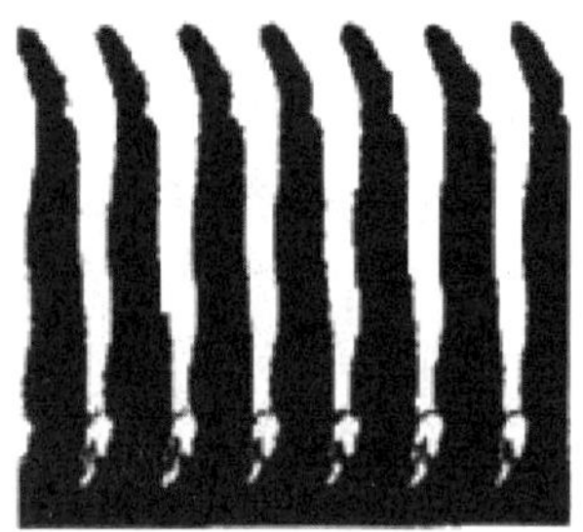

(a) 黑白起伏图

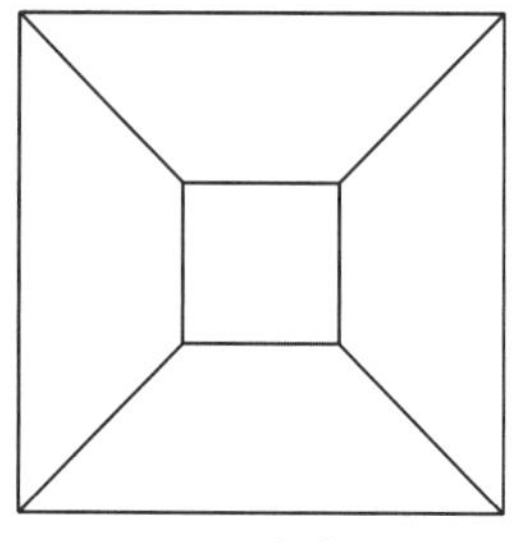

(b) 凹凸起伏图

图 3-2　注意的稳定性

广义的稳定性是指注意在某项活动上保持的时间。这时注意的对象并不是固定的，而是不断变化的，但注意所指向的活动的总方向始终不变。例如，排球运动员在比赛时，既要随时观察对方球员的布阵方式的变化，又要注意自己队友的位置，还要注意判断球的落点。在整个过程中，注意的对象随时都在发生变化，但都是和比赛相关的事物，因此注意仍是较稳定的。

与注意的稳定性相反的一种现象是注意的分散即分心，它是指心理活动没有完全保持在当时所应该指向和集中的对象上。既然注意很难长久地维持在某个事物上，那么分心便是常会发生的现象，在体育运动中也十分常见。比如网球比赛通常每场会持续进行 2～3 小时，甚至有可能超过 5 小时。要在这么长的时间里保持注意，对于任何一位选手而言都是一项艰巨的考验。而且随着比赛的进行，疲劳感会增加，运动员要想把注意集中在比赛上就越发困难。另一种可能造成分心的原因是无关刺激的干扰。关于运动中的分心物将在本章的第三节具体介绍。

2. 保持注意稳定的条件

1）注意对象的特点

注意对象自身的一些特点会影响观察者的注意的稳定性。通常内容丰富的对象相比于单调的对象而言，更有利于保持注意的稳定。比如，学生一般都能有这样的体会，如果老师上课时能用丰富有趣的实例来讲解原本有些枯燥的专业知识，那么学生就会听得津津有味，在比较长的时间里面都不会走神，保持注意稳定。如果老师只是照本宣科，讲课没有趣味性，学生也就难以将注意一直放在老师所讲授的内容上。

另外，如果任务本身能不断地出现新内容，提出新问题，也可以使人较长时间地保持注意的稳定。比如，一些流行的计算机游戏之所以能够让很多人着迷，就是因为游戏任务在设置上符合了人的注意的特点，不断地出现难度更高的任务，让玩家有充分的理由不间断地将游戏进行下去。也就是说，让玩家的注意一直集中在游戏任务上。

2）人自身的特点

注意力集中一段时间之后，可能会出现注意力的涣散，但是，如果一个人能有很好的自控力、顽强的意志力，或者对某项任务能有强烈的兴趣或者热情，那么他就有可能克服各种干扰因素，保持注意的稳定。

保持稳定的注意对于运动员来说，是非常重要的。运动员参加比赛时需要有高度稳定的注意，即使短时间的注意分散，也会影响最终的成绩。

（三）注意的分配

1. 注意的分配的含义

注意的分配是指在同一时间内，注意两种或两种以上的对象，即一心二用或一心多用。这是注意在效率上的特征。分配注意在生活中也很常见，例如：学生会边听讲边做笔记；做电视新闻直播的主持人需要边听耳机里导演的指令，边播报新闻；我们有时会边过马路边打电话。这些事情都需要我们将注意同时分配给多个任务。

在体育运动中，运动员也需要将注意分配给多个任务，比如足球运动员在关键时刻需要成功带球突破对方队员的防守，又要决定到底是将球传给自己的队友，还是自己直接射门。

2. 实现注意的分配的条件

1）人对活动的熟练程度

人如果想要同时做几个活动，在这些活动中，如果大部分都是不熟悉的活动，那么要想在这些活动中分配注意就很困难。因为每一项不熟悉的活动都需要人集中注意去完成，这时其他的不熟悉的活动就必须停下来，等前一项活动完成后才能开始下一项活动。相反的情况是，如果大部分的活动都是这个人非常熟悉的，已经不需要什么思考就能完成的，那么，同时完成几个活动就不是件难事了。这时人能从容地在几个活动间分配注意，也有足够的精力去应付还不太熟练的活动。在各种工作岗位上，新手们都有可能出现顾此失彼的状况。但在对工作逐渐熟悉之后，人们就有可能完成复杂的任务。

2）多项活动之间的关系

这是指多项活动之间是否有联系。比如，舞蹈演员载歌载舞地表演，歌、舞这两项活动之间就是有密切联系的，这种情况下比较容易协调动作，呈现出完美的表演。也就是说，当多项活动之间是有内在联系的时候，人能够形成一些固定的反应模式，经过一定的练习就能够掌握这种反应模式，同时进行多项活动，将注意在多项活动中进行分配。如果要完成的多项活动之间是无关的，那么要想在这些活动之间分配注意就很困难。由此也可以看出，注意的分配能力是可以通过训练加以提高的。

（四）注意的转移

1. 注意的转移的含义

注意的转移是指将注意从一个对象转移到另一个对象上去。比如，前两节课上语文课，后两节上数学课，这就需要学生将注意从语文课的内容转移到数学课的内容上来。注意的转移和前面提到的分心是不同的。注意的转移是主动地转换注意的对象；分心是被无关事物干扰，使注意离开了应注意的对象。因此，分心是被动的，是注意不稳定的表现；而注意的转移是主动的，是注意灵活性的表现。

注意转移之后，要想对下一个对象达到较高水平的注意，需要一定的时间。这正是开始做一件事情时觉得有些困难的原因。开始时，注意还没有完全集中在新的对象上，效率相对较低；之后逐渐进入状态，效率就会提高。

在体育运动中，注意的焦点在不同的点之间转移是非常迅速的，这就要求运动员快速达到专注的水平。这需要相当高的灵活性。比如，在网球运动中，需要熟悉多项技能，运动员完成每一项技能动作时要注意不同的事物。而且在打网球时，这些技能需要在很短的时间内交替使用，所以运动员的注意力必须在这些技能之间迅速地变换。以上网为例，当对手在底线准备抽球时，运动员的注意力先是放在对手的挥拍动作上，运动员要注意拍面的动向，对手可能打出一个吊高球，也可能是穿越球。当球被打出时，运动员又要把注意力集中在球的飞行轨迹上，以自己的动作配合，产生最有效的迎击。如果这种注意力转移太慢，则可能错过迎击的最佳时机，回击的球的力度会不够强，在角度上也会失去主控权。

2. 影响注意的转移的因素

1）原来的活动的吸引力

原来的活动越是自己感兴趣的，注意力就会越集中，相应地要想转移注意就越困难。反之，原来的活动吸引力小，实现注意的转移就比较容易。比如，对于一些学生来说，玩计算机游戏与复习看书相比要有趣得多，所以让他们放下书本去玩游戏是非常容易的事情，而如果让他们停止玩游戏开始看书则困难得多。

2）新活动的吸引力

如果引起注意转移的新活动意义重大，符合人的需要和兴趣，那么即使先前的活动吸引力很强，也能顺利地实现注意的转移。比如，玩游戏的孩子遇到有要好的朋友找他去做他们都喜欢做的事情，他就有可能不再玩游戏，而是去陪朋友。反之，新活动的意义不大，或不符合人的兴趣，那么即使先前活动的吸引力不强，也不能顺利地实现注意的转移。

3）个体差异

这里说的个体差异主要指两个方面。一方面是人的神经系统活动的灵活性。神经系统活动灵活性较强的人，能在必要的情况下顺利地把自己的注意从这一对象转移到另一对象上；而神经系统活动灵活性较差的人，就不能很快地实现注意的转移。另一方面是自控能力。自控能力强的人往往能够主动地、及时地将注意力转移到有关事物上。主动而迅速地进行注意的转移，对各种工作和学习过程都十分重要。有些工作要求在短时间内对各种新刺激做出迅速准确的反应，对注意转移的要求尤其高。例如，一个优秀的飞行员在起飞和降落时的 5～6 分钟之内，注意的转移就达 200 次之多。而对于很多项目的运动员来说，要想应付迅速变换的比赛情境，主动、及时地转移注意是必须具有的能力。

综上所述，人们在注意的品质上存在着个别差异，每个人在注意的四种品质上的表现都是不一样的。综合考察四种注意品质，能看出一个人的注意能力。而且从上述分析可以看出，注意的广度、稳定性、分配和转移这四种品质都和体育运动密切相关，教练员可以有意识地从这四个方面对运动员的特点进行分析，并结合本章后面的部分内容对运动员进行注意方面的训练。

第二节　注意的选择性

现在我们从电视或者网络上看到的新闻或者广告，都会采用各种招数来吸引人们的眼球。逛超市的时候，在堆得满满的货架上，黄色或红色的降价标签会将人们的目光自然而然地吸引到相应的商品上去。媒体或商家的这些做法都是在利用事物的某些特征让这些事物从背景中脱颖而出，成为人们注意的焦点。为什么一定要这么做呢？因为我们每天接触到的事物或者信息的数量实在是太庞大了，以至于我们的大脑无法对它们全部进行处理。为了应付环境中的海量信息，我们必须选择其中部分的内容，对之进行处理并做出反应，而其他的信息即使进入了大脑，也会被忽略掉。商家如果想要让自己的商品不被顾客忽略掉，就必须想办法让自己的商品有足够的吸引力。

正如前面提到过的张春兴对注意的定义，注意是指个体对情境中的众多刺激，只选择其中一个或一部分去反应，并从而获得知觉经验的心理活动。所以注意的概念本身就包含了选择性的意思。一个人注意到一些事物，就必然会忽略掉其他一些事物。就像在舞台剧的表演中，常会把背景灯全部关掉，仅留一束光线照在台上某个角色的身上，将所有观众的目光全部吸引到这个角色上来，看他的表演。而舞台的其他部分则仿佛消失在黑暗中。这样做可以让观众将注意力完全放在这个角色身上，全身心地沉浸在这个角色的世界中。

集中注意其实是一种技能，它让人能够完全被任务吸引，而不会因为无关刺激的干扰而分心。运动员尤其需要对环境中的刺激或自己头脑中的想法进行选择性的注意。有人发现，能帮助创造好成绩的不是运动员的注意能持续多久，而是运动员注意了什么。在赛场上，运动员必须全身心地投入比赛，将注意完全集中在与表现有关的事物上，这样才会取得好成绩。比如被公认为史上最成功的高尔夫球手之一的美国高尔夫球手泰格·伍兹，在2000年美国公开赛中，当他准备击球时，他的眼睛只盯着他的球童，将周遭的一切其他事物完全遗忘。这种极高水平的注意使他成为一名非常成功的运动员。

在体育比赛中，运动员需要完全将注意力集中在对于比赛来说是重要的，或者有关的东西上面，不能有更多的杂念，当然也不能忽略那些该注意的东西。就好像舞蹈演员在表演时，灯光师需要将聚光灯调整到刚好映照出舞者的范围，既不能让光线范围里出现别的物体，又不能让舞者移出光线所覆盖的范围。

一、相关理论

我们可以有意识地让注意力集中在某个事物上，但在大多数情况下，选择性注意不需要意识的控制就能自动发生。它是大脑面对大量信息时自动进行的一种反应。那么这个自动化的过程是如何发生的，我们又该如何利用这一过程来做出好的表现呢？心理学的研究可以给我们解答。这里主要介绍三种理论，分别是过滤器模型、衰减模型和中枢能量模型。

（一）过滤器模型

过滤器模型是英国著名心理学家 Broadbent 于 1958 年提出的一个较早的注意模型。它对后来的注意研究产生了很大的影响。外界信息数量庞大，远远超过人的神经系统高级中枢的加工能力，于是就产生了瓶颈。该模型认为，人的大脑具有一种类似于过滤装置的功能，能够对信息进行过滤和选择，这样就能有效避免系统超载。经过这个功能的选择，只有一部分信息能进入后续的处理阶段，并得到分析和处理，人也会对该信息做出反应，而其他的信息则因为得不到处理而迅速衰退，不会留下什么痕迹。

过滤器模型认为，人脑对信息的过滤是一种“全或无”的过程。也就是说，由于过滤器的作用，有些信息会被选择而且全部通过，另一些信息由于“闸门”被关掉，就完全被忽略掉了。这个和我们的生活经验并不是完全符合的。我们可以设想这样一种情形，很多人聚在一起聊天，环境很嘈杂，这时我们也还是可以听清楚和自己谈话的人所说的内容。因为大脑正在进行着这种过滤，将这些背景中杂乱的信息全部忽略掉。但是如果在这个嘈杂的背景中有人喊了自己的名字，我们往往是能够听到的。这就难以用过滤器模型来解释了。按照该模型全或无的观点来看，背景中的声音信息会全部被忽略掉，我们是不可能听到背景声音中的任何内容的。

（二）衰减模型

Treisman 对过滤器模型进行了改进，提出了衰减模型。衰减模型与过滤器模型的区别主要在于将过滤器的全或无的工作方式改为衰减，也就是说，那些背景的信息并不是完全地被忽略掉。这些信息也会进入人的大脑，只是它们的强度被削弱了。当这些信息本来就是我们比较关心的或者想听到的内容的时候，即使强度很弱，也还是有可能会被觉察到。例如，人对自己的名字会非常敏感，即使它的强度很弱，还是能够被大脑觉察到。

过滤器模型和衰减模型的根本出发点是共同的，即都认为人的大脑进行信息处理的容量有限，因此必须有类似过滤器的装置进行调节。在当前的认知心理学中，多倾向于将这两个模型合并，把两个名称联合起来，称之为过滤器-衰减模型，并且将它看作注意的知觉选择模型。

（三）中枢能量理论

卡尼曼提出了中枢能量理论来解释人的注意过程。与前两个模型相同的是，中枢能量理论也认为，人的大脑对信息的处理能力是有限的，但是它所关注的问题稍有不同。前两个模型主要想解决的问题是人是如何将注意集中在某些对象上的，而中枢能量理论想解决的问题是如果人同时完成两个任务，这时注意是如何在不同的任务之间进行分配的。

该理论认为，人脑中能用于执行任务的能量或者说资源的数量是有限的。在一段时间里只做一件事的时候我们可以得心应手，同时做两件事也可以勉强应付，但是如果同时要做三件事甚至更多的事情的时候，我们可能就手忙脚乱了。从中枢能量理论的角度来看，原因就在于人的注意资源的数量是有限的，把它的一部分分配给了事物 A，那么能够给事物 B 用的资源就少了。在给事物 B 也分配了一部分资源后，想再分出一些资源给事物 C 就相当困难了。

1. 注意的容量

那么，人脑中可分配的注意资源的数量究竟有多少呢？心理学家对此也进行了研究。研究者给被试呈现 3～12 位随机排列数字表，要求被试在看的时候，不去复述他们所看到的内容，然后这些数字消失，让被试回忆刚才都看到了的数字。结果发现，人们能回忆出的数字个数大约是 7 个，最多能记住 9 个，少的时候也会记住 5 个，也就是 7±2 个。这是一个很有趣的现象。它说明人的注意的容量是有限的，不管你有多聪明，在特定时间里，能在工作记忆中保持和处理的信息数量只是 7±2 个。换句话说，在日常生活中，人们大约能注意 7 个单位的来自于环境或自己大脑和身体的信息，如 7 个数字、7 个人名，更多的信息只能被排除出去，记不下来。这其实就是前一章中已提到过的短时记忆的容量。

2. 双作业操作

前文“注意的分配”这一部分的内容已经提到，人能够一心二用，即在同一时间里同时做两件事情。但是这两件事情做的情况如何则不能一概而论。有时候，人们对不同的两件事情能应付自如，如歌手们常能毫不费力地边弹吉他边唱歌，手工达人们可以一边迅速编织出复杂的图案，一边跟朋友聊天，但有的时候同时做两件事情会让人觉得很吃力。假如让一般人边注意电视新闻的内容，边编织复杂的毛线图案，最可能的结果是要么听新闻去了，把图案织错，要么慢慢织出图案，却无暇顾及电视里究竟在说什么。不过如果我们继续假设下去，如果我们愿意不断练习，就会逐渐熟悉编织的技巧，总有一天，我们也能够像如手工达人们一般，在编织的同时能从容地做点别的事情。

这样的生活经验相信不少人都有过。人们起初同时完成两个任务时会感到十分困难，完成的结果也很不理想。但随着做的次数的增加，难度会逐渐降低，完成的结果也会越来越好，甚至可以达到非常好的程度。那么为什么我们在做不熟悉的事情的时候花费很多的精力也做不好，而熟练之后只需一点点精力就能完成得很好呢?

心理学家提出，人脑对事物的加工过程可以分为受控加工和自动加工两种。受控加工，顾名思义，是一种需要大脑进行有意识控制的加工，也就是它的加工过程是需要人去注意的。受控加工可以使人在完成任务的时候注意到环境线索的变化及任务本身的要求，并对这些线索及时做出回应，因此它是一种比较灵活的加工方式。前面已提到注意的容量是有限的，那么受控加工所能处理的内容的数量也是有限的。也就是说，使用受控加工时能同时完成的任务数量是有限的。相反，自动加工是不需要人对其进行控制的加工，它是自动完成的。在这个过程中，人不需要注意他所加工的内容，它就能自动完成。由于不需要使用注意资源，所以能同时处理的任务就可以比较多，这是它的优势。但这样的处理过程也有缺点，因为它就像是事先设计好的计算机程序，一切只按照既定的方式进行。当在执行过程中遇到一些意外或者突发事件，这样的处理过程是很难进行的。

从自动加工和受控加工的特点可以看出，这两种加工方式适用于不同的任务。受控加工主要用在困难的或不熟悉的任务中。比如，很少做手工活的人去织毛衣就需要使用受控加工的方式来完成，这时就需要使用大量的注意资源，而且很难再分心去做其他的事情。自动加工主要用在容易的、熟悉的任务中。比如，手工达人来做编织，一切都驾轻就熟，不需要特别地倾注心力，因此，可以边干活边聊天。

用这种对加工进行分类的方式能比较合理地解释日常生活中常见的一心二用的现象。而且根据这两种加工的特点，我们也能想到一些办法来尽量扩大自己的注意范围，那就是让那些需要完成的任务变得越来越熟练。当我们能越来越熟练地编织的时候，我们就能在编织的同时干点别的事。同样，足球运动员要完成传球这个动作，刚开始训练时运动员必须要把注意放在球上才能很好地完成。然而，当运动员能够熟练地带球过人之后，就能将视线从球上移开，因此就能用更多的注意力来寻找能将球传出去的队友，或者寻找到射门的好时机。网球运动员在拥有较好的接发球技术之后，就能够尝试根据对手发球后的反应向对手打出难度更高的回球。其他的运动项目也类似。这样的心理学规律在赛场上能发挥不小的作用。

二、注意与心理不应期

(一) 心理不应期

大脑对信息的处理能力是有限的。当同时面对多个任务时,它只能选择其中的一部分给予注意,并做出反应。心理不应期就是这种现象的一个例子。心理不应期是指当人同时面对两个刺激时,因处理第一个刺激而对第二个刺激的反应明显延迟的那段时间。也就是说,注意资源是有限的,分配给了第一个刺激之后,再没有足够的资源分配给第二个刺激。所以第二个刺激只有先等待第一个刺激处理完毕才能有资源用来处理它。这就类似于我们平时在超市付款的情形。买东西的人很多,但是收银的柜台只有十多个,一个柜台每次只能为一位顾客服务,于是每个收银台前都有可能排着长长的队伍等待付款。当资源有限,而需要使用资源的请求又较多时,只能让多出来的请求先等待一段时间。

人的注意资源有限,又不得不面对多个刺激的同时出现时,就会出现反应时的延长,这段时间就是心理不应期,即对一些刺激来不及做反应。心理不应期在日常生活中常会产生消极的影响。比如,司机一边开车,一边打电话。如果司机打电话过于投入,可能很难注意到路况的变化。这时谈话内容可以看作第一个刺激,大脑正投入较多注意资源对其进行处理,而路况的变化则是第二个刺激。当前方有障碍物需要回避时,司机的注意资源还在被第一个刺激占用,他需要花时间将注意从第一个刺激转移到第二个刺激上,然后再对其进行处理并做出反应。在关键时刻,司机很有可能来不及做这种转换,于是容易导致交通事故。

对于运动员来说,心理不应期也有可能会产生消极的影响,如赛场上的信息过多,一时无暇顾及的信息可能会导致运动员错过进攻良机。但是反过来说,如果运动员能够根据心理不应期效应的特点来灵活运用它,则有可能帮助自己击败对手。任何一种假装进攻、假动作都是运动员利用心理不应期来干扰对手的例子。假动作是第一个刺激,而真正的动作是第二个刺激。如果时间恰当的话,防守者将会在对真实动作做反应时出现显著的延迟现象。足球运动员罗纳尔多就是这类高手,他带球的时候假动作特别多,很容易让人产生误判。对手常会被他的假动作迷惑,等到反应过来时,他已经完成了带球过人,所以对方球员想要从他脚下把球断下来很困难。而在体育运动中最具有视觉效果的心理不应期的例子可能是弧线球,比如,贝克汉姆的招牌式“香蕉球”,常会导致守门员的误判。守门员会跑向他所判断的球的落点,这是第一个刺激,而球处于旋转中,没有走直线,于是真实的落点便是第二个刺激。守门员往往有时间从对第一个刺激的反应中回过神来,但这时已来不及跑向球的真实落点。

(二) 运动中的假动作

什么样的假动作才最容易迷惑对手?假动作和真正的动作之间的时间间隔是有讲究的。研究者采取双任务范式(详见本章拓展阅读)的研究方法来模拟运动员面临假动作的情境。结果发现,当两种刺激的呈现时间间隔在50～60毫秒时,人对后面呈现的那个刺激的反应时会显著增加。也就是当假动作与真实动作的时间间隔在50～60毫秒时,对手最容易被迷惑住,也没有足够的时间来修正自己的反应。而如果两个刺激的间隔时间少于50毫秒的时候，人会把两个刺激当作一个刺激，就是会很自然地对第二个刺激做出反应，因此，这也就达不到迷惑对手的目的。相反，如果两个刺激间间隔时间太长，对方就可能得到足够的时间来修正自己的反应，即使被迷惑也不会对结果有太大的影响。

反过来说，运动员又该如何应对对手的假动作呢？在很多运动项目中，为了帮助运动员克服心理不应期的问题，教练员会对运动员进行针对性的训练，让运动员学会将两个刺激当作一个来看待，即使这两者之间的间隔超过 50 毫秒的时候也是如此。如果运动员知道对手使用了假动作，那么他会把第一个刺激当作是一个提示，先不做反应，而是告诉自己第二个刺激将会出现，这样他就能在第二个刺激出现后迅速对其做出反应，这时的反应时间会比正常情况下短一些，于是就能够有效地避免被动。但这也不是万无一失的方法，有时候假动作显得有点防不胜防，因为对手可能会做出双重虚假动作。也就是对手的某个动作看上去像假动作，然而它就是真动作，那么这时运动员对这个动作反应时间就会比正常情况下要长得多。

第三节　注意对运动成绩的影响

一、运动中的注意

(一) 注意与好成绩

在比赛中，注意力是否集中能决定一个运动员的最终比赛成绩。即使是顶尖运动员也不能保证自己在比赛中一定能很好地发挥其技术水平，这其中的关键就要看他是否能在比赛中专注于比赛，而不是其他的无关干扰因素。关于这一点，研究者发现，有些心理因素与好成绩是有关系的，而这其中有三个心理因素都和注意有关。也就是说，具备了这些心理素质，比赛中才可能创造好成绩，做不到就会与好成绩无缘。三个心理因素的具体内容如下。

1. 只想现在，不想过去和将来

专注比赛就意味着只活在当下，不纠结于过去，也不枉费心思于将来。网球名将玛丽·皮尔斯在获得 1997 年意大利公开赛冠军后曾说过这样一段话："我花了很长的时间来训练我集中注意的能力，现在我已经开始感觉到在这一方面提高了。我想关键是在于不去想过去和将来，不去想你会输或赢。在这以前我总是不能控制自己，总免不了去想这些事情。现在我所想的就是尽我最大的能力，做得最好。当我能做到这一点的时候，我就能打好球了。"这段话很好地诠释了只想现在，不想过去和将来的意思。

2. 心理放松，有高度的注意和控制

只想现在的比赛有可能还是会紧张。对于运动员来说，紧张和分心一样都可能会导致失败的结局。如何避免这种状况的发生？解决的办法仍是集中注意，而且是高度地集中注意。注意力高度集中时，人的精神状态会发生很大的改变。我们可以想一下日光的例子，日光在散射时和聚焦时的能量是完全不同的。日光是散射光，能量也比较分散，照在身上是暖洋洋的，最多有些火辣辣的感觉，但如果我们用聚光镜将一束日光汇聚到一点上，光线的能量也会完全集中到一点，这时它可以轻易点燃一张纸。

当人的注意高度集中时也和光线汇聚时一样能产生巨大的威力。对于运动员来说，高度集中的注意力能使运动员的技术得到完美发挥，甚至能激发创造力。当一个选手说："我状态好得不得了。"或者"今天我什么球都打得成功，感觉真是棒极了。"他所描绘的正是其在比赛中所经历的注意力高度集中时的体验。冠军们拥有这种体验的次数远比一般选手所拥有过的次数要多得多。其实正因为这一点，才成就了他们的成功，使他们总能充分发挥水平，甚至超越自我。

3. 对他们的身体和外部环境有超常的注意

运动员在比赛中要专注于此时此刻正在进行的事情，具体来说是哪些事情呢？主要是要保持对与任务有关的各种内部和外部信息的注意。顶尖运动员都具备超强的集中注意的能力，他们非常清楚地知道在比赛中需要集中注意，而且也知道该把注意点放在哪些值得注意的东西上。这种完全地关注于任务的状态，可以在桑普拉斯 1999 年温布尔登冠军赛中的表现中看到。他在一个赛点通过发球得分。赛后他说，在那个时刻，他脑子里什么东西都没有。这应该就是所谓的流畅体验。所有的动作都像是自动发生的，以它想要的方式出现，而这个方式恰恰是最合适的，如有神助。

魔术师约翰逊的不看人传球技术也是在集中注意于那些值得注意的东西的情况下完成的。现在很多优秀的组织后卫也能做出这种传球动作。当这些优秀的篮球运动员在不看人的情况下进行传球时，并不意味着他真的是在什么都没看到的情况下就能传出神一般的球。恰恰相反，这些组织后卫在眼睛看着别处时，仍能准确预测同伴们会去哪里。这是因为与队友合作时间很长，对队友的活动模式已非常熟悉。所以这些球员通过一些线索事先就能预测他们队友的行动而完成不看人传球。也就是说，在传球之前，他们早已把该注意到的信息收集完毕，这样才能在视线转移到别处时也有把握传好球。同时，把视线从队友身上移开，就有更充分的注意来分析周围的复杂环境，更好地帮助自己完成传球。同样，对手也常根据运动员的视线来判断他的传球目标，那么不看那个自己真正要传的队友而看向别处，就能起到很好的迷惑对手的效果，可谓一举两得。

有研究者观察了运动高手和新手在眼动模式上的差异。运动员的视线集中在哪里能告诉我们他正在注意着什么东西。研究发现，这两类人的视线集中在不同的地方，这种差异就代表这两类人有不同的注意点。运动高手及其他球员可能在比赛中都处于高度注意的状态，但因为运动高手所注意的内容更高明一些，所以他们能出奇制胜。这个现象在各种个人和团体的运动项目中都存在，如篮球、排球、乒乓球、足球、棒球等。

研究一再显示，高水平的集中注意是区分成功的高水平运动员与不成功的高水平运动员的因素之一。并不是高水平运动员就一定能获得最终的胜利，技术过硬只代表了具有成功的可能性，最终的结果还要看运动员的临场发挥。而这其中又是注意在起着决定性的作用。如果一名运动员本身技术过硬，而且在比赛中能完全地专注于比赛，排除一切来自内部的和外部的干扰(比如新奇的环境，挑战的压力，好成绩的压力，周围人群的欢呼声或嘘声等)，那么他离最后的成功就真的不远了。所以正如前文提到的网球名将玛丽·皮尔斯所说的那样，集中注意也是一种能力，它需要训练。在拥有这种能力之前，她也能算是一名网球高手。但只有在获得了这种能力之后，她才能真正打好比赛，成为冠军。

(二) Nideffer 注意模型

以上我们分析了注意与比赛成绩间的关系，从中已经反映出，影响比赛成绩的关键不在于注意能维持多长时间，而是注意的是什么内容。每项运动都有其各自不同的特点，于是在不同的项目中，运动员必须找到制胜的关键部分，然后全力注意这些内容，才能帮助自己获得成功。对这一点，本章要介绍的是 Nideffer 的理论，他提出应从广度和方向这两个维度来看待注意。所谓广度，是指人能够注意到的刺激数量，而方向是指人的注意是指向内部刺激还是外部刺激。据此，Nideffer 认为有四种不同的注意点。

1. 注意点

1）宽广的注意点

广度这个维度是说人注意到的刺激数量，那么宽广的注意点是指能让人感知到多个的同时发生的事情的这种注意点。这种注意点对身处快速变化的环境中的运动员是特别重要的，因为他们要敏感于这些环境因素，及时知觉到环境中的变化，并且必须对多种线索做出反应。比如，一个篮球组织后卫组织一次快攻，或者一个足球运动员带球至前场，都是在对手及我方队形迅速变化、随时都可能丢球，而任何一个瞬间都可能出现机会的情形之下进行的。只有宽广的注意点才能帮助球员抓住那些稍纵即逝的机会。

2）狭窄的注意点

与宽广的注意点相反，在狭窄的注意点下，人只会感知到很少的线索。当运动员只需要对很少的甚至只是一两个线索做出反应时，就需要使用这种注意点。比如，一个高尔夫球手把球轻轻打进球洞，他不需要关注任何他人的举动，没有对手，只有自己，只需要瞄准洞口，然后轻推球杆。

3）外部注意点

这种注意点涉及的是方向这个维度。它指的是指向外部刺激的一种注意点。外部刺激是相对于自我的内部刺激而言的，有各种各样的外部刺激，比如，棒球比赛中的棒球、曲棍球比赛中的冰球、乒乓球比赛中的对手的动作姿势等。

4）内部注意点

在这种注意点下，个体所注意到的是来自于自己身体里的感觉或内心的感受。比如：当运动员听教练员分析某个动作而自己并没有在当下做出这个动作的时候，运用的就是内部注意点；当跳高运动员准备开始助跑，或是投球手准备出手的时候，都会使用内部注意点。

2. 注意类型

从广度和方向这两个维度能区分出上述四种注意点，然后将不同维度的注意点进行组合，又可以产生四种不同的注意类型。每种类型的注意都有其适合使用的情境和运动项目。

1）广阔-外部注意

这种注意类型是指同时注意多个来自于外部的刺激。当身处复杂的外部环境中时，需要使用这种注意类型。也就是说，这种注意类型适合于复杂的运动情境，尤其是那些团体运动项目，如足球、篮球等项目。具有较高广阔-外部注意能力的运动员预测能力很强，因为他们能同时注意到多个环境信息，就像前文中提过的不看人传球技术，就是通过球员的广阔-外部注意实现了对队友行为的预测。

2）狭窄-外部注意

这种注意类型指的是将注意力集中在很少的外部线索上。这样就能在很短的时间里迅速进行判断，并做出反应。因此，对于一些对抗性很强的运动而言，狭窄-外部注意是很适合的。比如，乒乓球运动员进行激烈的对抗赛时，就要把注意集中于对手的动作。

3）广阔-内部注意

这种注意类型指的是对来自于内部的多种刺激能同时进行处理。具备这种注意能力的运动员或者教练员善于分析，对新东西、新技术学得快，接收能力很强，并且能较好地制订训练和比赛计划。总之，他们对来自于自己身体的感觉及内心的感受都能较好地把握，既能从过去经验中学到很多东西，又能对自己未来的道路有清醒的认识，知道自己该怎么做。

4）狭窄-内部注意

这种注意类型是指将注意力集中于来自于内部的少量刺激。它对于那些需要敏感地把握各种身体感觉的运动项目来说是最必要的，如射击、射箭、跳水、体操等。在训练中或比赛前，这些项目的运动员体验运动感觉时及表象某一技能时就要利用这种注意。运动员不需要对外在的信息投入精力，只需内观，对自身的状态进行一些微妙的调整，使自己达到最佳水平，就能完美地完成动作。战胜自己就战胜了一切。

Nideffer 认为，个人和运动项目之间需要在注意广度和注意方向这两个维度上进行配对，才能产生最佳的运动表现。运动情境越复杂、变化越快，运动员就越需要利用外部注意方式。比如，橄榄球、足球、冰球赛场上，双方对阵形势千变万化，运动员就需要采用广阔-外部注意。而当分析或者计划的要求比较高时，运动员为了改进技术动作，在制订比赛战术计划时，广阔-内部注意就变得至关重要了。

因此我们可以看出，各个运动项目因其特点不同，参加不同项目的运动员所需要具有的注意能力是不同的。或者说，要产生一个真正全能的运动员是非常困难的。实际上，在注意的四种不同类型上，人是存在个体差异的。有些人会在广阔-内部注意上能力较强，而有些人会在广阔-外部注意上能力较强。换句话说，不同的运动员各有其适合的运动项目，想要获得佳绩，就要选择适合自己注意能力的项目来练习、发展。否则，训练起来会感到困难重重，比如狭窄-外部注意型的运动员，可能会建立自己的心理定势，且固守这种定势，因为他们常常无法同时注意环境中的复杂线索，所以不能及时地进行自我调节以适应场地条件或对手战术的变化。这样运动员很容易产生挫败感，认为自己不具备当运动员的天分。其实是因为选错了项目，换成其他适合的运动项目，也许就能获得好成绩。教练员在挑选运动员时，也需要根据运动项目的特点来有意识地选择具有相应注意类型的运动员，在平时的训练中，还要针对运动员注意方式上的特点帮助其进一步提高注意水平。为了能测量个体究竟属于哪种注意类型，Nideffer 编制了注意方式测验用来测量个体的注意特征。这个测验共有 17 个分量表，其中有 6 个量表用来评估注意的广度和方向，也就是和注意类型有关。

当然我们说一个特定的项目需要运动员在某种特定的注意类型上具有较高的能力，并不意味着该项运动只需要运动员采取这种注意类型。在比赛中,运动员的注意点往往需要进行转移,也就是需要依照环境的要求,变化注意的范围和点。以高尔夫项目为例,当高尔夫球手准备发球时,他需要评估各种外部环境因素,如风向、树和沙坑障碍等。这些需要广阔-外部注意。当评估完这些信息,他要回想以前相似情境中的经验,分析这些信息,决定如何击球。这些需要广阔-内部注意点。当他形成了一个计划,他要管理他的压力,想象一次完美的击球,或者做一次深呼吸。这时他进入了狭窄-内部注意。最后,转到狭窄-外部注意,他开始击球。这次他要直接注意球。这时内部的线索和想法会影响击球。高尔夫球员有足够的时间来转移注意点,因为它是一项由球员自己控制步调的运动。然后,在击球之间的那段时间放松,降低注意水平的能力也是很重要的,因为长时间注意会非常消耗能量。

在有时间压力的比赛中,转移注意也是需要的,而且常常更困难。在400米栏的比赛中,运动员主要的注意是狭窄-外部注意,因为要注意下一个栏杆。同时运动员还要用广阔-内部注意来调整步调,在恰当的位置快速地、平衡地跳过下一个栏杆,用广阔-外部注意评估风的影响、赛道的状况及评估他与其他选手的关系,用狭窄-内部注意调整自己的步调。在每个时刻,这些因素中的每一个都是关键的。

(三)注意的策略

另一个与Nideffer的注意焦点类似的概念是注意的策略。对注意的策略的研究最早源于20世纪70年代研究者对马拉松选手的关注。马拉松是一种需要运动员长时间、长距离不间断地奔跑的运动项目。马拉松全程超过42公里,世界级选手跑完全程也至少需要两个小时。一般人很难承受这么大的运动量,没法坚持下来。研究者好奇的是,是什么因素使得马拉松运动员能投入这种艰难的、高压力的长距离奔跑和训练中的。他们通过询问这些马拉松运动员,在跑的过程中脑子里想的是什么东西,来考察与长时间的身体活动有关的心理活动。他们特别想了解的是在几个小时连续重复的快速奔跑的运动中,马拉松运动员是如何分配自己的注意的。这类研究一直持续到现在,研究者对更多类似的需要持续很长时间的运动项目进行了研究。结果发现,通常能把运动员的注意的策略划分为两种:一种是联系策略;另一种是非联系策略。联系策略与非联系策略常会与Nideffer的内部注意点和外部注意点相混淆,下面我们就详细说明一下这两种注意策略的含义,以便与其他概念相区别。

1. 联系策略

当使用联系策略时,运动员关注的是来自于内部的和外部的与成绩有关的线索。内部的线索包括身体感觉,如肌肉的紧张感和呼吸等;外部线索包括像击球速度、节奏、跑的距离及比赛地点等。也就是说,使用联系策略时,运动员关注的既有可能是内部注意点,又有可能是外部注意点,关键是看所注意的内容是不是和运动本身及成绩有关。

2. 非联系策略

长时间运动总免不了会感到疲劳,这种身体线索会对成绩产生消极的影响。无论如何,感到自己很累总不是一个很好的信号。非联系策略就是针对这种状况,将注意从对成绩有消极影响的因素(如肌肉的疲劳感)上转移开。要实现注意力的转移也有两种方式可以选择:一种是通过内部的途径来实现,如做“白日梦”,幻想一些令人舒适的情境等;另一种是通过外部的途径来实现，这包括在周围环境中寻找分心物，比如，边跑边看看路边的风景，这样帮助运动员将注意从运动的痛苦体验上转移开。和联系策略类似，使用非联系策略时，运动员关注的也是既有可能是内部注意点，又有可能是外部注意点，关键是看所注意的内容是不是和运动本身及成绩无关。

3. 两种注意策略的比较

这两种注意策略哪种更有利于运动员创造好成绩？从20世纪70年代到现在的几十年间，关于注意策略的研究已有很多，但这些研究对这个问题的回答并不一致。原因是在一部分研究中，结果显示联系策略更有利于运动员创造好的成绩，而在另一部分研究中，则是非联系策略更有利于运动员创造好的成绩。

一部分研究者认为，那些能让运动员感知到努力的线索尽管与成绩相关，但也正因为如此，这些线索其实都是压力的来源。所以运动员如果能把注意力转移到其他地方去，就可以帮助他们自己缓解比赛的压力，同时也可以忘掉身体上的不适和疲劳感。这种观点其实就是认为使用非联系策略能帮助运动员创造好成绩。

另一部分研究者的观点与此相反，他们认为把注意力集中到与运动有关的身体感觉线索上，并且运用这些信息来获得对努力的感知，能帮助运动员将有限的注意资源高度有效地进行分配，以满足运动的需要。随时了解身体所处的状态就能有针对性地采取对策，做出调整，有利于运动员在后面漫长的赛程中的发挥。因此，他们认为联系策略才能帮助运动员创造好成绩。

这两种观点看似针锋相对，但在具体的研究中，有这样的现象出现。即非联系策略常被那些成绩平平的运动员采用，相反，优秀的运动员所采用的往往是联系策略。现在你应该可以做出这样的推论：当一个运动员还处于较初期阶段时，运动水平还不那么高，这时他在运动过程中最难应对的问题是身体的疲劳和不适，因此在这个阶段最适合的方式是非联系策略，找到一些分心物来帮助自己回避掉这些不好的感觉；而当一个运动员发展到比较成熟的阶段，运动能力已经达到一定水平之后，巨大的运动量已不再那么困扰他，这时他所需要的则是更精进的技术以进一步提高成绩，所以更适合采用联系策略来帮助自己达到目标。

二、运动中的分心物

前一部分分析了注意与运动成绩间的密切关系，在比赛中只有全神贯注，排除一切干扰，才可能取得好成绩。那如果运动员在比赛中分了心，不管他有多高水平的运动技能，结局也只能是失败。既然如此，运动员就需要事先了解可能存在哪些分心物，并想办法排除这些分心物对自己的干扰。一般可以将分心物分为内部分心物和外部分心物两类。内部分心物指的是来自于身体内部的感受或内心的想法，外部分心物指的是来自于环境中的干扰。

（一）内部分心物

内部分心物主要有以下几类。

1. 在压力下的失误

失误是我们常会听到的一种说法。可能每个人对失误的理解不一样。这里说的失误，指的是运动员受到情绪的影响，难以控制自己的表现。比如，一名体操运动员在赛场上出现一次失误，她从平衡木上掉了下来。这种事情竟然真的发生了，于是她的心情变得很糟，以至于在她重新回到平衡木上之后又接连出现了其他失误。这就是失误的表现，由于某种因素使这名运动员的情绪产生波动，结果让她的整场比赛如同梦魇。网球名将约翰·麦肯罗曾对失误有过很经典的描述："失误是比赛的一部分，每个人都会失误。问题不是你会不会失误，而是当你失误时，你要怎样应对它。"

先让我们来看一下，在失误时，人会面临什么样的感受。首先，个体会感受到巨大的压力，而这又会使人的肌肉变得紧张，还会伴随出现诸如心跳加速、呼吸急促、口干、手心出汗等一系列让人感到失控的反应。但是最关键的影响其实是在注意层面，这时的个体常会过于关注自己的焦虑情绪，害怕失败真的会来临。于是注意的范围会变得非常狭窄，注意的内容也基本是这些来自于身体内部的失控的感受和心里的消极想法。那些本应该集中注意的外部环境中有关的线索，如球、对手的运动等则被完全忽略了。在学过前面 Nideffer 的注意模型之后，你应该也能知道运动员如果处于这种状态之下，等待他的将会是什么。

情绪因素，比如大赛中的压力，常是导致分心的重要内在因素。最近有研究显示出焦虑情绪对运动员运动表现的真实影响。研究者发现，篮球运动员在罚球时，如果受到了焦虑情绪的影响，他们在开始做动作前的那段注视目标的时间会变短。这段时间是运动员处理与任务有关的线索和计划动作的时间。因此，如果这段时间能够长一些的话，就能帮助运动员减少分心，使他们充分注意到那些相关的线索。而在压力下发生的失误可能在一定程度上是由于运动员花在注意任务本身的时间太短，没有处理好这些线索，也无法计划得很好，最终导致成绩变差。

失误及伴随而来的焦虑情绪是每项运动的一部分，要想成为冠军，就需要比别人能更好地应对它们。让我们看看艺术体操冠军获得者洛里·冯是如何积极应对失误的：如果你出现一次失误，而且比赛还在继续，那么你就假装接下来的动作是你今天做的第一个动作。你对失误不能再做什么，无可挽回。它已经结束了。要忘记它确实很难，但是你越是尝试忘记它，你在后面就会做得越好。

2. 过分分析身体状况

分析身体状况常常是必要的，特别是当运动员学习新动作、新技能的时候。学习新东西时，运动员需要集中注意于正在进行的任务，细致地感受每一步动作，体会自己身体的感受。这能帮助运动员更快地掌握技术。因此，教练员往往会让新手们注意与任务有关的知觉线索。

但在比赛中，运动员所展现出的技术往往已经练习得相当成熟。这时如果还过分强调身体的机制就会使运动员的表现变差。因为技术已经成熟就意味着运动员在做这些动作或应用一些技术的时候已经达到了自动化的程度，不需要刻意去思考"已经做到哪里了""下一步是什么"这样的问题。技术动作完全可以非常自然地通过运动员身体呈现出来，就像行云流水般。运动员出现失误往往是因为过分注意完成动作时的身体机制，使得已经成为自动化的动作模式被干扰，一些原本可以衔接得非常漂亮的动作被人为地弄得生硬了。

3. 疲劳

运动中的疲劳感是难以避免的，而集中注意又是需要花费个体的精力或者能量才能做到的，所以，疲劳会对注意产生影响。在日常生活经验中就有这样的体会，当你累了的时候，就很难集中注意了。而在运动过程中，疲劳会减少可利用的资源数，还会因此而影响运动员的决策，让他们在应对复杂情境时遇到困难。因此，运动员格外需要学会自我调节。集中注意是一件很累心的事。赛后，运动员可能心理上比身体上更累。如果运动员在长时间的比赛过程中，不能抓住各种间隙让自己的身心获得暂时的放松，就无法保证自己在关键时刻能有效地集中注意。因此，学会调节并且保持良好的健康状况对于运动员来说很重要。

4. 动机不足

参赛动机与注意也是有关系的。参加国际大赛时，或者即使比赛级别不高但仍具有较大挑战性的时候，运动员会很兴奋，会很想和各路对手一争高下。这时运动员的参赛动机处于很高的水平，他想要赢得比赛，于是注意力就会很集中。相反，如果运动员知道自己的水平超出对手一大截，或者是参加一些无关紧要的比赛时，他在比赛中就很容易走神。因为这时他很难有什么参赛动机，就算赢了比赛也没什么值得高兴的，就很难保持注意，甚至会厌倦这场比赛。在这种情况下，运动员有可能会输掉原本应该胜算在握的比赛。

5. 自我谈话

自我谈话也是一种潜在的内部分心物，当然它也是一种应对分心的方式。自我谈话时常发生，任何时候你想到什么东西，你其实就是在与自己谈话。自我谈话有三种类型：积极的自我谈话、工具性的自我谈话和消极的自我谈话。积极的自我谈话关注增加的能量、能力和积极的态度。工具性的自我谈话常关注技术性的或与任务有关的方面，以提升表现，如告诉自己“看球”或者“屈膝”等。消极的自我谈话是批评性的，如“我怎么能打得这么糟”，会导致焦虑，于是就不可能有提升成绩的效果。这里我们要关注的是消极的自我谈话。

消极的自我谈话有两种。一种是关于将来的事情的自我谈话。运动员的头脑中可能会出现这样的一些想法，比如：“我要是输了怎么办”，“如果我出现失误怎么办”，“如果我影响了队友怎么办”。这些面向将来的想法和焦虑会对注意产生消极的影响，而且会导致失误和使成绩变差。另一种是关于已经过去的事情的自我谈话。有些人不能忘记刚刚发生的事情，特别是一次失误。比如，球员失误后心里想，“我真蠢，这下赢不了了。”这就产生生气、无望的情绪，增加肌肉的紧张。想过去的失误影响了很多天才运动员取得成功，因为这么做会让人不能专注于当下。

自我谈话在对情境的反应中起到了关键的作用，这些反应影响将来的行为和感受。而如果在输球后自我谈话的内容是，“看球，比赛还没有结束。”那么，就会帮助自己集中注意力，平抚不安的情绪，变得乐观一些。那些能对这些消极事件进行积极思考的运动员能获得最大的成功。运动员可以试着记下自己的消极自我谈话的内容及其结果，帮助自己清楚地意识到这些消极的自我谈话的存在，然后达到进一步控制自我谈话的目的。

有时候面对未来的想法与当下的情境毫无关系。如有时运动员会表示说，他们会想明天需要做的事，或者晚上准备做的事，或者自己的男友或女友。这些无关的想法常是不由自主地突然闯入脑海，产生分散注意力的消极影响。

（二）外部分心物

外部分心物主要有以下几类。

1. 视觉分心物

运动员在参加比赛过程中可能会接触相当多的视觉分心物。赛前的长途跋涉、异地风光、社交活动、各种信息量增加，对运动员都是刺激，都是潜在的分心物。但对于运动员来说，影响最大的还是比赛环境中的视觉分心物。比如，观众就是一种视觉分心物。因为在比赛的时候，常常会有运动员或运动队的啦啦队、亲朋好友、领导甚至是国家领导人到场助阵。观看自己的家人或朋友或喜欢的运动员的比赛本是无可厚非，但是这样可能会给运动员带来一些负面的影响。运动员在比赛的时候会想到有哪些人正在看台上坐着看着自己，并因此而分散自己的注意。我们总希望在认识的或关心的人面前表现得好一点，运动员也一样。当面对这些啦啦队时，他们常会有压力，并且过分努力。这往往会使成绩变得更差而不是更好。有研究表明，家人或啦啦队导致的自我意识的增加，会使运动员过于注意运动的过程，也就是把本是自动化的过程变成了控制过程，动作可能会变形，从而使成绩变差。当然，也有一部分人在面对熟悉的观众时会表现得更好。其他的视觉分心物包括比赛中的记分牌，以及赛场边缘的摄像机镜头。

2. 听觉分心物

运动场上可能会充斥着各种声音，观众的欢呼声、呐喊声、嘘声或大声谈话的声音，以及手机、其他电子设备的声音，甚至场地上空飞过的飞机的声音等。这些声音并不总是不受欢迎，大多数的团体运动都是在声音下进行的。从事足球、篮球、曲棍球等项目的运动员可能非常习惯看台上的各种声音，甚至会期待看台上的观众能和他们一样地投入比赛中，在比赛的进程中随时用肢体动作和声音表达自己的情感。这样不仅不会影响他们，还能鼓舞他们。但是大多数个人运动则期望非常安静的环境。比如，在高尔夫比赛中，一个来自人群的大的声音常会打扰到高尔夫运动员，因为他期望安静。在类似的项目中，运动员的成功与否就与他能否忽视这些分心物有关。

第四节　运动对注意的影响

注意对运动成绩有着很大的影响，而反过来，运动对注意也会存在影响。这种影响分为两个方面：一是在训练过程中，不断练习的过程对注意的影响；二是比赛中注意的变化。

一、练习对注意的影响

为了参加比赛并取得不错的成绩，运动员必须在赛前做相当充分的准备和训练。正所谓台上三分钟，台下十年功。那么在漫长的运动生涯中，运动员长时间地接受训练到底会起到什么样的作用呢？显而易见的是运动员在自己的项目上有着比一般人高出很多的技能水平。他们非常熟悉自己的项目，能在比赛时注意到一般人从事该运动中无暇顾及的很多事情。也就是说,那些一般人需要花费大量精力去注意的方面他们已经无须注意了,因此他们有更多的精力来应对比赛中的复杂情境。他们为什么可以做到这一点?这是因为经过长时间的训练,那些对于一般人来说需要有意识地进行控制的动作过程,对于运动员来说已经转变成了自动过程。如学习打高尔夫时,我们需要思考怎样握紧球棍、怎样瞄准球、挥杆时怎样用力。而对于专业运动员来说,这一切都不是问题,他们早已驾轻就熟。体操运动员在变得熟练后,他们也不需要注意跳跃、移动及动作序列的所有细节,因为这些在大量练习之后都变成了自动化的过程。自动加工是不需要有意注意的,于是运动员就能将有限的注意资源更多地分配到其他的有利于创造好成绩的线索上。

练习和自动加工有着密切的关系。经过大量练习的任务倾向于使用自动加工,而练习得不够的任务需要控制加工。自动化技能占用的工作记忆容量越小,就有越多的容量用来处理环境中的情况。也就是说,练习使得技术动作变得自动化,运动员因此能更有效地对注意进行分配。

自动化技术的发展经历了三步。第一步是合并,也就是把一些技术的片断,或者说一些分解动作,逐渐整合成一个单一的动作单元。第二步是自动化,即将特定的情境与特定的技能联系起来,一旦处于某种情境下,运动员就立即执行特定的技能。比如,曲棍球运动员在球门前就会进行射门。第三步是把注意从技术的执行上转移到使用技术时的相关策略上。比如,网球运动员会在关键时刻打对手的反手。这个需要运动员根据赛场上的变化灵活选择自身熟悉的技术并加以运用。运动员只有将技术学习扎实之后,才能灵活地应用这些技术。

只有将技术动作通过练习变成自动化过程,并能灵活运用之后,运动员才能分出宝贵的注意资源去找获胜的突破口。有经验的运动员会注意到对手无意识地表现出来的一些行为线索,从而更有效地看出对手下一步的动作是什么。有经验的网球运动员能通过对手的头部、肩膀和臀部的细微动作来判断击球的方向。优秀的足球运动员也能更有选择性地注意最有可能发动行动或做出反应的球员。这些线索能帮助运动员预期对手的行动,并且做好准备应对这些行动。寻找线索在体育运动中可以说是一瞬间的事情,随后的决策也要非常迅速,运动员必须在对手的行动之前而不是之后做出决策,这样才能快人一步,抢得先机。这一切必须有足够的注意资源才能完成。只有在平时进行大量练习,运动员在比赛时才能有充足的注意资源可供分配。

好成绩与自动化的技术执行过程有关,因为注意资源可以分配给其他的重要内容。但这并不是说优秀的运动员就可以一点都不去控制自己的动作。自动化的技术并不能解决一切问题,它也有缺陷。技术动作一旦发展到了自动化的地步,就不太容易改变或调整。相反,那些需要意识控制及注意才能完成的技术会比较灵活,能够及时得以调整。所以,运动员在赛场上要有好的表现,并不能完全不注意自己的动作。当遇到一些难处理的情况时,运动员就需要有意识地注意技术动作的完成情况,并根据需要对动作做出微调。

二、比赛时注意的特点

比赛可能会持续一个小时,或者几个小时,甚至几天。在此过程中,运动员往往会消耗大量的体力，随之而来的疲劳是一种重要的分心物。在整个赛程中，运动员想要持续地保持注意点是一件很困难的事情。因为注意是需要运动员消耗能量才能完成的事情，当运动员处于疲劳状态时，就更不容易集中注意了。研究表明，个体将注意集中于某目标的平均时间为 5 秒左右。那么在一天里去掉 8 小时的睡眠时间，在剩下的 16 个小时里，人们平均有 4000 个不同的念头，我们头脑中的想法常不停地变换。所以，想要一直支配我们的思维并不是一个容易的任务。在比赛中，运动员会受到各种内部分心物和外部分心物的干扰，很多运动员都有好的瞬间，但只有很少的人能在整场比赛中都保持好的竞技状态。

网球冠军克里丝·艾佛特从来都不是身体条件最好的球员，但是她整场保持注意的能力却无人能及。她几乎不受无关线索的影响，如失败的回球、观众的噪声、对手的古怪姿态等。超强的注意力帮她成为冠军。

更多的运动员的状态则可能是这样的。比如，一名高尔夫球员，在打前 16 个洞的时候都表现得不错，到了打第 17 个洞，当他刚准备好挥杆时，冠军奖品的画面进入他的脑子。这个瞬间的分心使他不再注意他的球，因此出现失误。而这也可能让他与冠军无缘。再比如，一名篮球选手在罚球的时候，受到周围球迷喝倒彩的干扰错失得分良机。这些情况在运动场上时常会发生。注意一旦不集中，运动员的表现立即受到影响。

不同项目的比赛有不同的特点。比如：足球运动就是一种相对来说持续时间较长的运动；篮球比赛中就有比较多的中断；高尔夫这种项目在比赛中也有多次中断。其实不管是哪个项目，运动员都要学会在一切的比赛间隙中尽量使自己得到休整。长时间做一件事难免会累，只要换换脑筋做点其他轻松些的事就不觉得那么累了。也就是说，疲劳会导致注意涣散，如果运动员学会适当休息，让疲劳感减轻，那么注意自然又能集中了。对这一点，运动员在比赛过程中可以想办法做到。

可能有人会想，像高尔夫这样的运动应该是相对很轻松的，因为在它的赛程中有相当多的间隙时间，能让运动员得到恢复。但是对于高尔夫这种有很多中断的项目而言，困难的是在中断之后将注意重新拉回比赛。优秀的高尔夫运动员能根据需要迅速转换其注意点，在比赛间隙，能让自己完全放松，与周围人聊天，开玩笑；当投手回来时，他们也能迅速进入竞技状态。

第五节　如何提高注意水平

本章内容反复强调了注意对运动成绩的影响，也就是说，在赛场上集中注意是非常关键的。那么，可能就有人会认为，集中注意只在比赛时才是重要的。这种想法是错误的。如果运动员在训练中时常开小差，那么他在比赛中也很有可能会出现同样的情况。所以，运动员想要在比赛中集中注意，就必须在训练中有意识地提高自己集中注意的技术，通过不断地练习让自己集中注意的能力变得更强。

运动员为完成比赛已消耗了大量精力，且在比赛中还可能要应付对方啦啦队喝倒彩的声音、糟糕的完全不适应的天气状况及不知道为什么就跑到脑子里的无关的想法。要想在这样的状况中保持注意，听起来似乎是不可能完成的任务。但事实上，还是有相当多的优秀运动员能够做到这一点。下面介绍一些被很多运动员使用过的能帮助集中注意的方法。

一、集中于中心

集中于中心能有效地帮助运动员提升竞赛表现。它能帮助运动员控制焦虑，使其在压力下集中注意。集中于中心的具体做法是把注意点导向肚脐下方的位置，或者身体的重心，同时注意体验自己的力量感和平衡感，看看哪些肌肉处于紧张状态，然后对其进行放松。放松时要求运动员结合呼吸进行调整。浅的胸式呼吸是与焦虑和肌肉紧张联系在一起的。而集中于中心的注意是与深的腹式呼吸相结合的。在深的腹式呼吸的帮助下，运动员如果能在压力下迅速控制自己的注意点，也就能进一步控制焦虑。

在平时的训练中，运动员最好能以站姿来练习集中注意，因为在比赛中，运动员通常都处于站立姿势。在这个姿势中，人想要控制呼吸和放松肌肉其实是最困难的。在站姿时，运动员需要延展腿到肩膀的距离，膝盖稍弯曲。然后深吸气，检查胳膊、肩膀和颈部的紧张感，有意识地放松这些肌肉群。当呼气时，运动员要让大腿部的肌肉放松，膝盖稍弯曲，并将臀部降低一点。在呼气时，运动员要放松，清除焦虑。如果掌握了这个方法，运动员往往能在瞬间获得对焦虑或生理唤醒的控制，从而集中注意。当然在集中于中心后，运动员还是要迅速地从集中练习回到比赛中。运动员可以在比赛中的关键时间前使用集中于中心，因为这时的焦虑水平是最高的。也可以在比赛间隙、赛前和赛后使用。

研究表明，集中于中心能对运动员产生实际的效果。专业曲棍球运动员常会使用该方法。他们认为，集中于中心是在失误之后重新注意和保持自信的有效方法。16～18岁的曲棍球守门员在比赛中使用集中于中心和自我谈话时，救球的比例及阻止射门的比例会上升。

二、其他方法

除了集中于中心之外，还有不少方法能帮助运动员集中注意。下面就分赛前准备、赛中及平时训练时三个部分来介绍这些方法。

（一）赛前准备

1. 模拟训练

比赛环境和训练环境存在很大的不同。训练场对于运动员来说可能是比自己的家更熟悉的地方。而赛场对于大多数运动员来说，不管是在外观上，还是在心理感受上，都是很陌生的地方。比赛时会有各种噪声，可能还有官员出席，对手会使出各种招数有意制造干扰。运动员自己也会有相比于训练时高得多的比赛焦虑，心中杂念无数。对于运动员而言，这些因素都是潜在的分心物，会影响成绩。所以教练员可以在赛前安排模拟训练，让运动员在和真实的比赛环境非常相似的环境中进行训练，减少运动员的新鲜感，从而减少在比赛时出现分心的状况。

比赛环境往往不是运动员喜欢的环境，如过热或过冷的天气条件。如果越多地在这种令人不快的情境下进行训练，这种情境下进行比赛，运动员就会准备得更好，从而能更好地应对这些情境。在心理准备方面，运动员可以在与比赛时相同的压力下进行练习。为了让自己有更真实的感受，运动员还可以使用心理表象技术，也就是运动员动用自己的各种感观来想象自己身处赛场。运动员可以用表象让自己在当下就像在赛场上一样，看到如潮的观众，身体因为高温和烈日而不停地出汗，听到各种喊声，教练员就在某个地方看着自己。在这种情形下，试着让自己放松下来。运动员甚至可以把比赛场馆的照片贴在家里和训练场上，这样场馆看起来就不那么陌生了。

模拟训练对于奥运选手来说是非常适合的。比如，中国跳水队在备战伦敦奥运会时，就进行了模拟训练。期间每一个星期都会有一个模拟比赛，完全模拟奥运会的英文广播、音乐等。运动员完全可以假想自己是在奥运会的场馆比赛。教练员用这种方式能帮助运动员尽快地进入这种状态，掌握比赛节奏。

2. 制订详细的比赛计划

赛前认真准备也能帮助集中注意力。这里说的准备，指的是关注比赛中的一些细节。比如：田径选手可以针对对手的突然加速而制定对策；运动员也可以针对比赛中可能出现的失误进行准备，以便在心理上迅速恢复到比赛状态。详细的比赛计划在比赛中的特定时刻发挥着重要的作用，使运动员对突发情况有所准备。

（二）赛中

1. 简短且积极的自我谈话

前文中提到消极的自我谈话是一种分心物，而简短且积极的自我谈话可以帮助运动员集中注意。运动员可以按照自己的想法，选择一些简短的自己熟悉的词语来帮助自己集中注意力。当运动员发觉有点走神的时候，可以在心里默念这个词，来提醒自己集中注意力。我们常常可以看到选手们在比赛时好像还在对着自己说着一些什么，其实这很有可能就是在利用自我谈话的方式提醒自己，或者鼓励自己。

2. 适当缩小注意范围

比赛场地中分心物很多，这时运动员可以按照自己的习惯，选择一个适合注意的对象，让自己集中注意力于这个对象，准备接下来的动作。比如，乒乓球运动员可以在发球前盯着球拍，帮自己定神，排除干扰，在做好准备后开球。

3. 嚼口香糖

运动员在赛前普遍感觉紧张与焦虑，而嚼口香糖可能可以给他们带来积极的感受。比如，在伦敦奥运会上，短跑运动员 Peter Emelieze 在赛前就会嚼口香糖来让自己更放松，平复紧张情绪，让对手感觉到自己非常的自信。我国乒乓球运动员马琳也表示："面对高压的竞技赛场，运动员需要具备较强的技术、战术水平，但心理素质有时候更能影响比赛结果。我会尝试一些调整呼吸的练习来稳定心情，嚼口香糖也是很受用的方法，让神经不那么紧张，更容易调整到良好的竞技状态。"有研究发现咀嚼口香糖增强了某些脑区的活动，显著提高了这些脑区的供血和供氧水平。所以，利用嚼口香糖的方式来缓解赛前竞技焦虑，提升注意力是有科学依据的。

（三）平时训练时

保持注意需要消耗心理能量，在比赛全程中，非常狭窄的注意不可能长时间地保持下去，所以运动员需要进行弹性训练。经过这样的训练之后，运动员能在比赛中断的时候，保持一个松弛的外部的注意点，而在关键时刻，集中于关键刺激。这种调整注意的过程能够让运动员拥有一种自我效能感，感到自己能控制自己的注意，并在关键时刻应用自如。有棒球运动员说，他非常集中注意投手丢球，以至于能看到当球离开投手的指头时的旋转。

除了上述的方法之外，有经验的运动员往往也能够根据自己的需要，找到适合自己的有效方法，帮助自己摆脱干扰，集中注意力。有的运动员在临近比赛的那段时间，会深居简出，做一些简单的事情来放松自己，如看书、听音乐、画画等。有的运动员会去郊游，或者看电影来缓解赛前压力。在比赛的时候，运动员使用的集中注意力的方法也很多，如拍一下手、大叫一声、深呼吸或者短时间闭目养神等。这些方法都能帮助运动员排除来自外界和自身的干扰，减少心理能量的消耗，迎接即将到来的比赛。

对于那些经验较少的年轻运动员来说，他们能通过观察有经验的运动员来获得一些技巧，帮助自己处理分心的问题。另外，社会支持也能帮助其减少自我关注，并提升成绩。队友和教练员是运动员的社会支持的非常大的一个来源，所以，增强运动员之间及运动员和教练员之间的凝聚力，可以帮助运动员提高成绩。

综合来看，运动心理学家、教练员及运动员已找到一些能帮助运动员增加注意力的技术。但是，还没有经验研究能告诉我们，哪种技术对增加注意力更有效。对于运动员来说，在真正的比赛来到之前就不断练习这些技术是非常必要的。在练习的过程中找到最适合自己的方法，并且应通过多多练习来让这些方法成为习惯。因为当运动员运用这些方法的过程变成自动化过程之后，应用起来会更有效。

【拓展阅读】

双任务范式

人在一段时间里集中精神做一件事是比较容易的，但是如果有两件比较简单的事情需要同时完成，可能就会让很多人觉得有困难。一直以来，心理学家都对这种现象感兴趣。人在同时完成多个不同事情的能力是不是有限的？是什么原因限制人们同时完成多个任务的能力呢？回答这个问题是有现实意义的。对于从事一些特定职业的人来说，比如，空中交通管制人员和飞行员等，必须同时将多个任务都处理好，一个小细节出问题都可能会导致灾难性的后果。因此，很有必要通过了解大脑处理信息时的运作方式，来帮助这些特定人群更好地完成自己的工作。

要想研究某个系统的组成部分，以及这些部分间是如何协同工作的一种最好的方法，就是想办法让这个系统超载，超负荷运转。那么，如果我们想要了解大脑是如何运作的，最好的办法是让大脑同时面对多项任务，让其应接不暇。近些年来，心理学家在实验室中采用了双任务范式设计实验，让被试处于一种超负荷运转的状态，以此来研究大脑的运作方式。

所谓的双任务，就是在同一时间或非常短的时间间隔内让被试完成两个任务。常见的任务是向被试呈现两个刺激，如声音或光，要求被试分别用两只手对两个刺激做出反应。这样的任务通常会在1秒钟以内完成。研究者实际采用的任务，在复杂度上有很大差异。有的就是简单的反应时任务，如让被试在听到声音的时候按一下键盘，或者也有研究者会使用更复杂的，但和真实情境更接近的任务，例如听写、回答问题之类。

这些研究的最终目的，都是想要了解复杂的心理活动。为了达到这个目的，使用较为简单的任务能更精确地检验研究者提出的假设，帮助研究者理解两个任务间相互干扰的原因。下面我们就举一个研究的实例，来说明如何通过简单的任务了解复杂的心理活动。研究者为被试安排了两个几乎需要同时完成的任务。任务的基本形式是研究者通过计算机的屏幕呈现刺激，被试则通过键盘做出反应。任务一是让被试在屏幕上的方框变成绿色的时候用右手食指按"N"键。任务二是让被试在屏幕上出现数字"3"时用左手食指按键盘上的"V"键，当出现数字"4"时用左手中指按键盘上的"C"键。

结果发现，当这两个任务的呈现时间间隔为150毫秒时，也就是当前一个任务刺激出现之后150毫秒出现第二个任务刺激，这时被试对第二个任务做出反应需要较长的时间。而当两个任务的呈现时间间隔为1000毫秒时，被试对第二个任务做出反应的时间较短。

研究者对此的解释是，大脑完成即使是简单的认知-动作任务也需要一系列的处理过程。首先，个体必须对任务刺激进行编码，也就是辨认出现的是什么刺激，然后选择恰当的反应，最后执行反应。研究者假设，在反应选择阶段是存在瓶颈的，当大脑在对一个任务选择如何反应时，就无法对其他任务进行反应选择的操作，其他任务就需要等待。当两个任务的时间间隔为150毫秒的时候，大脑还没有完成对第一个任务做出反应的决策，因此，第二个任务只能等待。而当间隔时间为1000毫秒时，大脑已处理完第一个任务，再处理第二个任务便得心应手。

这种情况类似于比赛时对手先做一个假动作，然后再做出真动作的情境。按照上述假设的说法来看，假动作之所以能干扰运动员，是因为运动员在对假动作做出决策的时候，真动作就出现了，这时对这个真动作的决策过程被推迟，于是就导致对手无法及时地对运动员的行为做出反应。

【本章小结】

注意是坚持全神贯注于一个确定目标，不为其他内外刺激的干扰而产生分心。在体育运动中，注意起到了很关键的作用，并且它与日常情境中的注意有较大的不同。因此，研究者们认为，有必要专门针对运动过程中的注意进行研究。

注意包括四种品质。注意的广度是指在一段时间内人能够清楚地觉察或认识客体的数量。注意的稳定性是指注意持久地保持在一定事物或活动上的特性。注意的分配是指在同一时间内，注意两种或两种以上的对象，即一心二用或一心多用。注意的转移是指将注意从一个对象转移到另一个对象上去。注意的这四种品质和运动员的比赛成绩都有密切的关系，教练员可以从以上四个方面对运动员注意的特点进行分析，并有针对性地训练。

中枢能量理论认为，人脑中能用于执行任务的能量或者说资源的数量是有限的。因此，人脑只会对一部分信息做出反应，其他信息都被忽略掉。人脑对事物的加工过程有两种，即受控加工和自动加工。受控加工是需要大脑有意识地控制的加工，会消耗注意资源，因此能处理的任务数量有限。自动加工不需要人对其进行控制便能自动完成，因此能同时处理较多的任务。运动员如果能将技术练到了非常熟练的地步，就能在赛场上有更多的精力来处理技术以外的事情，寻找到更多获胜的机会。

当多个刺激同时出现时，人的反应时会延长，这段时间就是心理不应期。运动员既有可能因此而错失良机，又有可能利用它来做好假动作从而击败对手。当假动作与真实动作的时间间隔在50～60毫秒之间时，对手最容易被迷惑住。

在比赛中，注意力是否集中能决定运动员的最终比赛成绩。而且影响比赛成绩的关键不在于注意能维持多长时间，而是注意的是什么内容。Nideffer的理论从广度和方向这两个维度区分出四种不同的注意点及四种注意类型，认为个人的注意特点与运动项目若能在注意广度和注意方向上相匹配，便有助于获得最佳运动表现。

运动员的注意策略有联系策略和非联系策略两种。研究发现，非联系策略常被一般运动员采用，而优秀的运动员常采用联系策略。

比赛时，运动员可能会受到来自内部和外部分心物的影响，比如压力、噪音等。反过来，长时间的运动比赛也会使注意涣散。运动员如果能采用，如集中于中心、模拟训练、制订详细的比赛计划等方法，并在平时不断地练习，那么，在赛场上再应用时会更有效地帮助自己集中注意。

【思考题】

1. 注意的品质包括哪些方面？
2. 人脑的注意容量是多少？
3. 受控加工过程和自动加工过程与注意的关系是什么？
4. 什么是心理不应期现象？该如何利用心理不应期做好假动作？
5. Nideffer注意模型包括哪几种注意点？
6. 注意的策略有哪两种？
7. 有哪些提高注意水平的方法？

【推荐阅读文献】

[1] 王甦，汪安圣. 认知心理学（重排本）[M]. 北京：北京大学出版社，2006.
[2] 马启伟，张力为. 体育运动心理学[M]. 浙江：浙江教育出版社，1998.

第四章　情　　绪

教学目的

（1）掌握情绪的概念、成分，情绪与欲求、认知的关系。

（2）掌握唤醒、焦虑的概念和分类，以及二者的关系。

（3）了解情绪与运动表现关系的各个理论的基本观点。

（4）掌握竞技运动中情绪调节的技术。

（5）掌握健身运动的情绪效益，了解健身运动负效应。

重要概念

情绪、心境、激情、唤醒、生理唤醒、心理唤醒、焦虑、状态焦虑、特质焦虑、竞赛状态焦虑、竞赛特质焦虑、认知控制技术、放松技术、生物反馈技术、健身的短期情绪效益、健身的长期情绪效益、健身的情绪负效应。

第一节　概　　述

一、情绪的概念

对于我们每个人来说，谁没有过快乐、愤怒、悲伤、恐惧、苦恼、憎恨、怜悯等情绪？哪个不曾体会爱恨交织、啼笑皆非、五味杂陈、百感交集等感受？实际上，我们每个人都曾非常清晰地感受和体验过形形色色的情绪，而且，终其一生我们每时每刻、每分每秒都逃脱不了情绪。所以，可以肯定地说，此时此刻我们每个人的身上正演绎着情绪的剧情。也许此时此刻你的情绪是模糊的，甚至你可能都没有感受到有任何的情绪，但是这并不意味着它不存在。情绪的存在与人的意识无关，不管我们是否意识到，它都时时刻刻驻扎在我们的身心上，充斥着我们心灵的每个角落，陪伴着我们，没有片刻的逃离，就算在睡觉的过程中，情绪仍然会与我们如影相随，不离不弃。那么，我们该如何去界定情绪呢？

我们常说人有七情六欲，这说明情绪和欲求是不可分的。宋代词人苏东坡的词句“人有悲欢离合"告诉我们，由于我们不忍离别，所以在生离死别之际我们难免会悲伤，我们希望团聚，所以在重逢团聚之时我们倍感喜悦。这说明欲求的满足是情绪发生的基础。但如果我们认为离别和重逢无足轻重，那么我们就不会有悲伤或喜悦的情绪了。因此，我们可以将情绪定义为由欲求是否满足的情势所引发的身心状态。

由欲求是否得到满足所引发的情绪，从性质上来讲，有积极或消极之分，从强度上来讲，有强烈或微弱之分。

凡是欲求得到了满足或能够得到满足的时候，我们就会产生积极情绪，如满意、愉快、喜爱、赞叹等。与此同时，欲求被满足的程度越高，产生的积极情绪就会越强烈，如非常满意、非常愉快、非常喜爱、非常赞叹等；反之，产生的积极情绪就会越微弱，如有点满意、有点愉快、有点喜爱、有点赞叹等。

凡是欲求没有得到满足或不能得到满足的时候，我们就会产生消极情绪，如不满、苦闷、哀伤、憎恨等。与此同时，欲求不被满足的程度越高，产生的消极情绪就会越强烈，如非常不满、非常苦闷、非常哀伤、非常憎恨等；反之，产生的消极情绪就会越微弱，如有点不满、有点苦闷、有点哀伤、有点憎恨等。

不过，在很多情况下，我们可能同时存在多种多样的欲求，其中有一些容易满足，另一些则不容易满足，有一些欲求甚至是矛盾的、对立的，当满足了其中一些欲求时，其他的欲求就无法得到满足，于是，我们就会产生很复杂甚至相矛盾的情绪。我们平时体会到的悲喜交加、百感交集、五味杂陈等情绪就表明，欲求满足的多样性、矛盾性决定着所引发情绪的复杂性。

欲求的满足不取决于客观条件，而取决于我们的内心。实际上，每个人的内心都有自己一套欲求满足的规范。我们都是通过这套规范来确定自己的欲求得到满足的情势，并由此产生不同性质、不同强度的情绪。我们的这套规范设有两个尺度：一个是欲求数量的多少；另一个是欲求标准的高低。当一个人设定的欲求数量比较少、欲求标准比较低时，他的欲求就更容易得到满足，从而他也就更容易产生积极情绪。相反，如果一个人设定的欲求数量比较多、欲求标准比较高，那么他的欲求则不容易得到满足，在他的身上也就更容易出现消极情绪。

情绪的发生与外物无关，而与我们的内心如何评价它们与欲求的关系有关。对同一事物，由于我们认知上的差异，对它的评价可能不同：如果我们把它判断为符合自己欲求的事物，就会产生肯定的情绪；如果我们把它判断为不符合自己欲求的事物，就会产生否定的情绪。同一个人在不同的时间、地点和条件下对同一事物的认知评价可能是不同的，由此所产生的情绪也会有所不同。例如，同是一杯酒，同是一个人，在不同的境遇下，唤起的情感可能不同。例如："两人对酌山花开，一杯一杯复一杯"，是愉快的情感；"酒入愁肠，化作相思泪"，是不愉快的情感。

二、情绪的成分

美国心理学家伊扎德认为，情绪的成分包括认知层面上的主观体验（又称情绪体验）、生理层面上的生理唤醒（简称生理唤醒）、行为层面上的情绪表现（又称行为表现）。当情绪产生时，这三种层面共同活动，构成一个完整的情绪过程。

（一）情绪体验

情绪体验是指在情绪发生时我们体验到的主观感受。它是情绪的核心成分。在某种程度上，我们甚至可以将情绪体验等同于情绪。比如快乐，它既是一种情绪体验，又指代一种情绪。我们的情绪体验是非常丰富的，由于时间、地点、事件的不同，我们体验到的情绪不可避免地存在着性质和强度上的差异。

从性质上来看，我们既有简单的情绪体验（即只体验到单独的一种情绪，比如我们平时可以分别体验到快乐、愤怒、悲伤、恐惧、苦恼、憎恨、怜悯等不同性质的情绪），又有复杂的情绪体验（即可以同时体验到两种以上不同性质但彼此交织的情绪，比如我们既有过爱恨交织的矛盾，又有过苦中作乐的无奈，还有过怒其不争、哀其不幸的感触，甚至可以体验到五味杂陈、百感交集）。虽然我们体验到的各种各样的情绪迥然不同，但每种具体的情绪体验在主观感受上是相对稳定的。

从强度上来看，我们感受到的各种性质不同的情绪体验在不同时候的强度是不同的。喜，可以从适意、愉快到欢乐、大喜、狂喜；怒，可以从轻微不满、生气、愠怒、激愤到大怒、暴怒；哀，可以从伤感到难过、悲伤、哀痛、惨痛；惧，可以从害怕、惧怕、惊恐到惊骇。情绪的强度越大，整个人被情绪卷入的程度也越深。情绪体验的强度取决于事物对人的重要性。对人越重要的事物引起的情绪就越强烈。而事物的重要性由它在个人欲求中的意义的大小来决定。譬如食物对饥饿者和饱食者的意义截然不同，其所引起二者的情绪体验也具有天壤之别。

人在大多数时候的情绪体验都是比较微弱的，心理学上将这种弥散的、微弱的情绪状态称为心境。但在某些时候，人会爆发出强烈的情绪，心理学上将这种爆发的、强烈的情绪状态称为激情。如果以天气状况来比喻心境和激情，那么心境一般相当于相对平和的天气状况，如风和日丽、细雨绵绵、气温适宜，激情相当于相对剧烈的天气，如风雨大作、电闪雷鸣、酷冷酷热。

（二）生理唤醒

生理唤醒是指情绪发生时人体外周生理器官和组织所发生的一系列变化。人体外周生理器官和组织的活动是由自主神经系统来调控的。自主神经系统是由中枢神经系统低级部位支配的一个特殊系统。它专门调控有机体各器官和组织的活动。在情绪刺激作用下，自主神经系统的活动广泛激活有机体各器官和组织，使其产生明显的、超出常态生理节律的生理反应。

自主神经系统由交感神经系统与副交感神经系统两个分支系统构成。交感神经系统与副交感神经系统共同调控内脏器官——心脏、血管、胃、肠等，外部腺体唾液腺、泪腺、汗腺等，以及内分泌腺——肾上腺、甲状腺等的活动。交感神经系统与副交感神经系统的机能是相互对立的，二者的作用是相互拮抗的（见表 4-1）。

表 4-1　交感神经系统与副交感神经系统的机能活动比较

机能活动内容	交感神经系统	副交感神经系统
瞳孔	放大	缩小
心率	增快	减慢
血压	升高	降低
血糖	升高	降低
皮肤血管	收缩	舒张
支气管	舒张	收缩
冠状动脉	舒张	收缩
消化液分泌	抑制	增多
胃肠蠕动	抑制	增加
汗腺分泌	增加	减少
肾上腺分泌	增加	减少

自主神经系统的活动不是随意的，它与情绪过程有密切的联系。它们之间的关系是，当人受到情绪性刺激、所引发情绪的激动度和紧张度增长时，生理唤醒的水平和器官激活的程度也提高。但是，关于各种不同的情绪是否具有生理激活的特异化模式的问题，尚没有得到确切的解释和明确的验证，迄今为止只能做到对某些情绪发生时生理变化的描述。例如：焦虑引起消化道蠕动减弱，消化液分泌被抑制；愤怒引起肾上腺激素分泌增加，心血管活动加速，血压、血糖升高，皮温升高；恐惧则导致外周血管收缩，面色苍白，咽、口发干，皮肤温度下降，出冷汗等。

由于有机体在情绪状态下出现许多生理反应，因而可以运用各种生理记录仪器把这些变化记录下来，以作为情绪活动的客观指标之一。例如，心率、血压、血糖、呼吸、脉搏容积、皮肤电阻、肌肉紧张度及脑电变化、脑神经化学物质变化等，均可被测量。使用多导生理记录仪可以同步记录多项生理指标，如心率、脉搏容积、呼吸与皮肤电反应等，可同步取得多项数据，用以进行综合分析情绪活动。生物反馈仪和测谎仪实际上都是多导生理记录仪。

（三）行为表现

行为表现是指能够表现出个人情绪的性质和强度的外部行为形式，简称为表情。表情是表达情绪状态的身体符号，比如，愉快的表情是笑，悲伤的表情是哭。每个人在每种情绪下都会呈现出独特的、稳定的动作模式。因此，我们可以说表情是情绪的语言，它以有形可感的方式体现出情绪的内在体验，是人与人之间交流和理解情绪的主要途径，也是认识情绪主观体验的重要客观指标。

表情包括面部表情、姿态表情和声调表情。面部表情是额眉、鼻颊、口唇等所有颜面肌肉的变化所组成的模式（见表 4-2）。例如：愉快的面部模式是额眉平展、面颊上提、嘴角上翘；悲伤的面部模式是额眉紧锁、上下眼睑趋近闭合、嘴角下拉；轻蔑的面部模式是嘴角微撇、鼻子耸起、双目斜视等。由于面部表情模式能最精细地区分出不同性质的情绪，因而是鉴别情绪的主要标志。

表 4-2 不同情绪的面部模式

情　　绪	面 部 模 式
兴奋	眉眼朝下，眼睛追踪着看，倾听
愉快	笑：嘴唇朝外朝上扩展，眼笑（环形皱纹）
惊奇	眼眉朝上，眨眼
悲痛	哭，眼眉拱起，嘴朝下，有泪、有韵律地啜泣
恐惧	眼发愣，脸色苍白，脸出汗，发抖，毛发竖立
羞愧、羞辱	眼朝下，头低垂
轻蔑、厌恶	冷笑，嘴唇朝上
愤怒	皱眉，眼睛变狭窄，咬紧牙关，面部发红

姿态表情是除面部以外身体其他部分的表情动作。例如：狂喜时捧腹大笑；悔恨时捶胸顿足；愤怒时摩拳擦掌等。其中，手势是一种重要的姿态表情，它协同或补充表达言语内容的情绪信息。手势表情是后天习得的，由于社会文化、传统习惯的影响而往往具有民族或团体的差异。

面部表情和姿态表情均由随意运动支配，因此可在一定程度上被随意地控制。姿态表情虽不像面部表情那样能细微地区分各种情绪，但它能与面部表情一起表露情绪信息。另外，往往在人有意地控制面部表情时，身体姿态泄露了真情。例如，一个人用和蔼微笑的面容去掩饰对对方的愤怒时，他那紧握的拳头、僵硬的肢体却明白无误地泄露了他的真情实感。

除面部表情、姿态表情外，声调表情也是表达情绪的一种形式。声调表情是情绪发生时在语言的音调、节奏和速度方面的变化。例如：悲哀时语调低沉，语速缓慢；喜悦时语调高昂，语速较快。此外，感叹、烦闷、讥讽、鄙视等也都有一定的音调变化。语言是交流思想的工具，言语中音调的高低、强弱，节奏的快慢等所表达的情绪，是言语交际的重要辅助手段，是情感传递的重要途径。

第二节　竞技运动中的情绪

一、唤醒与焦虑

迄今为止，运动心理学已经累积了大量关于竞技运动中唤醒与焦虑等有关情绪问题的研究文献，这表明该领域过去一直是研究者重点关注的领域。由于该领域的研究文献仍在不断涌现，未来似乎也毫无减弱的趋势，这又显示研究者仍将会长期保持对该领域的研究热度。

唤醒与焦虑是运动心理学研究竞技运动中情绪问题的两个关键性概念，但许多研究者常常不加区分地使用这两个概念。实际上，它们是两个既有联系又有区别的概念。不管从理论研究的严谨性来说，还是从实践干预的应用性来说，都非常有必要清晰地界定这两个概念。

（一）唤醒

在心理学早期的概念体系中，唤醒一词等同于生理唤醒，指的是机体的所有器官和组织的生理激活水平。这种生理唤醒的水平取决于机体所有器官和组织接收到的刺激强度的大小。通常情况下，生理唤醒水平在每天的24小时中会发生从深度睡眠到极度兴奋的非常显著的变化：人的睡眠越深，生理唤醒水平就越低；人的兴奋性越高，唤醒水平也越高。当然，这种变化又有明显的节律性。研究表明，在一般情况下，人的生理唤醒水平的周期性变化与体温的周期性变化呈高度的正相关关系。

随着对唤醒与人的行为的关系的研究的深入，研究者逐渐认识到：人类的唤醒不仅有生理上的唤醒，而且有心理上的唤醒。随着唤醒研究的发展，特别是从以动物为唤醒研究的主要对象发展到以人为唤醒研究的主要对象，学者越来越重视唤醒的心理或认知因素，并提出了心理唤醒或认知唤醒的概念。

由于受生理唤醒概念的影响，心理唤醒一开始就只被作为个体激活在强度上变化的指标。Kerr(1987)认为，唤醒是个体在特定时间里所体验到的兴奋程度和动机强度。Duffy(1957)认为，唤醒属行为强度维度，是贮存在有机体组织中的潜在能量的释放。Martens(1976)将唤醒称之为“心理能量”，认为它是一种活力、生命力，是心理功能强度的表现。Gould和Krane(1992)在综合了各种观点的基础上将唤醒定义为机体的一种普遍的生理和心理激活状态，是从深度睡眠到极度兴奋的一个连续体。

总而言之，心理唤醒是个体对自己身心激活状态的一种主观体验和认知评价。心理唤醒与生理唤醒是相互联系又相互区别的关系。生理唤醒是心理唤醒的基础和重要唤醒源。但心理唤醒并非是生理唤醒在心理上的简单反映。生理唤醒主要与个体的物质能量代谢相联系，其唤醒水平的高低由物质能量的代谢水平决定。心理唤醒还主要与个体的心理状态相联系，受多方面的因素影响，如生理、认知、情绪等。心理唤醒不仅有强度高低之别，而且还有方向之分。例如，人的狂喜状态可能使个体处于高唤醒水平，而人在暴怒时也会使个体处于高唤醒水平。

（二）焦虑

焦虑是人们预感到不利情境的出现而产生担忧、紧张、不安、恐惧、不愉快等的一种综合情绪体验。它伴有明显的生理变化，尤其是自主神经活动的变化，表现为血液内肾上腺素浓度增加、心悸、血压升高、呼吸加深加快、肌张力降低、皮肤苍白、失眠、尿频、腹泻，等等。由此可以看出，焦虑是一种与身体激活或唤醒水平提高相联系的消极情绪状态，主要表现为神经紧张、担心、忧惧等(Weinberg，1995)。

弗洛伊德最早从心理学角度来重视并探讨焦虑的问题。他把焦虑分为客观性焦虑和神经症性焦虑两种，前者是人们对环境中真实危险的反应，与害怕一词同义，后者是人们潜意识中矛盾的结果。人一般都有过程度不同的焦虑体验，焦虑是人大脑中的一种固有“程序”，每当人们觉察到某种潜在威胁时，它就“启动”，提醒人们未雨绸缪，及早防范，避开危险。从这点来看，焦虑反应是有积极意义的，而且绝大多数焦虑都是由一定原因引起的，也是可以理解的，属于正常焦虑。所谓正常焦虑，是指“合理”和“不过分”的焦虑。所谓“合理”，是指有原因，通常由生活事件引起的焦虑是合理的，“不过分”是指焦虑的严重程度与引起焦虑的原因性质和严重程度一致。而异常焦虑是指“不合理”和“过分”。正常焦虑与异常焦虑的区别在于：正常焦虑不仅都有一定的原因，而且可以理解，反应适度；而异常焦虑不但反应的强度过强和持续时间过长，与个人和现实的实际情况不相称，而且情绪反应的强烈异乎寻常，最终不能自控，必须获得医学帮助，异常焦虑往往与个人潜意识的心理问题有关。

Spielberger(1966)将焦虑分为状态焦虑和特质焦虑两种。状态焦虑是由特定情境引发的暂时性焦虑，表现为忧虑、恐慌、心神不宁等心理体验及相应的生理和行为反应。特质焦虑是人格上的焦虑倾向。高特质焦虑的个体倾向于将更多客观上不具有危险性的情境知觉为威胁，或对客观上具有危险性的情境做出不适宜的过高的状态焦虑反应。

Martens 等人(1976)进一步认为，有必要区分出特殊情境下焦虑的概念，并提出了竞赛特质焦虑和竞赛状态焦虑的概念。竞赛特质焦虑是将竞赛情境知觉为威胁并感到担忧和紧张的反应倾向。竞赛状态焦虑是在某一具体的竞赛情境中所体验到的状态焦虑。

状态焦虑研究的最近发展主要集中于焦虑现象的多维度性质。状态焦虑由认知焦虑和身体焦虑两个成分构成。认知焦虑是对行为表现的消极关注、担忧等消极的认知和情绪。躯体焦虑更多的是基于生理上的，通过诸如心跳加快、呼吸短促等身体征状表现出来。研究者比较了认知焦虑和躯体焦虑对运动表现的影响，发现这两种焦虑存在着不同的影响。这从经验的角度支持了焦虑的多维性。

个体在赛前出现的竞赛状态焦虑被称为赛前状态焦虑。恩德勒总结出了引发赛前状态焦虑的五种主要因素：对失败的恐惧、对消极社会评价的恐惧、对受伤的恐惧、情况不明确、常规被打破。

(三) 唤醒与焦虑的关系

在以往的研究中，有两个唤醒的理论模型论述了唤醒与焦虑的关系：一个是 Gould 和 Krane(1992)的心理唤醒的概念模型；一个是漆昌柱等人(2001)的心理唤醒的强度-方向模型。

1. 心理唤醒的概念模型

Gould 和 Krane(1992)提出了一个心理唤醒的概念模型(见图 4-1)。在这一模型中，唤醒是一个最高层次的概念。它是指机体从深度睡眠到极度兴奋这一连续变化的一种普遍的生理和心理激活状态。生理唤醒和唤醒的认知解释与评价是唤醒的概念模型的第二层次的概念。在唤醒的认知解释与评价之下还有身体状态焦虑、认知状态焦虑(消极状态)和积极状态三个要素。其中，身体状态焦虑是对个体生理唤醒的知觉和评价，认知状态焦虑是对唤醒的消极认知评价，积极状态是对唤醒的积极的认知评价。第三层次的认知焦虑还可进一步区分为人与人之间的状态焦虑和团体内的状态焦虑。在这一概念模型的右边是特质焦虑，它会影响到运动员对唤醒的认知解释与评价，并进而影响到其生理唤醒。

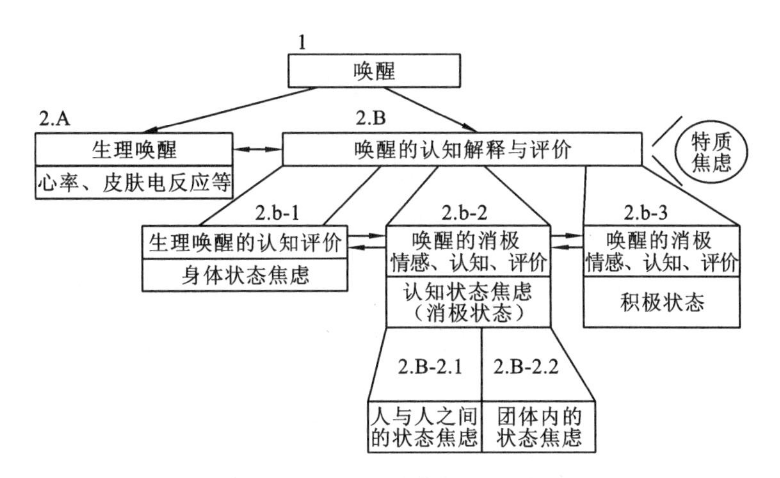

图 4-1 心理唤醒的概念模型

Gould 和 Krane 是运动心理学领域中最先对唤醒及其相关概念做深入剖析的学者。他们将唤醒明确地区分为生理唤醒和唤醒的认知解释与评价，并在唤醒的认知解释与评价中包含了积极的认知与评价。这是对心理唤醒概念认识的深化和发展。他们的心理唤醒模型将身体状态焦虑、认知状态焦虑与积极状态的认知与评价并列为同一层次的结构要素，并将人与人之间的状态焦虑、团体内的状态焦虑和特质焦虑的概念也纳入其中；用状态焦虑取代了心理唤醒的概念。

焦虑虽然是与心理唤醒相联系的概念，并能说明心理唤醒的某些方面，但心理唤醒不等于焦虑，不能用焦虑或竞赛焦虑取代心理唤醒。仅以焦虑为指标不可能揭示心理唤醒与运动表现的关系。

对唤醒概念的认识偏差已为越来越多的学者所重视。针对在有关心理唤醒研究中普遍存在的以状态焦虑取代心理唤醒概念的做法，Martens（1976）曾指出唤醒与状态焦虑不是一回事。Anshel（1985）也认为状态焦虑测验不能用来测量心理唤醒。

2. 心理唤醒的强度-方向模型

在以往状态焦虑与心理唤醒关系的研究成果的基础上，中国学者漆昌柱和梁承谋（2001）提出了心理唤醒的强度-方向模型（见图 4-2）。

该模型将唤醒分为生理唤醒与心理唤醒。生理唤醒只有强度一个维度，反映生理激活的程度。心理唤醒有强度和方向两个维度。心理唤醒强度反映个体体验到的心理激动的程度；心理唤醒方向反映机体体验到的心理激动的性质。从方向角度来说，心理唤醒有正性心理唤醒和负性心理唤醒之分。当个体的心理唤醒与其消极的认知和情绪相联系时，这种心理唤醒的方向就是负性的，与负性心理唤醒相联系的消极认知和情绪主要有焦虑、愤怒、抑郁等。而当个体的心理唤醒与其积极的认知和情绪相联系时，这种心理唤醒的方向就是正性的，与正向心理唤醒相联系的积极认知和情绪主要有高兴、愉快、自信等。

心理唤醒的强度-方向模型清晰地界定了心理唤醒与状态焦虑的关系。该模型认为心理唤醒既有负性心理唤醒又有正性心理唤醒，它们各自又有不同的状态；状态焦虑仅仅是一种负性心理唤醒，它不等同于心理唤醒。

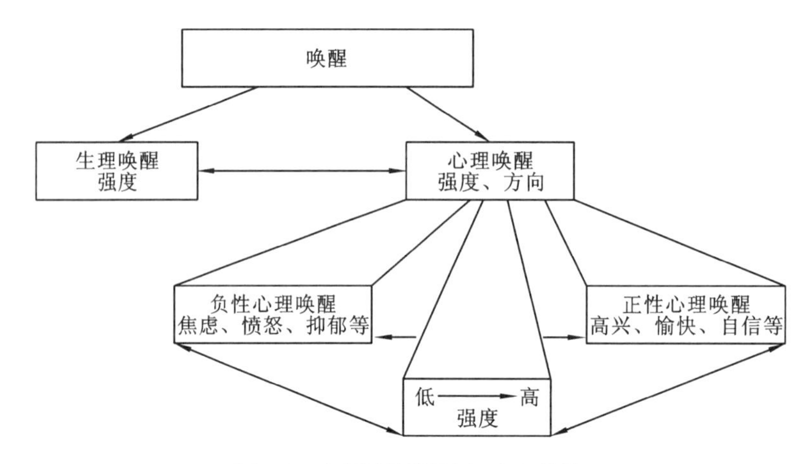

图 4-2 心理唤醒的强度-方向模型

二、情绪与运动表现关系的理论

(一) 倒 U 曲线理论

倒 U 曲线理论也被称为倒 U 型假说，是解释情绪与运动表现关系最著名的理论之一。这一理论源自耶克斯-多德森定律(1908)。耶克斯和他的学生多德森在研究大白鼠完成各种难度的任务时发现，大白鼠在完成需要精细知觉辨别和复杂联结的操作任务时，较弱的刺激可以使它们表现得更好；而在完成相对简单的任务时，较强的刺激则可以激发它们更好地表现。后来，迈尔莫(1959)和斯鹏斯(1966)等人指出，这一定律同样可以适用于人的情绪水平与操作成绩的关系。

在体育运动领域，倒 U 型假说认为：当练习者或运动员处在较低的唤醒水平时，其操作表现较差；随着个体的唤醒水平升高，其操作表现逐步提高，直至达到最好的操作表现。此后，当唤醒水平进一步升高时，其操作表现不再提高，而是呈现出逐步下降的趋势。概言之，过低或过高的唤醒水平都不利于练习者或运动员完成动作，只有唤醒水平处于中等强度时，练习者或运动员的操作表现才最好(见图 4-3)。

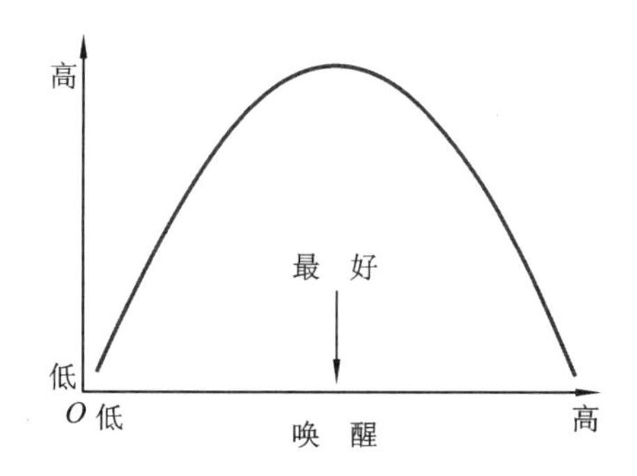

图 4-3 唤醒与成绩之间的关系

倒 U 型假说预测运动员在体育运动中可能会由于过重的心理负荷而不能有效地发挥水平(Bunker & Rotella，1980)。因此，在大赛前，对唤醒水平已经很高的运动员不要再做心理动员了，否则，会使运动员因唤醒水平过高而在比赛中发挥失常。往往有一些教练员或领队不明就里，以为调动运动员的唤醒水平就能让他们发挥好，但很可能会适得其反。

唤醒水平与操作表现间的倒 U 曲线关系会受到个体的技能水平、任务难度等因素的影响。不同的运动项目、不同难度的任务和不同水平的运动员等可能要求有不同的唤醒水平。

例如，射击这类运动项目，对精细动作和动作的稳定性要求很高，其唤醒的最佳水平就比对精细动作和动作的稳定性要求不那么高的摔跤等运动项目的唤醒水平低些。对同一运动场上不同位置的运动员，其最佳唤醒水平也不一样。甚至同一运动员在完成不同的任务时，其最佳唤醒水平也不相同。例如，一个篮球运动员在抢断球时所要求的最佳唤醒水平就要高于他在罚球时的最佳唤醒水平。图 4-4 显示了不同运动项目或不同任务的倒 U 曲线。

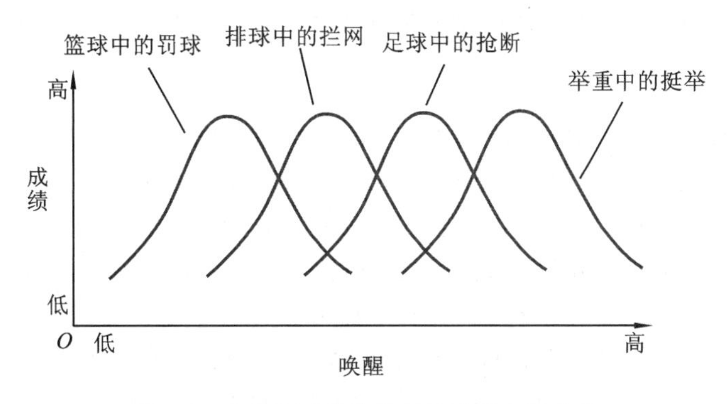

图 4-4　各类运动技能的最佳唤醒水平比较

此外，运动员技能水平的不同会决定其最佳唤醒水平会有明显的不同。对于一个刚从事运动的运动员来说，其最佳唤醒水平比同样情况下的中级或高级运动员的最佳唤醒水平要低一些。在步枪射击竞赛中，当射击选手对这项运动不熟悉时，高度的兴奋可能会使其分心而干扰成绩，使其难以维持在一个固定的目标上。然而，对于一个更有经验的射击选手来说，同样水平的唤醒可能会使其注意力更加集中而有利于射击水平的发挥。图 4-5 显示了这种关系。

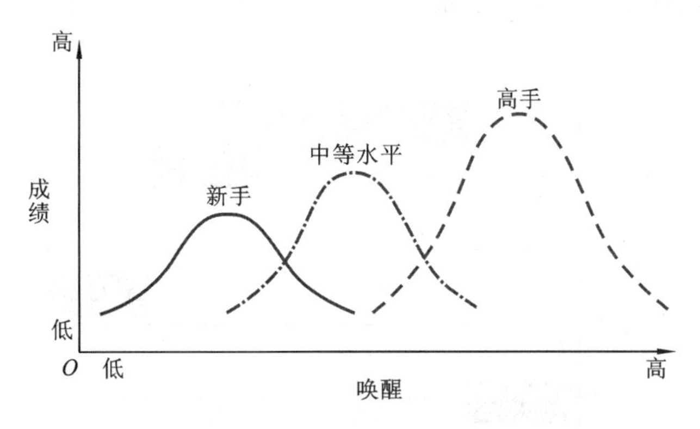

图 4-5　不同技能水平选手的最佳唤醒水平比较

在体育运动领域中，一些研究从不同角度验证了倒 U 型假说。如 Martens 和 Landers（1970）将特质焦虑高、中、低的男子青少年分别置于高、中、低三种不同应激水平的环境下，心率和掌心出汗的生理学测量和问卷调查数据表明，三种不同唤醒水平的确存在。处于不同唤醒水平下的三组被试完成一个追踪任务的成绩总体上验证了倒 U 型假说。具体而言，与高的或低的应激情境相比，中等度的应激环境更有利于操作水平的发挥。在特质焦虑中得分中等的被试比得分低或得分高的被试在完成追踪任务中表现得好。

尽管有相当多的研究支持唤醒与成绩之间倒 U 型假说，但这并不意味着对此就没有异议。尼斯(Neiss,1988)就对倒 U 型假说提出了异议。他认为，首先，倒 U 型假说本身是描述性的而不是解释性的。其次，倒 U 型假说不能被证伪，因为大多数研究本身就存在定义上和方法学上的问题，几乎任何研究结果都能得到解释或将之解释为支持性的证据，因而假设是无法证伪的。再次，即使倒 U 型假说是正确的，以此为依据来解释其实相当复杂的行为表现显然是不充分的。最后，倒 U 型假说妨碍了对个体表现差异的准确理解。

(二) 最佳功能区理论

最佳功能区理论是由苏联心理学家汉宁(1978)提出来的。1975 年，汉宁在受聘为苏联高水平的跳水运动员进行心理咨询时发现，比赛成绩好的跳水运动员在赛前有的表现出高的焦虑水平，而有的表现出低的焦虑水平。这与传统的倒 U 曲线理论假设所有的人都在中等焦虑水平时表现最好的结论不一致。汉宁还发现，不同的运动员在比赛中发挥得好时，他们的赛前焦虑水平并不是完全一样的，具有个体差异。每个运动员都有一个自己的最佳焦虑水平区间。有的运动员的最佳区间可能是较高的焦虑水平，有的可能是中等焦虑水平，还有的可能是低焦虑水平。无论个体的这个区间如何，只要他(她)的赛前焦虑水平位于这个区间内，他(她)在比赛中就能发挥好；反之，如果他(她)的赛前焦虑水平位于这个区间外，他(她)在比赛中就发挥不好。因此，汉宁便将这个区间称为“个人的最佳功能区”(简称 IZOF)。

图 4-6 是 5 个高水平女子划船运动员的个人最佳功能区示意图。从图中可知，与运动员最佳运动表现相联系的状态焦虑水平不是某一具体的最佳值，而是一个范围，即最佳功能区。不同运动员的最佳功能区不完全一样，每个运动员都有一个属于他(她)自己的理想最佳功能区。有的运动员的 IZOF 可能很高，有的运动员的 IZOF 可能较低，有的运动员可能处于两者之间。

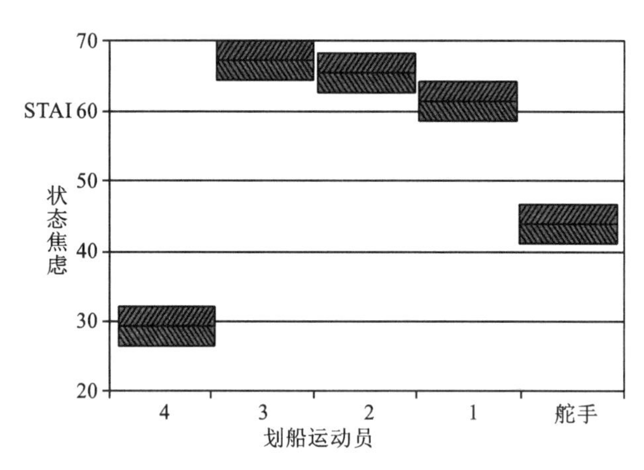

图 4-6　5 个高水平女子划船运动员的 IZOF(Hanin,2003)

(三) 多维焦虑理论

Martens(1982)将测验焦虑的多维理论(1981)移植到体育运动心理学领域，提出了竞赛焦虑的多维性。他认为，竞赛焦虑可分为认知焦虑与躯体焦虑。多维焦虑理论认为这两种不同性质的焦虑对运动表现的影响是不同的。它有两个基本的假设：第一，认知焦虑和运动表现间存在着一种负的线性关系；第二，躯体焦虑与运动表现间的关系符合倒 U 型曲线理论（见图 4-7）。

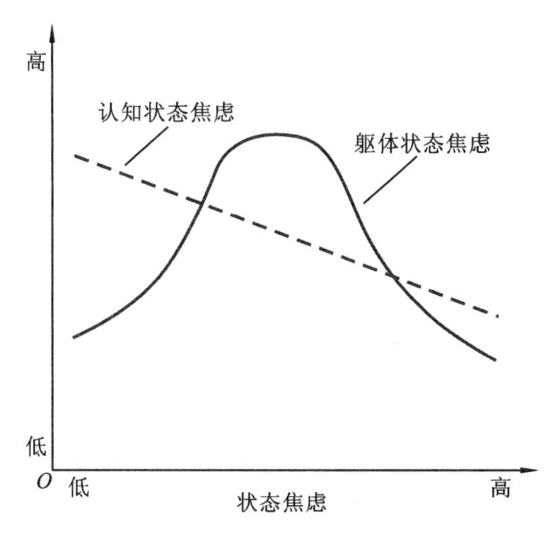

图 4-7　多维焦虑理论假设

此外，Martens 等人(1990)还建议采用一种焦虑随时间演变的研究范式来检验认知焦虑和躯体焦虑对运动表现的不同影响。他们通过测量得到了运动员在赛前 48 小时、24 小时、12 小时、6 小时、1 小时和赛后 24 小时的焦虑得分。结果表明，认知焦虑在赛前保持不变，而躯体焦虑却会在比赛开始前升高（见图 4-8）。

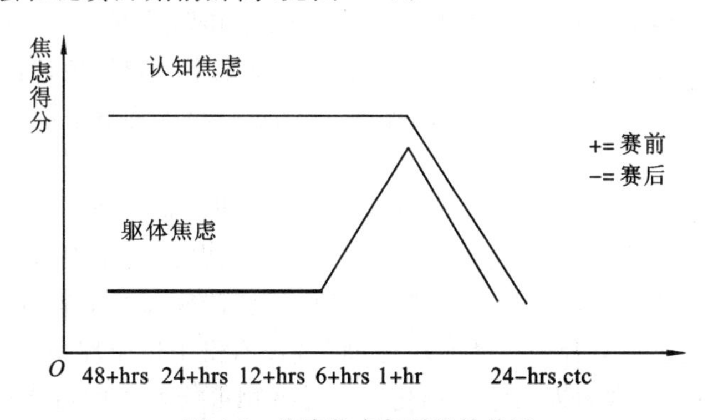

图 4-8　比赛焦虑与时间的关系

这种理论非常具有吸引力，而且也具有很大的潜在的实用价值，但许多研究结果都没有支持这种理论。

多维焦虑理论的一个主要缺点就是该理论假设认知焦虑和躯体焦虑对运动表现的影响是相互独立的。这样在解释中等认知焦虑和中等躯体焦虑对运动表现的影响时，就会出现不一致甚至矛盾的结论。事实上，认知焦虑和躯体焦虑之间存在着一定的关系，它们并不是焦虑的两个独立的成分（Petlichkoff & Gould，1985；Jones，Cale & Kerwin，1988；Krane，

1990)。此外,焦虑随时间演变的研究范式也受到了研究者的质疑(Parfitt,Jones & Hardy,1990)。

三、竞技运动中的情绪调节

竞技运动中的情绪调节主要是通过认知调整与情绪的行为表现和生理反应的调节两条途径来实现的。其中,认知调整采用的是自我对话等一系列认知控制技术,情绪的行为表现和生理反应的调节则主要有放松技术和生物反馈技术等。

(一) 认知控制技术

竞技运动中情绪的认知调节是通过认知控制技术来实现的。它通过改变人的认知过程、认知方式和认知观念来改变不良的情绪和行为。虽然存在各种不同的认知控制技术,但各种技术都以认知取向作为共同的理论基础。情绪的认知理论认为,情绪和行为的产生依赖于个体对情境所做出的认知评价,并认为这些评价受到个体的信念、假设、思维方式等认知因素的影响,不良的情绪来自于个体对情境的不良认知。

心理学中基于情绪的认知理论技术有 A. T. Beck 的认知调节技术和 A. Ellis 的合理情绪技术。他们都认为,每个人都有不合理的认知方式和认知观念,它们导致了不良情绪的产生。情绪调节的关键在于改变不合理的认知方式和信念。

A. T. Beck 归纳出人们在认知过程中有五种常见的认知歪曲形式:①任意的推论——在缺乏充分的证据或证据不够客观和现实的时候,仅凭自己的主观感受便做出草率的结论;②过分概括化——在单一事件的基础上做出关于能力、价值等整体自我品质的普遍性结论,也就是仅从一个具体事例出发就贸然得出规律性结论;③选择性概括——仅仅根据个别、片面的细节而不考虑其他情况就对整个事件下结论;④零和思维方式——对事物的判断和评价极端化,要么全对,要么全错,要么全好,要么全坏,从来不会辩证地评价事物;⑤夸大或缩小倾向——对客观事物的意义做出歪曲的评价,要么过分夸大客观事物的实际后果,要么过分缩小客观事物的实际后果。

A. Ellis 提出了存在于人们思维过程中的大量不合理信念。经过许多学者的总结,这些不合理信念具有三个特征:①绝对化要求——个体从自己的意愿出发,认为某个事物必定应该发生或不应该发生的信念,如“我在比赛中必须获胜”,“教练员不应该对我发脾气”;②过分概括化——以偏概全的不合理的思维方式,如“我没有击中这个球,我真是笨蛋”,“他没有支持队友,是一个品行恶劣的人”;③灾难化——对事物可能发生的后果做灾难化的心理预期,如“在这么多观众面前,我要是表现得不好,那真是一场灾难”。

这些不合理的认知方式和认知观念正是造成人们情绪困扰的根源。因此,要想消除情绪困扰,获得良好的情绪状态,人们就必须阻止、抛弃或改变自己的各种不合理的信念。

在运动中,成功的运动员比不成功的运动员在对待事物的态度上总是更积极、更自信。Bunker、Williams 和 Zinsser(1993)通过总结后认为,集中注意于生活和运动中的积极方面的倾向(即使面临挫折和失败)是成功运动员的标志。

自信的运动员通常具有积极的自我对话、表象和梦想。他们不会为失败或挫折担忧。

当他们成功或失败时，他们不是对自己进行极端性评价，而是切合实际地评价与成功或失败相关联的行为。因此，成功时，他们不会飘飘然，不会把自己看得无所不能；失败时，他们不会自我贬低、自我责备，不会认为自己一无是处。这样，他们就不会有情绪困扰，不会因情绪困扰而妨碍运动表现。

自我对话是对认知进行控制的至关重要的途径。其关键是强调积极认知，而不是进行自我挫败或自我贬损的认知。运动员需要认识到不必要或不合理的想法会影响运动表现。通过积极对话的方式可以消除不必要或不合理的想法，同时形成积极的自我认知，从而提高运动表现。自我对话具有多方面的功用，包括获得技能、改变坏习惯、帮助保持合理的注意集中状态、营造积极的心境状态、控制努力及树立自我效能。自我对话的方式有认知重构、思维阻断和对立思维三种。

认知重构是运用积极的认知方式代替消极的认知方式的方法。它要求运动员学会用积极的观点看待和评价事物。消极的思维方式是运动员认识事物时逐渐形成的，消除它需要经过长期的努力。在认知重构的开始阶段，运动员往往习惯性地采用消极的思维方式评价事物，这时要求运动员一定要有意识地在各种情况下运用积极的思维方式，逐渐使积极的思维方式占据主导地位，最终消除消极的思维方式。认知重构时，需要对消极的思维方式进行分析，找出其中存在的不合理因素或认知缺陷，这样可以使认知重构更有成效。

思维阻断是运用特定的行为和言语阻止和打断消极思维的方法。当出现消极思维时，运动员可以采用言语方式，如发声说出或内心说出“停止”这个词，也可以采用行为方式，如挥手砍去或猛咬手指或使劲掐身体等，来阻断消极思维。运动员应该选择对自己最有效、最方便且干扰最小的方式。Owen(1985)报道了一个有关一名高尔夫运动员运用思维阻断的有趣研究。参加研究的这名高尔夫运动员被要求在打一轮高尔夫前把100个纸夹放入其衣服的一个口袋中。当她头脑中冒出一个消极想法时，她就需要将一个纸夹转移到另一个口袋中。在完成18个球洞后，她得了84分，并且已经转移了87个纸夹。纸夹的数量说明她在那轮比赛中出现了多少个消极想法，纸夹的转移帮助她成功地阻断了这些消极想法。

对立思维是运用客观的事实和严密的逻辑驳斥错误观念的方法。运动员头脑中的消极思想观念往往根深蒂固，仅仅通过简单的否定不足以将其改变，需要运用充足的符合实际的信息和严密的符合逻辑的推理来破坏消极观念赖以存在的思想基础，使运动员自觉地认识到消极观念确实是错误的，必须予以改正。若干消极思维观念及与之对立的积极思维观念的事例见表4-3。

表4-3 若干消极思维观念及与之对立的积极思维观念的事例

消极思维观念	积极思维观念
我不可能击败她，她的投球太厉害了	她投球厉害，但我在击球上花了很大功夫，我肯定能击中
我希望他们不要使用掉了色的球，我打这种球很费力	球的颜色对每个人都一样，我与别人一样优秀

续表

消极思维观念	积极思维观念
我不能承受压力。我将会窒息，这是失败的迹象	任何压力对我都有好处，这是我顶峰表现的前奏
如果我与这个对手比赛，我肯定不会获胜	只要我发挥出水平，即使失败了，天也不会塌下来
裁判很糟糕，我们肯定无法获胜	裁判不能左右比赛，只要尽力而为
她的百米成绩是11.3秒，我不可能战胜她	我在短跑上受过严格的训练，她很可能虚报了成绩
如果我尽力接球，却没接住，我会显得很蠢	只要尽力就无愧于心，一个人不会因为没接住球就变成蠢蛋

（二）放松技术

放松技术是运用一定的暗示语使肌肉得到放松，从而产生一系列显著的生理放松反应，使个体产生平静的心理状态的方法。放松技术可以引起肌肉紧张降低，心率下降，呼吸放慢，以及中枢神经系统的兴奋性降低等生理上的变化。这些变化最终使个体由生理心理的激动状态转变为平静放松状态。

根据生理心理学研究发现，人的情绪状态和生理状态之间存在相互影响的关系。一方面，情绪的紧张或放松可以导致骨骼肌的紧张或放松、呼吸的急促或平和、心率加快或变慢；另一方面，生理的正常或不正常状态也会引起情绪的平静或紊乱。人们心理的紧张导致机体的紧张，机体的紧张反过来又进一步加剧心理的紧张，这种彼此的相互促进使人的紧张状态变得越来越强烈。放松技术就是采用一定的方法使生理的紧张降低，打断它与心理紧张之间的循环恶化，从而使心理得到放松。

放松技术有多种，包括渐进放松、自我引导放松和自生放松等。

1. 渐进放松

渐进放松是由 Edmund Jacobson（1938）提出的放松技术。它是一套经过精心设计，同时又颇费时间的放松程序。虽然，多年来人们已经对它做过相当大的修改。但它的基本原理或程序还是没有什么变化，就是先让接受放松的个体的肌肉产生紧张状态与放松状态，使其用心体会肌肉紧张与肌肉放松的对比，最终学会如何将肌肉紧张状态转变为肌肉放松状态。渐进放松要求病人或运动员采取一种最舒适的姿势，依次让各肌肉群先紧张，然后慢慢放松，以帮助其识别体内的各个肌肉群，区别肌肉的紧张状态和放松状态。放松训练很难掌握，开始学习时，进展缓慢，但训练几个月后，运动员就能在几分钟内唤起放松状态（Nideffer，1981）。下面详细介绍渐进放松的要求和程序。

1）准备工作

渐进放松要求有安静整洁、光线柔和、没有噪音干扰的房间，要求放松诱导的语调轻柔、低沉、平缓，要求放松者采用闭上眼睛、背靠沙发的舒适坐姿。

2）放松诱导语

我现在来教你如何使自己放松，为了做到这一点，我会先让你收缩肌肉，产生紧张，然后放松肌肉。先紧张后放松的目的是为了让你体验什么是放松的感受。因为只有知道了什么是紧张的感受，才能更容易体验出什么是放松的感受，从而学会保持这种感受。现在，我先让你体验一下肌肉紧张的感受。

（训练者握住受训者的手腕，同时告诉他）请用力弯曲你的前臂，与我的拉力形成对抗，同时体验肌肉紧张的感受（持续10秒）。好，请放松，尽量放松，体验与刚才紧张的差别（停顿5秒）。

这就是先紧张后放松的基本用意。下面我将逐个紧张和放松你身上主要的肌肉群，先从双手开始，然后是双臂、脚、下肢，最后是头部和躯干（稍作停顿）。

接下来，请按我的要求去做：深深地吸进一口气，保持一会儿，保持一会儿（持续10秒）。好，请慢慢地把气呼出来，慢慢地，慢慢地（停顿5秒）。现在我们再做一次。深深地吸进一口气，保持一会儿（持续10秒）。好，请慢慢地把气呼出来，慢慢地，慢慢地（停顿5秒）。

现在，伸出你的双手，握紧拳头，用力握紧，尽量用力，注意你手上的紧张感受（停顿10秒）。好，现在请你放开双手，彻底地放松，体验放松后的感受。你可能感到沉重、温暖、轻松，这些都是放松的感受，请仔细体会（停顿5秒）。我们现在再做一次（同上）。

现在，弯曲你的双臂，用力弯曲，尽量使双臂的肌肉感到紧张，保持一会儿，感受双臂的紧张（持续10秒）。好，放松，彻底地放松你的双臂，仔细体会放松后的感受（稍作停顿）。我们现在再做一次（同上）。

现在，开始练习放松双脚（停顿5秒）。好，紧张你的双脚，用脚趾抓紧地面，用力抓紧，使劲用力，保持一会儿（持续10秒）。好，放松，彻底放松你的双脚（稍作停顿）。好，我们再做一次（同上）。

现在，我们放松小腿部位的肌肉（停顿5秒）。请将脚尖用力向上翘，脚跟向下向后紧贴地面，绷紧小腿的肌肉，保持一会儿（持续10秒）。好，放松，彻底放松（稍作停顿）。好，我们再做一次（同上）。

现在，我们放松大腿肌肉（停顿5秒）。请用脚跟向前向下压紧地面，紧张大腿肌肉，保持一会儿（持续10秒）。好，放松，彻底放松（稍作停顿）。好，我们再做一次（同上）。

现在，我们放松头部肌肉（停顿5秒）。请你紧张额头的肌肉，用力皱紧额头，保持一会儿（持续10秒）。好，放松，彻底放松（稍作停顿）。现在，请你用力紧闭双眼，尽量用力，保持一会儿（持续10秒）。好，放松，彻底放松（稍作停顿）。现在，请转动你的眼球，从上到左、到下、到右，加快速度；好，现在反方向转动眼球，加快速度；好，停下来，放松，彻底放松（稍作停顿）。

现在，请你用力咬紧牙齿，用力咬紧，保持一会儿（持续10秒）。好，放松，彻底放松（稍作停顿）。

现在，请用舌头顶住上腭，用力上顶，保持一会儿（持续10秒）。好，放松，彻底放松（稍作停顿）。

现在，请用力把头向后紧靠沙发，用力压紧，保持一会儿（持续10秒）。好，放松，彻底放松（稍作停顿）。现在，向内收紧你的下巴，用力收紧，保持一会儿（持续10秒）。好，放松，彻底放松（稍作停顿）。现在，我们把头部的放松再做一遍（同上）。

现在，我们放松肩部肌肉（停顿5秒）。请你向后扩展双肩，用力向后扩展，保持一会儿（持续10秒）。好，放松，彻底放松（稍作停顿）。好，我们再做一次（同上）。请你向上提起双肩，使双肩接近耳垂，尽量用力上提，保持一会儿（持续10秒）。好，放松，彻底放松（稍作停顿）。好，我们再做一次（同上）。请你向内合紧双肩，用力合紧，保持一会儿（持续10秒）。好，放松，彻底放松（稍作停顿）。好，我们再做一次（同上）。请你向后扩展双肩，用力向后扩展，保持一会儿（持续10秒）。好，放松，彻底放松（稍作停顿）。好，我们再做一次（同上）。

现在，我们放松腰部肌肉（停顿5秒）。请你抬起双腿，向前用力弯腰，保持一会儿（持续10秒）。放松，彻底放松（稍作停顿）。好，我们再做一次（同上）。

现在，我们放松腹部肌肉（停顿5秒）。请你收紧腹肌，用力收紧，保持一会儿（持续10秒）。放松，彻底放松（稍作停顿）。好，我们再做一次（同上）。

现在，我们放松臀部肌肉（停顿5秒）。请你紧张臀部肌肉，上提会阴，用力上提，保持一会儿（持续10秒）。放松，彻底放松（稍作停顿）。我们再做一次（同上）。

休息2分钟，把所有的放松从头再做一遍。

现在，感受你全身的肌肉，从下到上，使每一组肌肉都处于放松状态。（慢慢地）你的脚趾放松了，脚放松了，小腿放松了，大腿放松了，臀部放松了，腰部放松了，腹部放松了，胸部放松了，双手放松了，双臂放松了，肩部放松了，脖子放松了，下巴放松了，眼睛放松了，额头放松了，全身都放松了（持续10秒）。

现在，深吸一口气，将放松状态保持2分钟（停2分钟）。

现在，我将从一数到五，当数到五时，请睁开眼睛，你感到平静安详，精神焕发，充满活力。（慢慢地）一、你感到平静；二、你感到非常平静；三、你感到精神焕发；四、你感到活力充沛；五、请睁开眼睛。

3）注意事项

第一次放松时，最好有熟练者示范，并且示范者应该进行口头诱导。这样做有利于为练习者提供及时、有效的指导。

练习者掌握放松要领后，可以通过录音录像方式对其进行放松诱导。

每天练习1～2次，每次15分钟。长期坚持，效果才会明显。

对始终没有明显效果的练习者，可以采用生物反馈训练作为辅助手段。

2. 自我引导放松

自我引导放松是渐进放松的简化程序（姚家新，1995）。运动员在进行自我引导放松时，一边缓慢地、轻松地呼吸，一边通过自我引导在视觉上展现紧张流出体外的形象，逐渐放松身体的各个肌肉群。

自我引导放松的目的就是要减少完全放松整个身体所需的时间。在开始的时候，运动员可能需要花10分钟的时间来完成所有的暗示引导，经过练习后，完成所有暗示引导所需的时间会越来越少，而运动员放松的程度会越来越高。在放松每个肌肉群时，运动员应该用较少的自我引导语，把有些肌肉群联合起来，这样实际上就只需要几秒钟的时间就可以使身体完全放松。

自我引导放松的程序与要求跟渐进放松的程序与要求基本一致。但它比渐进放松所需的时间短，因而对采用这种方法的运动员有更高的要求，即它只适合那些容易集中注意力，并且能够非常清晰地意识到自己身体的紧张状态与放松状态之间区别的运动员。对不能很好地集中注意力，或无法在意识上区分紧张状态和放松状态的运动员，自我引导放松不是一个好的选择，渐进放松才是他们能取得更良好效果的方法。

下面给出的是自我引导放松的练习脚本。

深深地吸气，慢慢地呼气。在头脑中想象放松……深深地吸气……慢慢地呼气……深深地吸气……慢慢地呼气……

现在，将你的注意力集中到你的头部，体会额头上的紧张……好，放松……深深地吸气……慢慢地呼气……越来越放松……越来越放松……

现在，体会你的面部肌肉的紧张……好，放松……深深地吸气……慢慢地呼气……越来越放松……越来越放松……

现在，体会你的双臂和双手的紧张……好，放松……深深地吸气……慢慢地呼气……越来越放松……越来越放松……

现在，体会你的胸部和背部的紧张……好，放松……深深地吸气……慢慢地呼气……越来越放松……越来越放松……

现在，体会你的面部肌肉的紧张……好，放松……深深地吸气……慢慢地呼气……越来越放松……越来越放松……

现在，体会你的腹部和腰部的紧张……好，放松……深深地吸气……慢慢地呼气……越来越放松……越来越放松……

现在，体会你的臀部肌肉的紧张……好，放松……深深地吸气……慢慢地呼气……越来越放松……越来越放松……

现在，体会你的双腿和双脚的紧张……好，放松……深深地吸气……慢慢地呼气……越来越放松……越来越放松……

现在，放松你整个身体。从下到上，使每一组肌肉都处于放松状态。（慢慢地）你的脚趾放松了，脚放松了，小腿放松了，大腿放松了，臀部放松了，腰部放松了，腹部放松了，胸部放松了，双手放松了，双臂放松了，肩部放松了，脖子放松了，下巴放松了，眼睛放松了，额头放松了，全身都放松了。深深地吸气……慢慢地呼气……越来越放松……越来越放松……完全放松。

3. 自生放松

自生放松是德国精神病学家舒尔茨通过对印度瑜伽术的暗示法进行改造，于20世纪30年代创立的一种放松技术。它主要通过个体自我的言语暗示引起想象，试图让身体产生温暖感、沉重感和平静感，从而使个体学会有意识地控制身体的自主机能，如心跳和新陈代谢等。这种技术最初运用于与紧张和压抑有关的疾病治疗中，获得了显著的疗效，后来有人运用这种方法训练舞蹈演员和运动员，也获得了巨大的成功。掌握这种技术的人能够很容易使自己进入放松机敏的状态。这是一种很有价值的放松技术。下面是自生放松技术的要求和程序。

1）准备工作

自生放松需要在安静整洁、光线柔和、没有噪音干扰的房间里进行，放松者需要闭上眼睛，身体保持最舒适的姿势，采取缓慢、柔和的深呼吸，呼气时间是吸气时间的两倍。

2）自我暗示语

我感到很平静。

我感到很放松。

我的双脚开始感到沉重，越来越沉重，沉重极了。我的小腿开始感到沉重，越来越沉重，沉重极了。我的大腿开始感到沉重，越来越沉重，沉重极了。我的臀部开始感到沉重，越来越沉重，沉重极了。我的整个下肢感到沉重极了。

我的腹部开始感到沉重，越来越沉重，沉重极了。我的腰部开始感到沉重，越来越沉重，沉重极了。我的胸部开始感到沉重，越来越沉重，沉重极了。我的背部开始感到沉重，越来越沉重，沉重极了。我的整个躯干感到沉重极了。

我的双手开始感到沉重，越来越沉重，沉重极了。我的双臂开始感到沉重，越来越沉重，沉重极了。我的双肩开始感到沉重，越来越沉重，沉重极了。我的整个上肢感到沉重极了。

我的脖子开始感到沉重，越来越沉重，沉重极了。我的下巴开始感到沉重，越来越沉重，沉重极了。我的额头开始感到沉重，越来越沉重，沉重极了。我的整个头部感到沉重极了。

我的整个身体都感到沉重极了。

我的呼吸越来越缓慢，我的心跳越来越平缓，我感到越来越平静，越来越放松。

一股暖流流进了我的双脚，我的双脚感到温暖、放松。暖流流到了我的小腿，我的小腿感到温暖、放松。暖流流到了我的大腿，我的大腿感到温暖、放松。暖流流到了我的臀部，我的臀部感到温暖、放松。

暖流流到了我的腹部，我的腹部感到温暖、放松。暖流流到了我的腰部，我的腰部感到温暖、放松。暖流流到了我的胸部，我的胸部感到温暖、放松。暖流流到了我的背部，我的背部感到温暖、放松。

一股暖流流进了我的双手，我的双手感到温暖、放松。暖流流到了我的双臂，我的双臂感到温暖、放松。暖流流到了我的双肩，我的双肩感到温暖、放松。

暖流流到了我的脖子，我的脖子感到温暖、放松。暖流流到了我的下巴，我的下巴感到温暖、放松。暖流流到了我的额头，我的额头感到温暖、放松。

暖流流遍了我的全身，我的身体都是暖洋洋的，我感到舒服极了，放松极了。

保持这种状态，保持，保持。保持两分钟。

深深地吸一口气，慢慢地睁开眼睛，我感到全身放松，充满活力。

（三）生物反馈技术

生物反馈技术是利用现代化的仪器（生物反馈仪），将受训者的身体内部的生理活动状况的信息显示给受训者，使受训者学会将异常的生理变化调控为适宜状态，从而取得调节情绪的效果的一种技术。目前，生物反馈仪可以提供给受训者的生理信息主要有脑电、肌电、皮电、皮温、血压、心率等。

生物反馈技术具有调节人的情绪状态、消除过分紧张、改善机体的生理机能的作用。对运动员而言，它还有提高感知能力、促进运动技能学习的作用。对采用放松技术无法取得效果的个体，生物反馈技术能够使其成功放松。

生物反馈技术是操作性学习技术中最普遍的一种干预技术，在实验心理学文献中常被称为“自主行为的工具性调节”。生物反馈技术最早可以追溯到1978年（美国洛克菲勒大学的Neal Miller）。在此之前，人们一般认为操作性学习技术只限于躯体可以控制的反应，不能作用于由植物性神经系统控制的自主反应，Neal Miller和他的同事发现在各种实验条件下，动物都能学会控制其心率、消化功能、唾液分泌及其他的内部反应过程。很快，人们就将这种技术应用到医疗和体育运动中，以对病人和运动员实施自主机能的干预。

在运动中，生物反馈技术的应用主要体现在运动员应激处理、运动损伤康复和运动成绩的提高这三个方面（Sandweiss & Wolf，1985）。生物反馈技术常采用皮温、皮电、肌电三种反馈方式实施训练。

在实施生物反馈训练之前，施训者和受训者都应该注意有效应用该技术的前提条件。第一，受训的运动员要认识生物反馈技术的价值和重要性，这是生物反馈技术能否产生效果的至关重要的条件。只有运动员认识到生物反馈技术对他有帮助，值得去接受这种技术的干预，他才会认真地按照要求去做。第二，施训者应该耐心细致地向运动员讲解生物反馈技术的基本原理和作用机制，使运动员自觉接受干预，同时注意消除运动员对干预的畏难心理。

生物反馈技术实施的程序和要求如下。

（1）环境要求：安静、无干扰的房间。

（2）施训者向运动员介绍生物反馈仪，并向他解释生物反馈仪的使用方法。

（3）施训者向运动员示范如何运用内心意念改变生理状态。

（4）测量运动员在正常放松状态下生理参数的基础值，并要求他记住这些参数，以及这些参数在生物反馈仪上的刻度位置。

（5）使运动员进入紧张状态，要求他注意仪器上紧张状态的生理参数，并与放松状态的生理参数相比较，指导他用想象、内心意念等方法将紧张状态的生理参数逐渐变为放松状态的生理参数。

（6）生物反馈训练需要持之以恒才能取得明显的效果，最初训练时效果往往不会很明显，运动员容易气馁，这时，施训者需要给运动员鼓励。

第三节　健身运动的情绪效应

由于生产力的发展，在现代社会中，越来越少的人进行身体活动，由此带来一系列的健康问题，于是人们开始热衷健身运动，希望从中获益。这种现象引发了学者们研究与健身运动有关的心理学问题的热情，大量研究成果得以积累，从而成就了健身运动心理学，即锻炼心理学。在健身运动心理学若干个研究内容之中都有健身运动与情绪的关系，涉及健身运动的情绪效益和负效应两个方面。

一、健身运动的含义

健身运动是健身运动心理学的关键性概念，但不管是专业人士还是业余人士，都经常将它与身体活动和体适能相混淆。卡斯帕森等人(1985)指出，这三个术语的实际意义并不相同，应当加以区别。

身体活动是指任何由骨骼肌的活动所产生的，能够导致能量消耗的身体动作。它通常以一个单位时间消耗的热量(卡路里)来测定。身体活动的种类包括睡眠、职业活动、交通往来和闲暇活动。其中，闲暇活动的类型涵盖了家庭活动、其他家务杂事、娱乐性体育运动及训练行为(如健身运动)。

健身运动是身体活动的下位概念，指的是以提高和保持身体体质为目的的有计划、有组织、重复进行的身体运动，也叫身体锻炼、体育锻炼、锻炼。健身活动的形式可分为急性和慢性两种。急性的锻炼是指一次的、相对较短回合的锻炼；慢性的锻炼指的是长期重复进行的，通常为一周几次的持续时间长短不一的锻炼。锻炼学家通常会从强度、频次和持续时间这几个方面来对健身活动进行描述(Bouchard & Shephard，1994)。

体适能指的是能够成功应对当前的或潜在的生活中身体方面挑战的能力，是人们已具备的或习得的一系列与完成身体活动能力相关的体质特征。其中，与健康有关的身体体质包括心肺耐力，肌肉的力量、耐力和柔韧性，以及身体成分。当前，这些体质概念已经扩展到了新陈代谢方面的指标，例如，血脂、葡萄糖容忍度等。而与技能相关的身体体质成分则指的是柔韧性、平衡性、协调性、速度、力量和反应时。

二、健身运动的情绪效益

健身运动心理学的研究显示，个体从事健身运动可以带来短期情绪效益和长期情绪效益。健身的短期情绪效益是指个体参加短期健身运动后所发生的情绪的积极变化；长期情绪效益是指个体长期参加健身运动所带来的情绪的积极变化。Cox(1998)将短期身体锻炼解释为持续时间短，每次大约为30分钟且次数不连续的身体锻炼；将长期身体锻炼解释为时间跨度很长，每天都从事或者是有规律地从事的体育锻炼。

(一) 短期情绪效益

1. 改善心境

目前，心境效应是在锻炼心理学领域内被研究得最广泛的课题之一。研究的结果大多表明，一次性身体活动可以改善参加者的心境状态。比如：Weinberg等人(1988)的研究表明，30分钟的跑步可以使参加者在疲劳、愤怒、紧张、慌乱、压抑这五个负性维度上的得分下降，在精力感这一正性维度上的得分提高；Thayer(1987)甚至认为，5分钟的步行也有助于心境状态的改善。我国也有不少学者在这方面进行了许多研究。姒刚彦等人是我国最早利用心境量表(BFS)来研究锻炼者心境改变的学者，他们对老年人的一项研究(姒刚彦，黄志剑等,1995)表明,锻炼者在锻炼后心境有了明显的改善。其后人们的进一步研究得出了类似的结论(邢建辉,1996;秦刚,1999)。

有关心境的测量工具主要有两种:一种是 POMS,另一种是 BFS。锻炼心理学领域有关心境的研究迄今为止大多都是利用 POMS 来进行的。和 POMS 相比,BFS 虽然出现较晚,但它在测量心境时却有着 POMS 所缺乏的长处,主要表现在:BFS 将心境划分为激活性和评价性两个维度,可以对心境的改变做出准确的评价,而 POMS 没有两个维度的划分。有关心境的研究得出的结论主要是关于缓解紧张、抑郁等方面的结论,有关心境的研究难以分析心境改善方面的效果(黄志剑,姒刚彦,1995)。

2. 降低焦虑水平

焦虑是一种因当前或预计的潜在威胁而产生的恐惧和不安的情绪状态。焦虑可分为状态焦虑和特质焦虑两种。由于特质焦虑比较稳定,并非一两次身体活动可以改变的,因此身体活动所引起的焦虑水平的下降,一般都是针对状态焦虑而言的。

虽然有关一次性身体活动与状态焦虑之间的关系的研究很多,但得出的结论却很不一致。身体活动能否引起状态焦虑水平的变化似乎与锻炼的强度有很大的关系,一些研究者(Morgan,1985;Berger & Owen,1983)认为,身体活动可以降低状态焦虑水平;一些研究者(Steptoe & Cox,1988)认为,身体活动可能会增加状态焦虑水平;还有一些人(Berger & Owen,1986,1988;Ewing et al,1984)认为,身体活动不会引起状态焦虑水平的变化。Morgan(1987)的一系列的研究表明,只有以至少为最大心率的 70%的强度进行的锻炼才会降低状态焦虑水平。

Weinberg 和 Gould(1995)将这方面的研究结果总结如下。

(1) 有氧锻炼比无氧锻炼更能引起状态焦虑水平较为持续的下降。

(2) 锻炼后,状态焦虑水平的下降可能并非由身体活动引起,而是由从日常的应激和紧张的工作中得到了暂时的休息所致。

(3) 以最大心率的 70%以上作为锻炼的强度会引起锻炼后状态焦虑水平最大幅度的下降。

(4) 状态焦虑水平在锻炼后 24 小时之内会恢复到锻炼前。

(5) 锻炼可以降低肌肉的紧张。

3. 形成良好的情绪体验

一些研究表明,一些身体活动者在活动过程中会获得诸如流畅体验和跑步者高潮之类的良好情绪体验。

流畅体验是一种理想的内部状态。个体处于流畅状态时,注意力会集中于有限的刺激范围、短时间的感受,忘记个人的问题,有控制感和能力感,并与周围环境融为一体。Jackson 等人(1996)认为,流畅体验作为一个概念,浓缩了锻炼参与者最优化的心理状态,它是任何水平的锻炼参与者所追求的状态。

跑步者高潮是许多跑步者在跑步过程中一种共同的情绪体验。Sachs(1984)将其定义为"跑步过程中一种异常欣快的情绪体验,通常是事先没有预料到的。处于这种状态时,跑步者会感到一种良好身心状态,自身与情境融为一体,身体轻松,忘却自我,充满活力,超越时空障碍。”

在一项定性化的研究当中，Sachs(1980)组织60名有规律地从事跑步的锻炼者来探讨什么样的条件(跑步者自身内部条件和外部环境)更有利于跑步者高潮的形成。这些参与探讨的锻炼者都认为，跑步者高潮是不能被可靠地预测到的，但在干扰很小、天气凉爽、平静且湿度很低的条件下更容易形成。同时，出现跑步者高潮需要跑一段距离(6英里(1英里≈1.61千米)或更远)和在舒适的跑道上至少跑30分钟。据跑步者描述，他们处于跑步者高潮时的心境是一种很积极的心理状态，有一种良好的情绪体验，他们异常欣快，放松并且毫不费力。这60名参加探讨的锻炼者中有77%的人都报告至少体验过几次跑步者高潮，有33%的人认为在他们有规律的跑步过程中，有30%的时间里会体验到跑步者高潮。

(二) 长期情绪效益

1. 降低抑郁

抑郁是一种比紧张、焦虑更深层的复合性的负性情绪，临床症状表现为悲观、悲伤、失助感、低自尊和绝望(Dishman，1986)，以及轻微疲劳、易怒、优柔寡断和交往回避(Sime，1984)。对老年人而言，抑郁或许是最重要的心理健康问题。

曾经有人(Morgan，Roberts，Brand，Feinerman，1970)做过这样一个实验来验证体育锻炼对抑郁的影响：选取几组中年男性被试进行6周各种不同项目的训练(如小跑、游泳、自行车等)，另外选取一组6周不进行任何锻炼的被试作为对照组。通过比较发现，无论是实验组的被试，还是对照组的被试，如果他们在实验前没有临床抑郁的病史，其抑郁水平就没有改变。然而，11名在实验前有明显抑郁症状的被试在实验后体验到了抑郁水平的下降。另外，一些研究也证明，锻炼有助于降低抑郁患者的抑郁水平。

还有人(Griest，Klein，Eischens & Faris，1978)做过这样一项实验。将一些有抑郁症状的被试随机分到下列三组中去：①跑步组；②限时的心理治疗组；③不限时的心理治疗组。跑步组的被试进行每次45分钟，每周3次的单独跑步治疗；限时心理治疗组的被试同样进行10分钟为一个单元的单独治疗；不限时的心理治疗组的被试进行不限时的心理治疗。10周之后发现，和另两组相比，跑步组的被试的抑郁得分明显下降。

根据有关这方面的研究，可以简单地做如下总结(Weinberg & Gould，1995)。

(1) 正规的锻炼与抑郁的长期下降有关。

(2) 锻炼单元的总次数越多，抑郁水平下降得越多。

(3) 锻炼强度与抑郁的变化没有关系。

(4) 锻炼项目用时越长，抑郁降低越明显。

(5) 每周锻炼的总次数与抑郁的变化没有关系。

值得注意的一点是，所有有关抑郁的研究都是针对有抑郁症状的被试进行的，针对正常人的研究较少，这可能是因为正常人抑郁水平本身较低，体育锻炼难以使其再降低的缘故。

2. 减少焦虑

有关长期身体活动与焦虑之间的关系，也有学者在这方面做了许多的研究。研究中的身体活动主要是那些每周2～4次锻炼、持续2～4个月的锻炼。

有两项研究(Long,1984;Long 和 Haney,1988)比较了不同的焦虑降低技巧:以应激免疫和渐进放松作为干预手段来对被试的焦虑水平进行干预与以慢跑作为干预手段来对被试的焦虑水平进行干预,结果两项研究都发现,所有的被试在整个干预期间状态焦虑都呈下降趋势,而且在干预后接下来的 15 周内,被试的焦虑水平都会基本维持在干预后的水平。

有关的元分析(Petruzzello,et al. ,1991)也表明:①身体活动量必须长于 20 分钟,才能有效地降低焦虑;②渐进放松同身体锻炼一样可以有效地降低状态焦虑;③身体锻炼比渐进放松更能有效地降低特质焦虑;④无氧练习不能降低焦虑;⑤长期的有氧练习和一次性的有氧练习均可有效地降低状态焦虑;⑥身体锻炼必须坚持 10 周以上才能有效地降低特质焦虑。

三、健身不当的负效应

健身不仅会产生积极情绪效应,也可能产生消极情绪效应。遵循身体活动规律的健身者可取得良好的情绪效益。如果健身不当或进行健身的方法不科学,健身者就有可能产生许多消极情绪效应。健身运动心理学不仅研究锻炼的积极效应,而且关注健身不当的负效应。目前,关于健身不当的负效应的研究更多地集中于健身倦怠和健身成瘾这两个方面的问题。

(一) 健身倦怠

健身倦怠是个体在应对健身压力的过程中的努力多次不成功所导致的一种心理能量耗尽的心理生理反应(Silva,1990)。它不仅会影响锻炼者的身心健康,还会直接导致锻炼者退出锻炼,应该引起人们足够的重视。健身倦怠可以通过表 4-4 所列的症状来进行鉴别。

表 4-4 健身倦怠的生理及心理症状(引译自 Cox,1998)

生理症状	心理症状
①安静与锻炼时,心率增高;	①心境状态紊乱增多;
②安静时,收缩压增高;	②身体、精神和情绪的精疲力竭感增加;
③肌肉疼痛增加和长期肌肉疲劳;	③自尊心下降;
④血液中的应激生化指标增高;	④处理人际关系方面的消极变化(玩世不恭、冷酷无情、人格失调);
⑤失眠;	
⑥感冒和呼吸道疾病增加;	⑤对日常应激负性反应增多
⑦体重减轻;	
⑧最大有氧功率下降;	
⑨肌糖原减少;	
⑩性欲与消化功能下降	

(二) 健身成瘾

健身成瘾是指锻炼者对有规律的锻炼生活的一种心理和/或生理依赖,其特征是锻炼者在离开锻炼24～36小时之后会出现一些戒断症状(Sachs,1981)。这些症状以不良的情绪反应为主,大都与终止运动有关,包括焦虑、愤怒、自责、肌肉痉挛、膨胀感及神经质。健身成瘾有积极健身成瘾和消极健身成瘾两种。积极健身成瘾的人能够控制锻炼行为,而消极健身成瘾的人则反受锻炼行为的控制(Anshel,1991;Sachs,1981)。

Glasser(1976)认为,积极健身成瘾,比如跑步和冥想可以增强锻炼者的心理力量,提高他们的生活满意感。积极健身成瘾意味着一个人长期坚持着有规律的身体活动,并从中获得许多的心理效益或生理效益。有积极健身成瘾的人将健身视为他们生活当中很重要的一部分,并且能够成功地处理健身与生活中的其他事情(比如工作、家庭)的关系。

Glasser(1976)提出过跑步积极成瘾的标准:①活动是非竞争性的和自己选择的活动,每天从事一个小时;②活动只需很少的技能和精神努力;③活动时不依赖于他人,可最大限度地独立进行;④从事活动者相信活动具有价值;⑤从事活动者相信支持活动会使某种技能提高;⑥从事活动后不会带来自我批评。

Morgan(1979)认为,对于消极健身成瘾的人来讲,锻炼可以控制他们的生活。他们的生活以锻炼为中心,同时他们拒绝考虑生活中的其他事情,比如说,工作、家庭责任和人际交往等。他们需要每天参加身体锻炼,并觉得离开了身体锻炼每天就不能正常生活,一旦休息就会出现一些停训症状,即使这种身体锻炼是医学、职业和社会所禁忌的。

消极健身成瘾发展的高峰是锻炼依赖性,它是指锻炼者对身体活动产生了类似于对酒精、药物和赌博般的精神依赖并难以摆脱。诊断锻炼依赖性的标准是(Weinberg & Gould,1995):①锻炼模式单一,有刻板固定的时间表;②个体为保证锻炼的模式把锻炼放在优先的地位;③对大运动量的承受力逐步增加;④锻炼一旦停止,便会产生与停训症状相关的心境紊乱;⑤一旦恢复锻炼,停训症状消失;⑥有必须运动的主观意识;⑦一段时间的节制之后会迅速恢复以前的锻炼模式且戒断症状消失。

锻炼依赖性不能算是一种强迫症状,因为个体主观上并未想摆脱。女子出于健美、减肥等目的的身体活动是否容易形成锻炼依赖性,目前未见有研究报告。另外,西方人有寻求新颖、刺激、冒险、显示能力和成为最佳的心理倾向,这种心理倾向在身体活动中是否会发展为变态,也未见这方面的研究报告。也许正是西方文化背景的特点,这类心理倾向并不列为变态现象(任未多,1997)。

【拓展阅读】

情绪实验

这里要介绍的情绪实验由心理学家沙赫特和辛格所做。他们的实验显示,情绪的产生受到环境事件、生理唤醒和认知解释这三重因素的共同影响。

一、实验背景

长久以来,研究者们孜孜不倦地探讨着情绪产生的影响因素。

1884 年，詹姆斯和兰格提出情绪发生依赖于能引起个体生理反应的刺激，即刺激引起生理反应，而生理反应引起情绪，生理反应是情绪产生的直接原因。

坎农更进一步指出，这种生理反应就是刺激所引起的神经冲动向丘脑部位的传递。巴德则验证了丘脑在情绪产生中的作用。

随着情绪研究的进展，越来越多的研究者逐渐重视认知过程或环境对情绪产生的作用。20 世纪 50 年代，美国心理学家阿诺德提出对外部环境的认知评价是情绪产生的直接原因，认知评价作用产生于有机体生理反应、情绪体验和采取某种行动之前。而以伊扎德为代表的研究者则认为情绪是在适应环境的过程中逐步发生的，环境因素十分复杂，因此任一情绪体验的产生都可能是由环境中的不同因素引起的。

这些各执一端又莫衷一是的争论使得沙赫特和辛格萌生了通过实验来确定孰是孰非的想法。他们在实验中综合考察生理、认知和环境三个方面对情绪产生的作用。

二、实验过程

第一步：实验者告知所有被试他们均将接受一种维生素类新药“Suproxin”的注射实验，目的是检验新药对视力的影响。

第二步：给所有被试注射肾上腺素，使他们处于生理唤醒状态——这是为了使所有被试的生理唤醒状态相同。

第三步：将所有被试分成三组，由实验者分别向三组被试做出三种不同的说明来解释这种药物可能引起的反应，以诱使三组被试对自己的生理状态做出不同的认知解释。

(1) 第一组为获知真实信息组：被试获知的是注射肾上腺素的真实效果。实验者告诉这组被试，在注射药物后将会产生心悸、手抖、脸发烧等反应。

(2) 第二组为获知虚假信息组：被试获知的是注射肾上腺素的虚假效果。实验者告诉这组被试，注射药物后将会产生双脚麻木、发痒和头痛等反应。

(3) 第三组为没有获知信息组：被试没有获知注射肾上腺素的效果。实验者告诉这组被试，注射的药物是温和无害的，而且没有任何副作用。

第四步：将所有三组被试又分成两半，分别被带入实验设置的愉快情境与愤怒情境。被带入愉快情境的那一半被试能够看到小丑们的滑稽表演，被带入愤怒情境的另一半被试则需要被迫回答烦琐的问题，并被实验助手横加指责，以使不同被试处在不同的环境中。

第五步：实验者观察在两种不同环境下各组被试的情绪反应。

三、实验结果

可以预测：如果情绪是由刺激引起的生理唤醒状态单独决定的，那么三组被试应该产生一样的情绪反应，因为实验中他们的生理唤醒状态都是一样的；如果情绪是由环境因素单独决定的，那么被带入愉快情境的被试会感到愉快，被带入愤怒情境的被试则会产生愤怒。

实验的真实结果：第一组被试在两种情境中都表现得比较冷静，第二组被试和第三组被试在愉快情境中表现出愉快的情绪，在愤怒情境中表现出愤怒的情绪，并且第二组被试的情绪反应强度要大于第三组被试的情绪反应强度。

沙赫特和辛格是这样解释实验结果的：由于第一组被试在被带入实验情境前已经正确获知了生理反应的真实信息，他们不会将自己的生理反应归为环境的作用，因而没有产生特定的情绪反应；第二组被试和第三组被试在被带入实验情境前获知生理反应的错误信息，使得他们都将自己的生理反应的原因归为环境的作用，因而产生与情境一致的情绪反应；并且由于第二组被试预期的生理反应与实际的生理反应之间的落差要大于第三组被试的，因而其情绪反应的强度也较大。

据此，沙赫特和辛格推论情绪是认知解释、生理唤醒和环境事件共同作用的结果，并且认知解释对情绪的产生起关键作用。

【本章小结】

情绪是由欲求满足的情势所引发的身心激动状态。欲求满足引发积极情绪，欲求不满足引发消极情绪。欲求满足的多样性、矛盾性决定所引发情绪的复杂性。欲求的满足取决于内心的欲求规范与内心如何评价事物与欲求的关系。

情绪的成分包括认知层面上的主观体验、生理层面上的生理唤醒、行为层面上的情绪表现。

情绪体验是在情绪发生时我们体验到的主观感受。它是情绪的核心成分。情绪体验不存在着性质和强度的差异。心境是弥散的、微弱的情绪体验；激情是爆发的、强烈的情绪体验。

情绪的生理唤醒是情绪发生时人体外周生理器官和组织所发生的一系列变化，它们是由自主神经系统来调控的。

情绪的行为表现是指能够表现出个人的情绪性质和强度的外部行为形式，简称为表情。表情是表达情绪状态的身体符号。每个人在每种情绪下都会呈现出独特的、稳定的动作模式。表情包括面部表情、姿态表情和声调表情。

唤醒是机体的一种普遍的生理和心理激活状态。生理唤醒是机体的所有器官和组织的生理激活水平；心理唤醒是个体对自己身心激活状态的一种主观体验和认知评价。心理唤醒与生理唤醒是相互联系又相互区别的关系。

焦虑是人们预感到不利情境的出现而产生的一种担忧、紧张、不安、恐惧、不愉快等的综合情绪体验。Spielberger(1966)将焦虑分为状态焦虑和特质焦虑两种。状态焦虑是由特定情境引发的暂时性焦虑，表现为忧虑、恐慌、心神不宁等心理体验及相应的生理反应和行为反应。特质焦虑是人格上的焦虑倾向。Martens 等人提出了竞赛特质焦虑和竞赛状态焦虑的概念。

两个唤醒的理论模型论述了唤醒与焦虑的关系，一个是 Gould 和 Krane(1992)的心理唤醒的概念模型，另一个是漆昌柱等人(2001)的心理唤醒的强度-方向模型。

情绪与运动表现关系的理论有倒 U 曲线理论、最佳功能区理论、多维焦虑理论。

竞技运动中的情绪调节主要是通过认知调整与情绪的行为表现和生理反应的调节两条途径来实现的。其中，认知调整采用的是认知重构、思维阻断、对立思维等自我对话的一系列认知控制技术；情绪的行为表现和生理反应的调节则主要有渐进放松、自我引导放松和自生放松等身体放松调节与生物反馈等技术。

健身运动的情绪效应包括情绪效益和负效应两个方面。情绪效益有改善心境、降低焦虑水平、形成良好的情绪体验等短期效益与降低抑郁、减少焦虑等长期效益。情绪的负效应有健身倦怠和健身成瘾两种。

【思考题】

1. 什么是情绪？它与欲求是什么关系？
2. 情绪的成分有哪些？它们在情绪中分别起什么作用？
3. 什么是唤醒、生理唤醒、心理唤醒？它们是什么关系？
4. 什么是焦虑？焦虑的分类是怎样的？运动焦虑包括哪些？
5. 唤醒与焦虑是什么关系？
6. 情绪与运动表现的关系的理论有哪些？
7. 健身运动的情绪效应有哪些？

【推荐阅读文献】

[1] 张春兴.现代心理学[M].上海：上海人民出版社，1998.
[2] 张力为，任未多.体育运动心理学研究进展[M].北京：高等教育出版社，2001.

第五章　动机与体育运动

教学目的

(1) 掌握动机的定义及其产生条件，了解动机的特性、功能及其种类。

(2) 理解动机理论及其在体育运动中的应用。

重要概念

动机、诱因、需要、外部动机、内部动机、正强化、负强化、自我实现、高峰体验、成就动机、学习目标、表现目标、自我效能、归因。

第一节　动机概述

一、动机的基本特性

如果把人类的行为看作是“做什么”，那么动机就是“为什么做”。通过探寻人类行为背后的根源，我们可以实现对行为的理解、预测和控制。动机是一个非常广泛、十分复杂的心理现象。因此，人们对动机这一术语的建构和定义有着各种各样的看法。西方心理学文献中的动机一词来源于拉丁文“movere”，其原义是移动、推动或者是引起活动。学者们常使用术语“motive”来表达自己或他人行为产生背后的原因或心理动力，而使用术语“motivation”描述人们行为产生、指向及维持的心理过程，在中文中，二者都被译作动机。《简明不列颠百科全书》中认为动机是“为实现一个特定目的而行动的原因”。Houston 认为“动机是启动和指导行为的因素，以及决定行为的强度和持久性的东西。”林传鼎和张厚粲认为“动机是一种由需要所推动的、达到一定目标的行为动力，它起着激起、调节、维持和停止行动的作用。”总的来说，动机是指一种由目标或对象引起、支配和维持个体活动的内在心理过程或内部动力。

学者通常以人们参与的具体活动来命名其背后的动机，譬如学习动机、运动动机，等等。在竞技场上，优秀运动员为了实现年少时的梦想，百折不挠，最终达到运动生涯的顶峰；在体育课中，学生为了学会老师传授的动作，刻苦练习，运动技术日益提高；在健身馆中，健美者为了追求完美体形，每天坚持科学膳食和锻炼，最后拥有了匀称健美的身体。“是什么样的力量激发了运动员的行为，并使之朝向目标，持之以恒?”“是什么样的原因支配着体育爱好者克服重重困难，为了实现目标不断地调整自己的锻炼行为?”这些都是运动动机的问题。所谓运动动机是指，人们为了实现理想目标而启动、调整并维持运动训练、比赛及体育锻炼行为活动的心理过程或心理动力。它是推动个体参与运动训练与身体锻炼活动的内部动因。而个体在运动训练与身体锻炼过程中所表现出来的行为上的努力和坚持就是他们运动动机的外在表现。

动机的产生取决于两个条件：一是个体的需要，即内驱力；二是行为的目标，即诱因。当一个人的需要未得到满足时，他自身处于一种不平衡的状态，体内会产生某种内部力量，推动他采取行为活动以满足需要，实现躯体的平衡。强身健体、提高运动技能、寻求乐趣、获得归属感、在运动中实现个人价值、社会交往等都可能是推动人们参与运动、坚持锻炼行为的需要。诱因是指激起动机的外部因素，即各种能够满足需要的刺激物。设备齐全的锻炼场所、大量能够提供专业指导的教练员、拥有共同运动爱好的同伴等都可能是能够满足人们在体育运动中各种需要的诱因。内驱力和诱因对动机的作用是不分先后的。任何一种动机的激发，都不能单靠其中一个因素起作用。当对体育领域的需要即内驱力与诱因相适应时，二者会形成内部动力即动机，激发人们采取各种运动和锻炼行为。当人们的需要得到满足后，诱因的吸引力降低，动机的强度也随之减弱或消失。内驱力和诱因这两个基本条件决定了动机的特性。另外，动机是一种无法观察的内在过程，与其他心理过程相比，它具有动力性、方向性、隐蔽性和复杂性。

（一）动机具有动力性

动机可以引起个体的行为反应，并使之发生改变。个体的行为反应的激活、坚持性和活动强度的大小都是动机动力性的特征。例如，坚信锻炼有益于健康的老年人在活动强度、持续时间及活动频率方面上表现得更加积极一些。反之，无锻炼动机的老年人的锻炼行为表现较少，并且无法持久。

（二）动机具有方向性

方向性是指动机使个体的行为指向一定的目标或对象。例如，在运动动机的支配下，人们去田径场、网球场或高尔夫球场等活动。目标是激发行为的真正原动力，是个体需要的所在。因此，个体的需要不同，他所追求的目标也不同。动机具有不同的方向，所激发的行为因此各异。

（三）动机具有隐蔽性

隐蔽性是指动机是一种内部的心理过程。人们只能根据个体当时所处情境及其行为表现推断个体行为的原因。例如，一名运动员在赛季结束后不是调整休息而是更加刻苦地训练。我们可以通过他当时赛季获得的运动成绩、平时的一贯表现及训练的努力程度、坚持训练时间的长短等因素做进一步考察，以对这名运动员的运动动机给出较准确的推理性的解释。

(四) 动机具有复杂性

复杂性是指动机产生因素的多重性及对行为调节的多样性。动机的产生受到个体内部和外部影响因素的作用。例如,一名运动员在大赛前的获胜动机受他的生理激活水平、对比赛的主观认知、个性等内部因素的影响。同时,队文化、教练员和家长的期许等诸多外部因素也会影响着他的获胜动机。个体某一种动机在不同情境下,可能引起不同的行为。例如,在获胜动机的驱使下,有的人在比赛中表现得过于冲动,而有的人则显得相对冷静,这表明动机不是在简单地起作用。

从动机的特性上可以看出,动机对人们行为反应和活动主要具有激发功能、指向功能及维持功能。动机的激发功能可以提高个体的唤醒水平,使其进入活动状态,并保持注意力的专注。例如,高水平运动员在比赛中的获胜动机会使他的注意力高度集中,并会促使他主动做出有可能赢得胜利的行为。动机的指向功能使个体的行为朝向某一特定目标,使个体有选择地进行某些活动。例如,在闲暇时间,一个人是选择看电视、读书,还是选择外出运动,常常是受动机的指引。动机的维持功能可以使个体的行为不断得以调节,最终使个体为了实现目标而强化或改变行为的方向和强度。例如,为了登上奥运冠军榜,运动员不仅在思想上要抵御各种外界诱惑,还要在行动上自我约束,长年训练如一日,保证实现目标的有效练习时间和强度。

二、动机的种类

依据不同的标准,可以将动机划分为不同的种类。根据需要的性质不同,可以将动机分为生理动机和社会动机;根据动机产生来源不同,可以将动机分为外部动机和内部动机;根据动机在行为中所起的作用不同,还可以将动机分为主导动机和从属动机。

(一) 生理动机与社会动机

生理动机是由个体受生理需要驱动所产生的动机。它以个体的生理需要为基础,对维持个体的生存和发展有着极其重要的作用,如饥、渴、性欲、排泄、疼痛等,这些都是保证个体生存和繁衍的最基本的生理动机。生理需要得到满足后,个体相应的生理动机水平便趋于下降。社会动机是人类所特有的,它以人的社会文化需要为基础。人在成长的过程中要逐渐社会化,接受其所在社会文化的熏陶。为得到社会的认同,同时也为满足自己的社会文化需要,个体会产生各种社会动机,如工作动机、交往动机、成就动机、成长动机等。社会动机是由人的高级需要产生的,所以,如果社会动机长期得不到满足,虽然不会危及人的生命,但是有可能导致个体适应不良,出现某种心理障碍。另外,在个体发展的过程中,高级需要出现得比较晚,因此,社会动机也会比生理动机出现得晚些。如成就动机要到个体成长到一定阶段才会出现。

(二) 外部动机和内部动机

外部动机是指活动动机是由活动或活动者本人之外的因素引起的,即活动是实现目标的手段而不是活动者追求的本身。例如,有的运动员的获胜动机是家人或教练员的期许,或是为了赢得胜利后的物质奖赏，这类动机就是外部动机。

内部动机是指活动动机出自于活动本身能够满足活动者掌握知识和技能、寻求刺激和乐趣等方面的需要。例如，有的运动员一生从事一个运动项目，原因是在这项运动中他能够获得乐趣，这种动机就是内部动机。

外部动机与内部动机是可以相互转化的。能够提供增强个体自主性和能力感之类信息的外部奖赏有利于巩固个体的内部动机，但提供过多的个体受到控制、减弱能力感之类信息的外部奖赏或惩罚却有可能降低个体对活动本身的兴趣，从而降低其内部动机。例如，有的运动员长期坚持从事某项运动的主要原因就是热爱这个项目，但外界环境为了督促他获得更优异的成绩，不断以奖励或是惩罚强化其训练，久而久之，运动员更多感受到的是“要我练”，而不是自主的“我要练”，他对运动的热情就会减弱甚至消失。

（三）主导动机与从属动机

某种行为可能是由多种动机驱使的，驱使行为的各种动机所起的作用是各不相同。有的动机作用最大，支配着行为发生的方向和强度，此为主导动机；有的动机则处于辅助从属地位，所起的作用偏弱，称为从属动机。例如，运动员在身体受伤时仍坚持比赛并把人的能力发挥到极致，支配他坚持行为的动机可能有多种，其中，热爱这个运动项目可能是主导动机，而家人、教练员的支持和外部环境的保障等因素可能是从属动机。

主导动机和从属动机在不同人身上或不同情况下会相互转化，同一个人在不同的时期，其动机的作用力量也会变化。例如，人们参加体育锻炼的多种动机并存，女性锻炼者可能将塑造体形作为主导动机，而男性锻炼者可能把掌握运动技能、展示水平作为锻炼的主导动机。又如，对于运动员而言，如在赛季期间，会把获得优异成绩作为主导动机，而在集训期会把提高自己的竞技能力作为主导动机。

三、动机与行为活动效率

动机强度与行为活动效率有着密切的联系。一方面，动机强度会影响行为活动效率；另一方面，行为活动效率的状况也会影响个体的动机强度。动机有加强行为活动的作用，动机不足、动机过强都会影响行为活动效率。为了阐明动机强度与行为活动效率的关系，耶克斯与多德森提出了耶克斯-多德森定律。其观点认为，行为活动效率先随动机水平的升高而升高，到达峰值后又随动机水平的升高而降低，说明动机水平适中时行为活动效率最高，即动机水平与行为活动效率之间的关系呈倒 U 型。在体育比赛中，为了使竞技成绩提高，就应避免动机过强或过弱，应将其调节在最适宜的中等水平。当动机处于最适宜的水平时，在其他因素恒定的情况下，就能最大限度地促进竞技表现。

各种活动都存在一个动机最适宜水平的问题。动机的最适宜水平往往会因任务性质的不同而不同。动机强度与行为活动效率之关系随活动的复杂程度而变化。对简单的活动任务，达到最高行为活动效率的动机水平应适度偏高；对高难度的活动任务，达到最高行为活动效率的动机水平应适度偏低。这种现象是耶克斯与多德森通过动物实验发现的。在体育运动中，大量实证研究结果也支持了这一现象。如图 5-1 所示，随着任务难度的增加，动机最适宜水平有逐渐下降的趋势。例如,相比任务难度大的小肌肉群运动项目,在大肌肉群运动项目活动任务中,达到最佳竞技表现的动机水平要适度偏高。

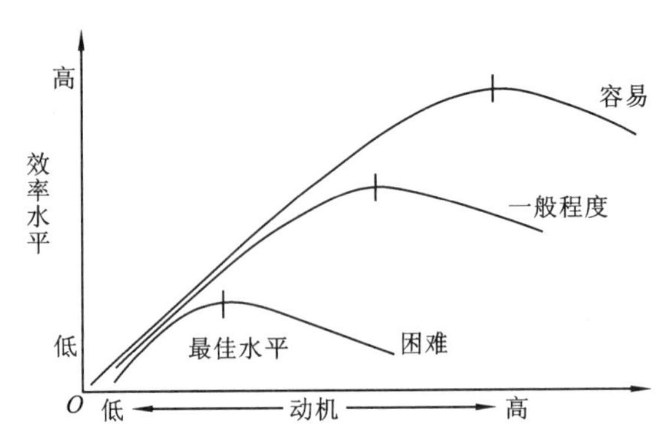

图 5-1　任务难度、动机强度与工作效率之间的关系

第二节　动机理论与体育运动

动机是人类和动物行为的直接原因,但它是一个抽象的概念,看不见也摸不着。在心理学发展的历程中,对这一概念的解释层出不穷,形成了各种动机理论。本能论者认为,动机就是与生俱来的本能,如 Freud 就认为生本能和死本能决定了人的所有行为。而驱力论者认为,动机是一种叫作驱力的内部状态。在与环境相互作用的过程中,有机体(人或动物)的内部会不断产生各种驱力,如果某一行为能够降低某种驱力,那么之后同样的驱力就会引起同样的行为反应。本节重点介绍的强化理论、需要层次理论和成就动机理论,对人类行为做出了独特的解释。此外,还有一些理论涉及成就目标、自我效能感和归因等与动机密切相关的认知因素,也是本节的重点内容。

一、强化理论

行为主义代表人物 Thorndike 和 Skinner 认为,人的行为倾向完全取决于先前的行为与外部刺激之间受到强化而建立的牢固联系。简而言之,强化促使了某种行为动机的产生。强化是指跟随在一个行为之后,并使该行为出现的可能性增加的条件,可分为正强化和负强化。在斯金纳箱中的大白鼠,在胡乱跑跳的过程中会偶然按压箱子里的开关,得到食丸(强化物),这种情况重复几次之后,大白鼠会频繁地主动按压开关。这种强化就是正强化,即通过在行为之后呈现令人满意的刺激而使该行为出现的可能性增加。在另一种情况下,斯金纳箱的底部通了电,大白鼠一进入箱中就饱受电击之苦。当它偶然按压箱子里的开关时,电击停止了(强化物),这种情况重复几次后,大白鼠按开关的行为也会变得频繁起来。这种强化就是负强化,即通过在行为之后去除令人厌恶的刺激而使该行为出现的可能性增加。虽然早期的行为主义者顽固地反对研究动机这种难以观察和测量的内部过程,但是,不论是负强化,还是正强化,其效果都是使某种行为出现的可能性增加,这实际上就是使得这种行为的动机增加了。

有一个概念必须与强化区分开来，那就是惩罚。惩罚是指跟在一个行为之后，并使该行为出现的可能性减少的条件。同强化一样，惩罚也分为正惩罚和负惩罚。正惩罚是指一个行为发生之后呈现某种刺激，从而使这种行为出现的可能性减少。例如，运动场上对恶意犯规的运动员进行逐步升级的警告，目的就在于尽可能地降低犯规行为发生的可能性。负惩罚是指一个行为发生之后撤销某种刺激，从而使这种行为出现的可能性减少。如对使用兴奋剂获得成绩的运动员，会采用剥夺其荣誉方式进行惩戒。惩罚会削弱某种行为的动机，强化会增强某种行为的动机，这是两者之间的本质差异。人们在生活和工作中使用强化和惩罚的例子非常多。当我们想要塑造某种良好行为时，就要用到强化。而当我们需要消除某种不良行为时，就必然要用到惩罚。值得注意的是，心理学家认为，在对待儿童时，惩罚的效果是有限的。

研究者发现，不同的强化程序能够产生不同的动机强度。行为之后给予的强化可以是连续的，也可以是间歇的。连续强化是对有机体的每个反应都予以强化，如大白鼠每次按压开关都能得到食丸。间歇强化是间隔一段时间，只对部分行为给予强化。在这种强化程序下，大白鼠并不是每次按压开关都能得到食丸。那么在间歇强化程序下，大白鼠按压开关的热情会降低吗？恰恰相反，与连续强化程序相比，在间歇强化程序中大白鼠按压开关的反应与连续强化程度中的反应一样多，而且，间歇强化程序中大白鼠的行为更难消退，这就是说，间歇强化程序能产生更加持久的行为动机。Skinner 区分了四种最基本的间歇强化程序，分别是定比强化、定时强化、不定比强化与不定时强化。

定比强化是在个体做出一定数目的正确反应之后才给予一次强化（大白鼠按压 10 次开关才会得到一粒食丸）。定时强化是在一段固定的时间间隔后对个体进行强化（每隔 5 分钟给大白鼠提供一粒食丸）。不定比强化是个体做出不定数目的正确反应后给予一次强化，但平均反应次数是预先确定了的（有时大白鼠按压 3 次开关就能得到食丸，有时按压 17 次才能得到食丸，有时则按压 1 次就得到了食丸……）。不定时强化是经过一段随机或可变的时间间隔后对个体进行强化，平均间隔时间也是事先规定好的（有时过 5 分钟就能得到食丸，有时则过 7 分钟才能得到食丸，还有的时候过 1 分钟就能得到食丸……）。从产生行为动机的持久性上来讲，不定时强化和不定比强化要比定时强化和定比强化优胜。

Bandura 认为，Skinner 所说的强化是对直接行为后果的外部强化。在他看来，个体其实不必亲自做出某种行为，也不需要亲自体验强化，仅仅通过观察他人的行为及行为后果，就能得到强化。被观察的人就是榜样，而这种强化叫作替代强化，即观察到别人的行为受到奖惩强化时，对自己的行为也有一个间接的强化作用。个体如果看到他人的行为得到赞扬和奖励，也可能会希望做出类似的行为从而获得赞扬和奖励；如果看到别人的行为受到谴责和惩罚，自己可能会避免做出类似的行为以避免受到谴责和惩罚。获得冠军的运动员登台领奖的情境可能也正在激励他的师弟师妹们刻苦练习，而当美国反兴奋剂机构宣布剥夺世界自行车名将阿姆斯特朗 7 个环法自行车赛冠军头衔并终身禁赛时，也会让广大的运动员引以为戒。

除了替代强化，Bandura 还提出了自我强化的概念。当一个人模仿榜样的行为时，他会依据榜样的行为为自己的行为确定一个标准，并用这个标准要求自己、评价自己。如果自己的行为符合这一标准，就会感到满足，这种满足感就是对相应行为的强化。Bandura 认为，尽管人们经常为得到外部奖励而努力，但也会为了获得内部奖励而朝着自己制定的目标奋斗。业余的长跑爱好者会参加比赛，他知道自己得不了什么奖项，此时的奖励其实来自于他们达到个人目标时（如跑完全程）的成就感和自我价值感。当个体没有能够坚持个人标准时，就会自我贬低，这就是一种自我惩罚。例如，当一个人立下标准，要每天围着操场跑 4 圈，但有一天却因为怠惰没能坚持，这在别人看来可能没什么，但自己心里却总是难以释怀，这便是自我惩罚在起作用。

总的来说，强化理论强调外部奖励对动机产生和动机维持的效用。如果想要让人产生进行体育锻炼的动机，就应该在他完成一定程度的锻炼后给予奖励。同样的，如果想让运动员能有动力维持日常较为辛苦、枯燥的训练，就应该让他们在取得良好成绩之后，获得与之相配的奖赏。但是也有人认为，外部奖励有时候会削弱动机。比如孩子们喜欢踢足球，即使他们并不能从中获得任何物质上的奖赏。这时如果有意识地对其自发活动进行外部奖励，那么效果可能并不是使他们更加努力地踢足球，而是使得其原本具有较高水平的内部动机下降。也就是说，他们不再是为兴趣、爱好而从事踢足球，而是为了所谓的奖励。这进一步可能产生的问题是，当不再给予奖励的时候，踢足球可能会逐步消退掉。又比如家长如果向孩子许诺，参加运动锻炼就能获得 10 元钱作为奖励，可能就会使孩子为了得到外部奖励而运动。当他们感到运动锻炼的原因是为了物质或金钱时，就会变得给钱就愿意锻炼，不给钱就偷懒。

人类毕竟不是大白鼠，其大部分动机具有自发性和主动性，并不都是由环境中的强化条件塑造而成的。因此，在运动与锻炼领域，若要使个体的运动动机在较长时间维持在较高水平，要慎用表扬、奖励等外部强化手段，应该注意引导其内部动机发挥作用，并注重树立合适的榜样，帮助其建立合理的内部标准，这样他们就可以根据自己的标准进行自我强化。

二、需要层次理论

人本主义心理学强调研究人类在生物进化过程中已经形成的一些特有的人的属性，如人的需要、人的潜能、人的价值等。马斯洛提出，人有五种基本需要，分别是生理需要、安全需要、归属和爱的需要、尊重的需要、自我实现的需要。这五种基本需要又可以分为两大类：缺乏性需要和成长性需要。缺乏性需要可以用有机体内部的不平衡状态导致紧张这种理论来解释，是对个体内部环境或外部生活条件的一种稳定的要求，包括生理需要、安全需要、归属和爱的需要及尊重的需要这几种，它们会因缺乏而引起紧张感，因得到满足而削弱紧张感。而成长性需要，如自我实现的需要，其满足不是为了缓解紧张，而是为了不断获得新的满足，更多地发挥自己的潜能。下面来看看这五种基本需要的内涵。

（一）生理需要

生理需要是与有机体的生存和繁衍有关的需要，是人和动物所共有的需要，如对食物、水、氧气、性、排泄和睡眠的需要等。这些需要在所有需要中占绝对优势，是人的需要中最基本的、最强烈的、优先于任何其他的需要。如果一个人的生理需要长期得不到满足，如常年的饥饿、口渴或其他生理需要的匮乏，个体将会产生强烈的紧张，甚至会改变他对事物的看法，长期饥饿的人会认为最大的幸福就是有足够的食物，但一个人如果有了足够的食物保障，就会产生更高级的需求。

（二）安全需要

生理需要得到基本保障后就会出现安全需要，包括对人身安全、社会安定、生活保障等的需要。安全需要使个体寻求一个能够让生命避免受到威胁的环境，是人和动物共同的需要。只不过，当动物或儿童安全受到威胁时，会不加掩饰地表现出来，而成人则不一定能从外表看出来。当未来不可预测，或者社会秩序处于动荡不安时，可以从人们的选择看出安全需要的作用。如中国人对房产的执着。另外，有些人会维持并不幸福的婚姻，因为害怕失去保障，这也是受安全需要的驱使。

（三）归属和爱的需要

当前两种需要基本得到满足后，归属和爱的需要就会显现。人人都渴望在家庭、组织及各种社会关系中找到归属感，能够给予爱并获得爱。比如，希望有知心的朋友、亲密的爱人和可爱的孩子。马斯洛认为爱有两种形式：一种是匮乏之爱，这是自私的爱，总希望占有他人；另一种是存在之爱，是一种基于成长而非占有的爱，是对他人的一种深切关注的态度，包括给予和接受他人的爱。爱的需要得不到满足，人就会觉得孤独寂寞和空虚无助。值得注意的是，这种需要与爱情并不能完全画等号，因为后者还受到强烈的性驱力的作用。

（四）尊重的需要

尊重的需要包括自尊的需要和对来自他人的尊重的需要，前者包括对实力、成就、优势、胜任、自信、独立和自由的需要，后者包括对地位、声望、荣誉、支配和赞赏的需要。一个正常的人都希望获得别人的积极评价，也需要自我感觉是有能力和有价值的。如果这些需要得不到满足，即使衣食无忧，高朋满座，也会丧失基本的自信，感到自卑和无能。马斯洛认为，最健康稳定的自尊建立在当之无愧的来自他人的尊敬之上，而不是建立在外在的名气和虚伪的奉承之上。

（五）自我实现的需要

所谓自我实现，就是指个人特有的潜在能力得到充分的发挥。它是人的所有需求中的最高目标，也是完满人性的体现。在上述四种匮乏性需要得到一定程度的满足，不再急迫时，人就会开始想要实现自己生命的价值，完成与自己能力相符合的事情。运动员要挑战自己身体能力的极限、科学家要探寻这个世界的奥秘、厨师要做出味道鲜美的食物……这样他们才会感到满足。在这个过程中，个体的目的不是补偿匮乏、消除紧张，而是扩展经验、充实生命。

上述五种需要是从低层次到高层次逐步发展上升的。它们由低到高、由下而上形成一个金字塔状的结构(见图 5-2)。生理需要是最低层次的需要，而自我实现是最高层次的需要。需要的层次性是以力量的强弱和出现的先后为根据的。越是低层次的需要，力量越强，越力求优先得到满足。如果一个人所有的需要都没有被满足，那他当下最迫切的需要自然是生理需要。在饥荒的年代，人们不得不吃平时不敢吃的东西，敢于使用暴力抢粮食，甚至发生易子而食的惨象。这个时候，安全、廉耻及亲情都不如饥饿的力量强大。只有当较低层次的需要得到一定程度的满足后，较高层次的需要才会出现。古人云，“仓廪实而知礼节，衣食足而知荣辱”，说的就是这个道理。人在同一时期内，可能会存在几种需要，但总有一个需要占优势地位。占优势的需要也是从低到高依次出现的，较低层次的需要占优势时，必须得到基本的满足之后，较高层次的需要才能占优势。层次较高的需要成为优势需要后，较低级的需要对行为的影响就减弱了。越是高级的需要，越能体现人类的特征和人的价值。马斯洛认为，人对低层次需要的追求是有限的，一旦得到满足便不再成为人行动的积极推动力。而人对高级需要的追求则是无限的，对高级需要的追求将对人的行为产生持久的激励作用，并且只有高级需要的满足，人才能产生最深刻的幸福感和满意感。

马斯洛认为，任何生命都生而具有实现其潜能的倾向，人更是如此。因此，他把自我实现视为人的本质。当自己的潜能得到充分发挥的时候，个体会体验到一种心灵上的满足感、完美感，充满着敬畏、迷狂和极度幸福之感，自我与世界融为一体，不再有时空限制和矛盾冲突。马斯洛称这种体验为高峰体验。高峰体验虽然美妙，却是可遇而不可求的，它“可以来自爱情、和异性结合，来自审美感受(特别是对音乐)，来自创造冲动和创造激情(伟大的灵感)，来自意义重大的顿悟与发现，来自女性的自然分娩和对孩子的慈爱，来自与大自然的交融(在森林里、在海滩上、在群山中，等等)，来自某种体育运动(如潜水)，来自翩翩起舞时……”它的到来无法控制，但却与人格的成熟和自我实现之间有着紧密的联系。自我实现者比普通人具有更多的高峰体验，而马斯洛通过对人类中的优秀分子进行研究，发现自我实现的人具有以下十五种人格特征。

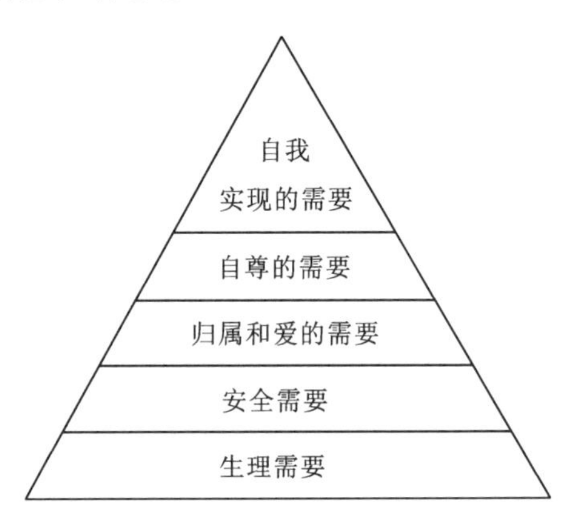

图 5-2　需要层次理论

(1) 完整准确地知觉现实。自我实现的人能客观地看待周围的人和事，而不是把世界看成自己想要的样子。他们不会因为恐惧和焦虑而扭曲自己对现实的认知，对事实、对真伪具有很强的洞察力。

(2) 全面接纳自己、他人和周围世界。自我实现的人能接受一切事物(包括自己、他人和周围的世界)的好的方面和坏的方面，没有抱怨和挑剔。但他们对阻碍人格成长的缺点很敏感，并力图克服它们，如懒惰、思想贫乏、忌妒和偏见等。

(3) 思想、行为率真自然。自我实现的人不矫揉造作，也不弄虚作假，行为不会受制于社会期待的角色要求，忠实于自己。

(4) 以问题为中心，而不是以自我为中心。自我实现的人能心平气和地看待和处理自己的问题，专注并热爱工作，有责任感和献身精神，很少考虑金钱、名望和权势等个人利害得失。

(5) 有独处和独立的需要。自我实现的人不回避与人接触，但不依附于任何人。他们不害怕孤独，甚至有时会主动寻求独处，而不是一味地依赖于他人。

(6) 独立自主。由于受自我实现的需要的驱动，自我实现的人能超越环境和传统的限制，自主地去实现自己的目标。他们能够自我约束、自我管理和自我调节，不需要靠他人的评价来获得支持，不需要依赖他人而得以生存。

(7) 永不衰退的鉴赏力。自我实现的人对平凡的事物不觉厌烦，对日常生活永感新鲜。“每一次落日都像第一次看见那样美妙，每一朵花都温馨馥郁，令人喜爱不已，甚至在见过许多花之后也是这样。”

(8) 经历过高峰体验并受到震撼，感受到这种体验对自己的人生具有重要意义。自我实现的人几乎每一天都能有这种体验，虽然这种体验并不一定特别强烈，可能比较平和。体验之后，他们会感到更加自由，更加欣赏生命。

(9) 爱人类，并认同自己是全人类的一员。

(10) 与为数不多的人有深厚而亲密的关系。

(11) 民主的态度和作风。自我实现的人能够尊重他人的人格。

(12) 道德标准明确，区别手段和目的，在不同的情境下一贯地坚持自己的道德标准，不会为达目的而不择手段。

(13) 具有幽默感。自我实现的人不做伤害他人感情的幽默，更倾向于自嘲。

(14) 富有创造性，不墨守成规。这种创造性来源于更开放的经验和更自然的情感。

(15) 具有批判精神，不容易被社会诱惑。自我实现的人在重大问题上不随波逐流、墨守成规，但并不故意违反社会准则以示独立自主。他们能顶住环境的压力，做与众不同的人。

总的来说，需要层次理论认为，人的行为由多种需要驱动，但是，追求自我实现最体现人的特性。竞技运动强调“更高、更快、更强”，它本身就是一个需要不断突破自身潜能的领域。因此，这里是自我实现的最佳场所。实际上，马斯洛在提到自我实现者时，就包括了成功的运动员。但是，需要层次理论也强调，高层次的需要在低层次的需要得到基本满足的前提下才会出现。如果运动员感到没有被人爱，或认为自己无能，那么他们就不可能有强烈的动机去实现更高层次的目标。相反，如果能够与教练员和队友保持良好的关系(爱和归属的需要得到满足)，同时对自己的技术水平很有信心并得到公认(尊重的需要得到满足)，他才会有动机去追求突破，实现更高的境界。因此，在运动员参与运动的整个过程中，他的各方面的需要是否得到满足，对训练动机、参赛意愿等方面会产生重要影响。而在个体参与体育锻炼的过程中，往往会有许多团队的练习、游戏和比赛活动。这些练习、游戏和比赛活动对维持个体的锻炼动机是比较重要的。因为团队活动往往要求参与者之间相互帮助、关心、交往和支持，每个人都是团队的一个分子，在团队活动中都要承担一份责任、献出一份力量、发挥一份作用，这在一定程度上能够为满足个体的归属、爱与被爱、获得尊重等需要提供大量的机会。为什么大妈们爱跳广场舞，可能在很大程度上是因为在这个活动中能找到归属感。有不少人正是为了寻求归属感而参与体育锻炼。

三、成就动机理论

McClelland 与同事经过多年的思考和研究，归纳出三大类社会性动机：成就动机、亲和动机与权力动机。三种动机中，McClelland 等人对成就动机进行了深入的探索。成就动机是个人追求成就的内在动力，即争取成功、做事希望精益求精的动机。成就动机有三层含义：一是指个人追求进步以期达成希望目标的内在动力；二是指从事某种工作时，自我投入、精益求精的心理倾向；三是指在不顺利的情境中，冲破障碍克服困难奋力达成目标的心理倾向。成就动机高的人和成就动机低的人在行为方式上存在很大的差异。成就动机高的人会坚持完成更多的作业且保持高效，他们常常表现出极强的自我控制能力，永不满足，不断开拓，时刻准备迎接变化和挑战。总的来说，成就动机高的人有以下三种特点。

一是，成就动机高的人寻求那种能发挥其独立处理问题能力的工作环境。具有强烈的成就动机的人追求的是在争取成功的过程中克服困难、解决难题、努力奋斗的乐趣，以及成功之后的自豪感。如果掷骰子（成功的机会是 1/3）和研究某个问题（成功的机会也是 1/3）成功的概率相同，成就动机高的人会选择研究某个问题而不是选择掷骰子，因为掷骰子完全凭运气，没有主观努力的机会。

二是，成就动机高的人喜欢那种能够得到及时反馈的任务，因为这样他们就能了解自己做得究竟有多好，或者是否取得了进步。简单来说，他们喜欢当销售员，而不是当老师，因为后者的成效要等很多年之后才能显现出来。

三是，如果可能的话，他们喜欢难度适中的任务，太容易的任务和太困难的任务都无法引起他们的兴趣。成就动机高的人喜欢设定通过自身的努力才能达到的奋斗目标。成败可能性均等才是一种能从自身的奋斗中体验成功的喜悦与满足的最佳机会，他们在这样的工作中表现得最为出色。他们不喜欢成功的可能性非常低的工作，因为即使取得成功，碰运气的成分也很大，跟自己的努力无关。同样，他们也不喜欢成功的可能性很高的工作，因为这种轻而易举就取得的成功对他们的自身能力不具有挑战性，因此也不能给他们带来成就感。

McClelland 发现，成就动机高的人在学业和职场上都更可能取得成功。在一次实验中，McClelland 先诱发被试的焦虑情绪，然后再让他们完成一系列的认知任务。结果发现，在相同程度的焦虑情境下，成就动机高的被试取得的成绩更好，而成就动机低的被试取得的成绩相对较差。在其他的研究中，McClelland 发现，在青少年中，成就动机高的人更可能进入大学学习，得到更多的学分，参与学校和社区活动也更踊跃。另有研究者发现，在大学生中，成就动机高的人也并非在所有的学科上都表现优秀，而仅在与其职业相关的课程上表现突出。这说明成就动机高的学生目的更加明确，他们知道自己需要在大学中获得什么，并且也了解某课程对自己职业的贡献。因此，成就动机高的人在选择职业时也更加符合实际。进入职场后，成就动机高的人获得高职位的机会更多，他们工作更卖力，对成功所抱的期望更高，自我报告的职业满足感也更强。McClelland 通过追踪研究发现，31 岁的时候成就动机较高的人，到 41 岁时，他的工资水平比成就动机较低的同龄人的工资水平要高。通过对企业的研究发现，同是处于发展中的小公司，有着更高成就动机的领导者更可能使公司不断壮大。

个人的成就动机与其学业和事业上的成功息息相关，而社会成员的成就动机水平与一个国家和民族的经济发展息息相关。McClelland 认为，当一个国家的教育强调成就动机时，接受这种教育的儿童在成年后就会有较高的成就动机水平。在这类研究中，McClelland 通过分析以前小学课本里的故事来评估这一代儿童成年后的成就动机水平，因为当年使用这些小学课本的一辈人若干年后就会成为这个国家劳动力的中坚，并成为影响经济发展的重要力量。McClelland 认为这种故事中与成就动机有关的词汇数量体现了社会对儿童在成就上的期许，可以用来评估社会成员成就动机的平均水平。而国家经济发展水平可以用总贸易额、电力消费量等作为客观指标，结果发现，社会成员成就动机的平均水平与国家经济发展水平之间存在较大的相关。这一研究充分说明成就动机具有重要意义，而且提示我们，成就动机是一种社会性动机，可能通过学习得到改善。

McClelland 认为，父母的正确教养方式能够提高儿童的成就动机。他访谈了 89 位母亲，深入全面地了解每位母亲的教养方式。35 年后，等这些孩子都长大成人，McClelland 对他们的成就动机进行了测量。结果显示，如果在出生的前两年父母就对其成就行为有所要求的话，孩子成年后往往具有较高的成就动机水平。而在其两岁后父母才开始对他提出此类要求，在孩子成年后，其成就动机水平并未有多大提高。这表明，父母在孩子出生后头两年的正确教养对培养孩子高成就动机至关重要。这类研究为我们提供了许多提高儿童成就动机的途径。比如，可以通过各种独立性训练来培养孩子的自主和独立能力，进而提高孩子的成就动机。McClelland 发现，如果儿童在童年早期接受了严格的如厕训练，他们 26 年后可能具有更高的成就动机。

另外，父母在儿童能力范围之内，给儿童设置具有挑战性的目标，并在儿童的努力过程中给予支持和帮助，利于儿童形成高的成就动机。研究者发现，高成就动机水平孩子的父母会为孩子设定更高的标准。他们要求孩子积木要搭得更高一些，玩偶要做得更漂亮一些。因而，要培养孩子的成就动机，父母必须对孩子有更高的期盼，并且设定更具挑战性的标准。但是，这些期望应该是儿童力所能及的，否则他们就会很容易放弃。而且，在制定有挑战的目标后，父母也要在儿童的努力过程中给予支持和帮助。当儿童达到目标时，要对他进行奖励。积极和频繁的成功经历有利于儿童形成高的成就动机。此外，McClelland 认为，父亲的专制强硬的行为很可能导致男孩成就动机水平的降低。研究者也发现，对成就动机高的孩子，其父母在游戏中一般采用令人愉快、平静、振奋的话语对其进行指导，而且一般是母亲的话具有权威性，父亲则不会发号施令。再者，帮助孩子形成安全型依恋风格有助于他们产生更高水平的成就动机。因为安全型依恋风格的儿童更可能去探索他们所处的环境，因此也更容易习得新的技能。久而久之，学会有效率地办事将使个体产生更高的成就动机。

竞技运动是一种典型的成就情境。而运动成就动机是指运动员在参与运动的过程中，确定目标、奋力拼搏、力求获胜的心理过程。它是高水平运动员最重要的心理特征，也是决定运动员运动成就的主要因素，对运动员运动技术水平的提高和优异运动成绩的创造具有重要意义。具有较高运动成就动机的运动员在竞争中不惧困难、不畏对手、好胜心强，在任何对手面前都全力以赴。研究表明，成就动机对运动员长期目标的实现极为重要，优秀运动员多年如一日地执着进取，不断拼搏，运动成绩显著，成就动机是一个很重要的推动因素。年龄、身体和技术等条件相近的两个运动员，一位取得好成绩后，立即给自己定出新的目标，继续努力拼搏，力图“更上一层楼”；而另一位刚刚取得好成绩，运动潜力尚未充分发挥，就“见好便收”，退役改行。这就是成就动机上的差异。那么，如何才能培养运动员的成就动机呢？如前所述，成就动机是一种社会性动机，可能通过在社会环境中的培养而得到改善。除了父母之外，教练员对运动员成就动机的养成也起着十分重要的作用。教练员对运动员的评语是激发运动员成就动机的有效方法。此外，教练员是运动员团队的领导，他的成就动机水平会影响团队的气氛，对运动员的动机水平有潜移默化的作用。

四、成就目标理论

成就目标理论是在成就动机理论基础上发展出的一个新理论。它所关注的是个体追求成就任务的理由和目的，即个体为什么要努力完成任务获取成功。不同的个体追求成功的理由并不相同。与成就相关的行为理由有哪些呢？不同的理论家对此有不同的看法。McClelland 在成就情境中有两种企图：一种是回避失败；一种是达到成功。Atkinson 则将其表述为两种心理作用：一种是希望成功的意向，使个体表现出趋向目标的行动，如主动承担任务；一种是害怕失败的意向，使个体想办法避免可能的失败，如回避任务等。每个人成就动机的形成都受到这两种心理作用的影响。希望成功的意向占优势时，个体会趋向目标；害怕失败的意向占优势时，个体则会回避该目标。

Dweck 根据自己的研究提出了学习目标和表现目标的概念。他发现，当面临失败时，被试出现了两种不同的反应。一部分被试很快变得沮丧，没有兴趣去继续完成这个任务，对自己的能力也缺乏信心，问题解决策略也变得比较随便，这样他们可能完全不能达到预期目的。另一部分被试选择继续迎接挑战，并相信自己能够最终解决问题，不断探求更有效的问题解决策略。Dweck 进一步探究出现这种差别的原因。他发现，那些在面临失败时仍致力于问题解决的被试更加希望在任务中掌握新技能，获得适应新环境的能力，因此，他们面对失败也不退缩，因为失败也是一种有价值的反馈。被试所持的这种目标被 Dweck 称为学习目标，它具体是指成就行为的目的在于学习和掌握新的能力目标。而那些在失败时很快放弃的被试更加希望在任务中寻求有关自身能力的肯定性评价，或者避免否定性评价。失败会带来否定性的评价，因此他们很快就放弃了，避免再次遭受这种评价。这种理由或目标被 Dweck 称为表现目标，它具体是指成就行为的目的在于让自己的能力得到表现的目标。学习目标和表现目标之间的主要区别就在于是关注自身能力的发展还是关注自身能力的证实。

Elliot 等在二分法的基础上，进一步提出了成就目标的三分法。他们将表现目标划分为表现-接近目标和表现-回避目标，前者使人力图表现得比他人好，希望得到对其能力的积极评价；后者使人力图表现得不比别人差，希望回避对其能力的消极评价。这样，成就目标就划分为学习目标、表现-接近目标和表现-回避目标三种类型。后来，Pintrich 又把接近-回避状态引入学习目标中，这样就把成就目标分成了四种：学习-接近目标、学习-回避目标、表现-接近目标和表现-回避目标。学习-接近目标倾向于掌握新知识和提高能力。学习-回避目标倾向于尽量避免完不成任务或避免失去已有的知识技能。表现-接近目标倾向于表现得比他人好。表现-回避目标倾向于尽量不要表现得比他人差。

有研究者对持不同目标（学习目标、表现目标）的人寻求反馈的类型进行了研究。实验中，被试每完成一项任务，可选择直接做下一题，或选择得到三种反馈（第一种：告诉此任务的三种最佳答案；第二种：告知被试的实际成绩；第三种：告知在所有被试中得分的排名）中的一种。结果发现，持不同目标的人寻求反馈的类型也不一样。第一种反馈是唯一与题目掌握程度有关的反馈，也是持学习目标的人选择较多的一种反馈。持有表现目标的人选择第一种反馈的可能性则小得多，他们开始时总想知道自己的得分排名情况，因此往往选择第三种反馈。随着任务的进展，情况慢慢会发生变化。那些排名不错的表现目标者会继续选择第三种反馈，而那些排名不理想的表现目标者则倾向于回避反馈，即直接做下一题。可见，持有表现目标的人把反馈看作是对个人价值和能力水平的评价，排名下降对他们来说无疑是一种打击，而持有学习目标的人却把反馈看作是取得进步、纠正错误及尝试用多种方法解决问题的途径。

研究者进一步发现，个体对自身能力可变还是不可变的看法，会影响到他们持哪一种目标。持能力增长观的个体认为，自身的能力是可以通过后天的培养与努力改变的，因此他们倾向于形成学习目标，他们希望通过学习来掌握知识、提高能力，认为自己比之前进步就是成功、完成任务就是成功。而持能力实体观的个体认为，自身的能力是固定不变的，不会因为自己的努力而发生变化，因此倾向于形成表现目标，希望在学习过程中证明自己的高能力，或避免表现自己的低能，认为比别人表现得优越才是成功。另外，对自身能力水平高低的知觉也可能产生类似的影响。认为自身能力较高的个体会努力去验证自己的高能力，从而可能形成表现-接近目标；而能力知觉水平较低的个体倾向于选择回避，从而可能形成表现-回避目标。低能力知觉水平的表现目标者无须经历失败，就已经放弃了努力。因为低能力知觉已足以使表现目标者认为自己的目标不能达到，从而认为努力是无效的从而选择放弃。而且这类个体常把自己的表现知觉为失败，即使是在模糊情境（成功标志不明显，也不提供成绩反馈）中，个体虽没经历失败体验，但低能力知觉已经使表现目标者的表现恶化。

好在研究者发现，个体的能力观是可以改变的。在一项研究中，研究者将名人的成功故事做成阅读材料让被试阅读。这些故事，有的将名人的成功归结为天资，有的将名人的成功归结为努力。结果发现，如果所阅读的故事将名人的成功归结为天资，被试易形成表现目标；如果所阅读的故事将名人的成功归结为努力，则被试易形成学习目标。Dweck 还发现，表扬的方式不同对能力观的培养也会造成不同的后果：如果表扬时针对的是个体的整体属性（你是个好孩子）或其能力（你很聪明），个体面对失败时容易回避和退缩，而如果表扬针对的是个体的努力和采用的策略，则会使个体形成更加适应性的反应。

Dweck 倾向于认为学习目标是适应的，而表现目标是不适应的。但事实上，学习目标并非完美无缺，而表现目标也并非一无是处。持学习目标的个体一般愿意从事更具挑战性的任务，倾向于使用更复杂的学习策略，所以对于能力水平高的个体来说是适应的，但对于能力水平低的个体来说却是不适应的。另外，还有研究者认为，学习目标和表现目标可以是互补的。最充分有效的动机是个体不仅想获得知识、提高能力，还想达到比别人优胜的水平。研究发现，表现-接近目标对预测学业成就具有积极正效应，但与兴趣不相关；而学习目标与兴趣正相关，但对学业成就并不具有预测性。也就是说，想要表现能力的个体可能对学习内容并不真正感兴趣，但这不影响他们在考试中取得好成绩，而那些想要获取新知识、新技能的个体，会因为兴趣而学习，但这并不意味着他们能在考试中取得好成绩。

总而言之，无论是学习目标，还是表现目标，都能给人带来成就，因此，将这两者结合起来考虑可能效果更好。在运动领域，尤其如此。因为竞技运动本来就需要运动员展示自己的能力，争取优胜，这说明，这个场合需要运动员持有表现目标。研究者发现，两种成就目标的相对水平对运动员参加运动项目的时间和数量有显著影响。学习目标和表现目标都高的个体最能投入比赛，也最可能坚持到底。对年复一年的高强度训练，运动员如果缺乏对自己专项的兴趣和热情，则很难坚持下去，持有学习目标有助于在训练中培养兴趣，增强内在动力；而运动员最终还是要在赛场上展现自己的训练成果，缺乏表现目标，即使他在平时的训练中掌握了很高水平的专项技能，也没有动力在赛场上好好表现。

五、自我效能感

自我效能感是一种信念。Bandura 最早提出自我效能感这个概念，并逐渐开始强调它在自我系统中的动力作用。Bandura 认为，人既不是完全被动的，又不是完全主动的，人的主要特点是有知识、会思维。在目标或问题情境中，有两种期望影响着人的行为：结果期望和自我效能期望。结果期望是指对某一种行为在多大程度上可能会导致某一种结果的信念，比如："我认为每天跑步 5 公里，坚持 1 年，就能够让我的体重下降 20 斤"；而自我效能期望则指对自己能否完成某一行为的信念，比如，"我认为自己能够做到每天跑步 5 公里，坚持 1 年"。可见，这两种期望之间就是"相信某事会发生"和"相信你能让某事发生"之间的差异。Bandura 认为，自我效能期望比结果期望能更好地预测行为。因为，只有一个人认为"我做得到"，他才会付诸行动，才会有成功的可能性，当他认为"做不到"的时候，就不会有行动，那么他就确实做不到。Banduna 总结了自我效能感的动机功能，认为它体现在以下四个方面。

一是，自我效能感会决定人们对活动的选择。一般而言，人们会回避自己能力不及的活动与任务，而愿意承担并执行那些他们认为自己力所能及的事。具有较高自我效能感的人不会回避任务，敢于迎接挑战，因为他对自己的能力有自信，只要这个任务不过于困难，他总能欣然接受；而具有较低自我效能感的人却总是认为自己不行，常常回避任务，而这些任务实际上是可能完成的。

二是，自我效能感会影响人们的努力程度和行为的坚持性。具有较高自我效能感的人，多富有自信，他们勇于面对困难和挑战，相信可以通过坚持不懈的努力克服困难。自我效能感越强，其努力就越有力度，他们也越能坚持做下去。相反，自我效能感不足的人在困难面前缺乏自信，畏首畏尾，不敢尝试。

三是，自我效能感会影响人活动时的情绪。具有较高自我效能感的人信心十足，在完成任务时情绪饱满，斗志昂扬；而具有较低自我效能感的人活动时患得患失，充满了对失败的恐惧和焦虑。

四是，自我效能感会影响人们的思维模式和归因方式。具有较低自我效能感的人，会过多地想到个人不足，并放大潜在的困难。这种想法导致心理压力较大，让人总是想着失败和不利的后果，而不是考虑如何有效地运用其能力实现目标，最终导致行为能力和行为效率低下。而且在失败成为现实的时候，他会觉得“自我能力不足”得到了证实，更加没有可能在将来做出积极的尝试。相反，具有较高自我效能感的人会把注意力集中在积极分析问题和解决困难上，他们知难而上、执着追求，困难会让他们激发出更大的努力，让他们的思维能力与解决问题能力得以超常发挥，表现出优良的能力和高效率。在遭遇失败时，具有较高自我效能感的人会觉得是自己做得还不够，不然就成功了，因此，在将来他们更有可能重整旗鼓，再次做出努力争取成功。

大量研究发现，自我效能感可以影响工作表现、学业成就和与健康有关的行为。首先，高的自我效能感会促进绩效的提高，低的自我效能感则影响绩效的增长。高的自我效能感激励一个人去尝试具有挑战性的工作，设置较高水平的目标，并表现出较强的目标承诺。而且，具有高自我效能感的人对自己的能力有信心，对生活的自我控制感强。此外，管理者的领导自我效能感也会明显地影响组织绩效。具有高自我效能感的学生会注重学习方法，通过变化着使用各种策略（复述策略、精细加工策略和组织性策略），有效地提高成绩。同时，他们会运用各种信息来发展他们的自我效能感，他们可以根据自己的学业成绩、努力程度，甚至与同学和老师的关系质量等信息来评估自己，获得有关自我效能感的信息。相对而言，自我效能感较低的学生则表现出自信不足，他们倾向于使用自我妨碍的策略，例如，直到临近考试时才会复习，为考试失败制造理由。此外，具有高自我效能感的学生的抑郁、焦虑、神经质和身体不适的程度低，生活满意度高，而且，他们积极乐观，善于应对压力，还能有效地控制有害因素对身心的影响，积极从事身体锻炼，预防疾病。

既然自我效能感对人的动机与行为能产生重要影响，那么如何使自我效能感发生改变呢？换句话说，如何提高人的自我效能感呢？Banduna 认为，有四个方面的信息对自我效能感的形成与改变较为重要。

一是直接经验，也就是个人亲身体验到的成败经验。直接经验对自我效能感的影响力最大。成功经验能够提高自我效能感，多次失败则会降低自我效能感。然而，不同的人受直接经验影响的大小也不一样。对于先前已经具备很强的自我效能感的人而言，偶然的失败不会影响其对自己能力的判断。对于自我效能感很弱的人而言，一次失败就足以损害其自我效能感，更为不利的是，低自我效能感比较顽固，无法通过一次偶然的成功获得提升。

二是替代经验。人们不仅可以从自己的成败经验中获得有关自己能力的信息，形成自我效能感，还可以通过观察别人的行为及行为的结果所得到的间接经验获得有关自我效能感的信息。替代经验对自我效能感的影响也很大。看到与自己相近的人成功能促进自我效能感的提高，增加实现同样目标的信心，但看到与自己相近的人失败，尤其是付出很大努力后的失败，则会降低自我效能感，让人觉得自己成功的希望也不大。害怕在众人面前讲话的人在演讲会上看到同学们都发表了演讲，效果还不错时，他可能会慢慢地觉得“也许我也能行”。如果他看到同学上台演讲，结结巴巴，还被其他人嘲笑时，他可能就更加不敢上去了。

三是言语劝说。在直接经验或替代经验的基础上进行劝说、鼓励，对自我效能感的影响效果较好，而如果在缺乏事实基础的情况下进行言语劝告，则对自我效能感的影响不大。激励性的语言能够增强自我效能感，而打击性的语言会削弱自我效能感。当你面临一项任务而犹豫不决时，如果朋友或父母鼓励你“你能行”，这样可能会增强你完成任务的信心；如果有人告诉你“这个任务很难，以你的水平很难胜任”，你很有可能会打退堂鼓。

四是情绪和生理状态。当人们在紧张、焦虑的情绪状态下，自我效能感可能会降低。当众演讲之前，你可能会出现心跳加速、掌心出汗的现象，如果你把这些生理反应解释为焦虑的信号，就会感到自信不足，自我效能感就会降低。但如果你注意到自己即便如此也很镇静的话，就不会影响自我效能感。因此，情绪和生理状态对自我效能感的影响程度是因人而异的。

篮球运动员科比曾经说过，“无论谁防守我，我坚信你会在我崩溃之前崩溃。”有了这种强大的自信，任何运动员在上阵时就不会有任何负担，只会去追逐胜利。当然，如前所述，这种高水平的自我效能感，需要有大量的成功经验做底子。如果要培养运动员的自我效能感，教练员应该安排符合其水平的训练和比赛，给他胜利的机会，帮助其分析自己与他人的特点，让他从与队友甚至对手的比赛中获得信心，教会他控制情绪的方法，使他学会对自己临赛前的生理状态进行合理的解释，当然，最重要的是，要及时鼓励并永远支持他。

六、归因理论

归因理论是另一种从认知的角度来解释动机的理论。Heider 认为，当遭遇某种事情时，不论它有利还是有害，人们总会探寻其背后的原因。这种对事情发生的原因进行推理的认知过程，便是归因。人们需要用归因来减少社会生活的不确定性。对自己的行为及其后果进行不同的归因，会影响个体后续的行为动机。比如，一个在初赛中落后于对手的运动员，会反思自己败给对方的原因，如果他认为是自己的能力不足导致了这个结果，他就不太可能有动力继续挑战对方，而如果他觉得自己失败是因为一时大意，他就很可能会急于再战一场来挽回败局。Heider 归纳出这两种行为不同的原因为内部原因（内因）或外部原因（外因）。内部原因指诸如需要、情绪、兴趣、态度、信念、努力程度之类的行为者本身的因素。外部原因则指诸如他人的期望、奖励、惩罚、指示、命令，运气、天气的好坏、工作的难易程度等行为者周围环境中的因素。运动员在竞技场上失败，可能是内因（他运动天赋不够、不够努力之类）造成的，也可能是外因（对手太强）造成的。归因于外，运动员的责任压力要小一些；若归因于内，运动员就要对结果负更多的责任。Heider 认为，归因会影响人的动机。

Weiner 及其同事在 1972 年发展了 Heider 的归因理论。他们认为，人们对过去的成功或失败主要归结于能力、努力、运气、任务难度、身心状态及他人的影响六个方面的因素。这六个因素可以归入控制点、稳定性和可控性三个维度。控制点这一概念最先由 Rotter 提出，用来描述人们对事因的不同预期。有的人愿意相信事情的发生是自己造成的，这被称为内向归因；而另一些人愿意相信事情总是由自身以外的一些因素操纵的，这属于外控归因。倾向于内向归因的人在梳理自己的成败经验时，总是先从自身找原因（能力、个性、容貌、努力程度，等等）；而倾向于外向归因的人在梳理自己的成败经验时，则喜欢寻找自身以外的因素（运气、缘分、他人的影响、事态的变化，等等）。这个维度与 Heider 的理论基本一致。人们的归因还可以在稳定性维度上加以区分。人们用来解释事件的原因，有些是时时变化的，例如，运气，它对事情的影响是随机的。而有些因素就很稳定，例如，能力，通常不会很快提高或降低。此外，有些用来解释事件的因素是可以由个体的主观意志决定的，例如，努力程度，个人可以决定自己努力还是不努力。有些因素就超出了个人的控制范围，如运气、能力等。这便是可控性维度可以做出的区分。成败的原因与三个维度的关系如表5-1所示。

表5-1　成败的原因与三个维度的关系

因　素	内　部				外　部			
	稳定		不稳定		稳定		不稳定	
	可控	不可控	可控	不可控	可控	不可控	可控	不可控
个人能力		√						
努力程度			√					
运气好坏								√
任务难度						√		
身心状态				√				
他人影响								√

归因的重要性在于，不同的归因方式会直接影响一个人的态度和积极性，进而影响其业绩。例如，某人的工作完成得不理想，如果他认为这是由自己能力不够这种内部稳定因素造成的，那么可以预期将来面对同样任务的时候，他可能不会太努力。而如果他认为失败的原因在于运气不好或者是心情不好之类的不稳定因素造成的，那么他可能会努力做再次尝试。所以，一个人如果能正确分析自己行为的原因，可大大地强化自己的激励水平。已有研究结果表明，个人的成就动机与其归因方式之间存在稳定的联系。成就动机比较高的人倾向于把自己的成功归因于能力，而把失败归因于缺乏努力；成就动机比较低的人则倾向于把成功归因于运气，而把失败归因于缺乏能力。这种归因方式的差异，使得两者在成就行为上表现出巨大的差异，成就动机高的人在成功时更加自豪，在失败时也会承担更多的责任，因为他们相信只要付出更多努力就能成功，因此在失败后他们也能保持较高的坚持性；而成就动机低的人不论成功还是失败都没有太多的情绪起伏，也不会有较强的责任意识，当然坚持性也就比较差。

教练员要想在成就情境中保护运动员的自信心，可以通过对胜负的正确归因来做到。在运动员成功的时候，要引导他们把成功归因于稳定、内部的原因（能力、体质、技术水平等），因为这种归因方式会让他们感到自豪，并让他们认为自己下次还会成功。而对连续失利的运动员，教练员要引导他们做不稳定的内部归因（如将失利归因为努力程度不够），原因是不稳定的，可以让他们觉得失败不是不可避免的。内部归因可以让失利的运动员有一定的责任意识。对失败经常做外部不稳定的归因（运气不佳）是不明智的，这样会使运动员放弃承担责任，进而弱化其付出努力的动机。这种归因训练真的会有效果吗？Dweck的试验结果给出了肯定的答案。Dweck相信，通过长期的归因训练，让习得性无助的儿童将失败归因于缺乏努力，可以提升他们的任务坚持性。他使用了两组被试，A组被试在所有的实验任务中都会取得成功（因为有些教育者认为回避失败的经验可以避免消极情绪，保持自信，从而可以坚持不懈），B组被试在20%的实验任务中会失败，但这些失败可以很明显地被证明为是缺乏努力导致的(即可以将失败归因为缺乏努力)。

实验结果表明,B组被试在随后的任务中再经历失败时,其行为坚持性得到提升,不再出现习得性无助的现象;而A组被试没有失败的经验,一旦经历失败,其参与程度和行为坚持性就会减弱。在Dweck看来,B组被试的归因训练,让他们习惯了把失败归因为努力不够,进而把"失败"看成是需要继续努力的信号。很明显,归因训练是有效的,也可以用来提升运动员在体育运动情境中的行为坚持性,在实际的操作中,为了达到较好的效果,应该遵循以下几个步骤。

(1) 设定一个运动员通过足够的努力可以实现的明确目标,这是整个训练过程的基础。目标必须具体明确(如定点投篮,达到"十投九中"及以上的准确率),设定目标时,还要酌情考虑运动员当前的水平,否则会挫伤运动员的积极性。

(2) 训练前,强调任务成功与否主要取决于运动员的努力程度。

(3) 在训练中,不论成败,都要询问运动员关于导致这一结果的原因。如果运动员做出努力的归因,要进行积极强化。

(4) 当运动员的操作达到80%~90%的成功率时,设定新的目标,并重复上面的三个步骤。

【拓展阅读】

学习目标与表现目标

人们在面对困难时往往会出现不同的反应,有些人会迎刃而解,而有些人会止步不前或绕道而行。有哪些因素会影响人们在面对困难时的表现呢?Dweck提出了两种不同的目标倾向,即表现目标与学习目标。由于拥有的目标不同,人会做出不同的反应。她曾以小学五、六年级的学生为被试进行了一项实验研究,来说明两种不同目标取向是如何影响人们面对困难时的反应的。

她首先使用问卷将被试分成表现目标组和学习目标组。然后让被试完成12道题目。前8道题都很简单,被试一般都能顺利解决,后4道题非常难,已经超出了这个年龄的孩子所能解决的能力范围。结果发现,在做前8道题时,两组被试的反应没有显著性差异。但在做后面的4道题时,两组被试的反应出现了两种显著不同的反应模式。

表现目标组的被试解不出难题时很快就表现出各种负性情绪,如沮丧、抑郁或焦虑,并且开始抱怨自己的能力水平太低,甚至对自己的能力产生怀疑。研究者问他们:"如果现在让你再倒回去做刚才那些你已经成功解决的问题,结果会如何?"该组有1/3的被试认为他们没办法做出来。结束后,研究者询问被试记得自己刚才对了几道题,做错了几道题时,这组的被试大多觉得自己做错的题比对的题多。但实际情况是他们都对了8道题,做错了4道题,即正确题数是做错题目数的两倍。

另一方面,该组被试也没有兴趣去继续解决这些难题。比如,有些被试已经不再把自己的精力放在解决问题上,而是说到诸如"我们家刚买了一栋很大的房子"或者"我的画画得可好了"之类与当前任务无关的事情。他们在还没能认真思考解决的方法或思路之前就已经放弃继续努力了。

学习目标组的被试似乎很喜欢挑战。困难非但没把他们吓倒,反而激发了他们的热情,使他们充满斗志。有一个小男孩甚至还挥舞着小拳头大叫着说:"我喜欢挑战!"从这些表现来看,这组被试把这些难题仅仅看作是有待解决的问题,并且也不认为突然出现的挫折是对自己的能力的一种否定。所以他们并没有对自己的能力失去信心,也不担心努力后可能还会失败,而是相信自己能够最终解决问题。这一组几乎所有的被试都会采取某种形式的自我指导或自我监督,不断改进自己的成绩和表现,以找到问题的答案。正是由于他们的乐观和努力,这些被试在后面 4 道难题上的成绩要显著好于表现目标组的被试的成绩,有些被试甚至完成了这 4 道超出其能力水平的题目。

通过一系列的研究,Dweck 认为拥有表现目标的人致力于通过寻求关于自身能力的肯定性评价、避免否定性评价来表现自己的能力。当个体追求此种目标取向时,他们很在意自己的能力水平,想让自己特别是别人觉得他是一个很聪明的有能力的人。因此他们会选择一些简单、不会出错的事情去做,以此来证明自己是一个有能力的很聪明的人。如果人们总是去做那些已经做得很好的事情,而不愿冒险去做那些他们还不太熟悉的事,那么他们学习到新东西的机会就相对较少。

拥有学习目标的个体则以发展新技能、掌握新知识等为目的。他们往往喜欢挑战,愿意去做那些新颖的、自己还不太熟悉的事,因为这样才能学到新东西,发展新的能力。即使在此过程中他们会迷惑、受挫折,也不会退缩。因此,这类个体能力发展的机会较多,能在失败面前不低头,保持信心与斗志。如果个体能发展出学习目标,那么他在大多数情境下都应能较好地适应。

【本章小结】

动机是人类行为的直接原因。动机形成需要两个条件:一是内在需要;二是外在的诱因。两者缺一不可。动机是一种无法观察的内在过程,与其他的心理过程相比,它具有动力性、方向性、隐蔽性和复杂性。动机对行为具有激发功能、指向功能和维持功能,即能增加个体的唤醒程度,促进专注,使其行为指向特定的目标,并根据目标维持和调节行为。根据不同的标准,动机可以被区分为生理动机与社会动机、外部动机与内部动机及主导动机与从属动机。在各种活动中都有一个动机最适宜水平的问题。动机的最适宜水平往往会因任务性质的不同而不同。

强化理论认为,人类的动机由先前的行为与外部刺激之间受到强化而建立起来的牢固连接促成的。强化可以使某一个行为出现的可能性增加,分为正强化和负强化。与强化相对的概念是惩罚,惩罚可以使一个行为出现的可能性降低,是削弱动机的条件。不同的强化程序会产生不同的动机强度,一般而言,间歇强化比连续强化产生更加持久的行为动机。Bandura 认为,除了对直接行为后果的外部强化,还存在替代强化和自我强化。

Maslow 提出,人有五种基本需要,分别是生理需要、安全需要、归属和爱的需要、尊重的需要、自我实现的需要。这五种基本需要又可以分为两大类:缺乏性需要和成长性需要。其中，生理需要、安全需要、归属和爱的需要及尊重需要属于缺乏性需要，而自我实现的需要属于成长性需要。这五种需要以力量的强弱和出现的先后为根据形成一个由下而上的层次结构。越是低层次的需要，力量越强，越力求优先得到满足。

成就动机是个人追求成就的内在动力，即争取成功、做事希望精益求精的动机。成就动机高的人追求能够体现个人能力的工作环境，喜欢能够得到及时反馈且难度适中的任务。成就动机高的人在学业和职场上都更加容易成功。社会成员的成就动机水平与一个国家的经济发展息息相关。McClelland 认为，父母的正确教养方式能够提高儿童的成就动机。

Dweck 根据自己的研究提出了学习目标和表现目标的概念，学习目标是指成就行为的目的在于学习和掌握新的能力的目标。表现目标是指成就行为的目的在于寻求有关自身能力的肯定性评价，或者避免否定性评价的目标。两者之间的主要区别在于：前者关注自身能力的发展，后者关注自身能力的证实。

Bandura 认为，有两种期望影响着人的行为：结果期望和自我效能期望。前者是指对某一种行为在多大程度上可能会导致某一种结果的信念，后者是指对自己能否完成某一行为的信念。而自我效能感预期比结果预期能更好地预测行为。自我效能感会决定人们对活动的选择、影响行为的坚持性、影响活动时的情绪，还会影响人们的思维模式和归因方式。

Heider 认为归因是对事情发生的原因进行推理的认知过程。Weiner 认为，人们对过去的成功或失败主要归结于能力、努力、运气、任务难度、身心状态及他人的影响六个方面的因素。这六个因素又可以归入控制点、稳定性和可控性三个维度。不同的归因方式会直接影响一个人的动机，进而影响其业绩。

【思考题】

1. 动机形成的条件是什么？
2. 请举例说明在体育教学中常用的强化措施与惩罚措施。
3. 简单陈述需要层次理论的基本内容。
4. 比赛前，通过哪些途径可以提高运动员的自我效能感？
5. Weiner 的归因理论对培养良好的运动动机有什么启示？
6. 试用本章介绍的有关动机理论解释体育比赛中常见的“想赢怕输”现象。

【推荐阅读文献】

[1] 马启伟，张力为. 体育运动心理学[M]. 浙江：浙江教育出版社，1998.

[2] 姚家新. 运动心理学[M]. 武汉：武汉体育学院教材委员会，2007.

[3] 郭永玉，贺金波. 人格心理学[M]. 北京：高等教育出版社，2011.

[4] 许燕. 人格心理学[M]. 北京：北京师范大学出版社，2009.

[5] Gerrig，R.，& Zimbardo，P. 心理学与生活[M]. 王垒，王甦，译. 北京：人民邮电出版社，2004.

第六章 人格和体育运动与个体社会化

教学目的

(1) 掌握人格的概念、结构和人格形成的理论,熟悉健全人格对个体心理发展的重要作用,了解人格测验的方法和测量工具。

(2) 理解人格发展与个体社会化之间的密切关系。

(3) 理解人格特征与运动员的运动表现之间的关系,能够分析不同运动项目的专项心理特点。

重要概念

人格、人格特点、特质、本我、自我、超我、体育道德、攻击行为。

第一节 人格概述

一、人格

(一) 人格的定义

在日常生活中,人们经常使用到"人格"或"个性"的字眼。例如,我们经常听到类似的话语:"那个人虽然表面上看起来文质彬彬的,其实却人格分裂。""刘翔是我的偶像,因为他很有个性!""小明和小强的个性完全相反,很难想象他们是一对双胞胎兄弟。"但是,如果你要求人们对他们所说的"人格"或"个性"下一个明确的定义的话,很多人会感到困难。实际上,在描述人的人格定义及心理学的这个分支领域应该包括哪些问题上,人格心理学家也还在讨论,而且这种讨论恐怕永无终结之日。另外,心理学术语中的"人格"和"个性"与我们日常生活中所说的含义是不同的。

大多数心理学家认为,人格是一个人独特的、相对稳定的行为模式。人格是由每个人所具有的才智、价值观、态度、愿望、感情和习惯以独特的方式结合的产物。

（二）人格的基本特点

1. 人格的整体性

人格是一个人整个精神面貌的表现，是各种人格特质或特征的有机结合。这些人格特质或特征不是孤立地存在着的，也不是机械地联合在一起的，各部分之间的相互联系、相互作用构成一个完整的人格。在分析个体人格时，只有从整体出发，并与其他人格特征相联系，才能识别人格特征的现实意义。一个现实的人的行为不仅是某个特定部分运作的结果，而且是这个特定部分与其他部分紧密联系、协调一致进行活动的结果。精神分裂症是一种最常见的精神病，布洛伊勒认为精神分裂症是精神内部的分裂，他将统一性的丧失、精神的内部分裂视为此病的本质。精神分裂症患者的心理与行为就像是一个失去指挥的管弦乐团。得了这种病，患者的感觉、记忆、思维和习惯这类心理机能虽然不至于丧失，却是乱七八糟的。由此可见，一个正常人的心理是多样性的统一，是有机的整体。

2. 人格的稳定性

人格的稳定性是指那些以某种机能特点或结构形式在个体身上比较固定的特点。人格的稳定性表现在两个方面。一是人格的跨时间的持续性。在人生的不同时期，人格的持续性首先表现为自我的持久性。即从时间上来看，一个人的人格一旦形成就比较稳定，在其幼儿期、青年期、中年期和老年期有相当的一致性。二是人格的跨情境的一致性。从空间上来看，一个人不管在家里、在学校，还是在公共场所，其人格也具有相当的一致性。但不排斥其发展和变化。例如，一个外向的学生不仅在学校里善于交往，喜欢结识朋友，而且在校外也喜欢交际，喜欢聚会，虽然他偶尔也会表现出安静，与他人保持一定的距离。

人格的稳定性并不意味着人格是一成不变的。第一，人格特征随着年龄增长，其表现方式也有所不同。比如，特质焦虑，在少年时代表现为因即将参加的考试或即将考入的新学校而心神不定，忧心忡忡，在成年时表现为因即将从事的一项新工作而忧虑烦恼，缺乏信心，在老年时则表现为对死亡的极度恐惧。也就是说，人格特性以不同行为方式表现出来的内在秉性的持续性是有其年龄特点的。第二，对个人有重大影响的环境因素和机体因素，如移民、严重疾病等，都有可能造成人格的某些特征，如自我观念、价值观、信仰等的改变。行为改变往往是表面的变化，是由不同情境引起的，而人格的改变则是比行为更深层的内在特质的改变。

3. 人格的独特性

人格的独特性是指人与人之间的心理与行为是各不相同的。世界上很难找到两片完全相同的叶子，也很难找到两个完全相同的人。由于人格结构组合的多样性，每个人的人格都有其自己的特点。在日常生活中，我们随时随地都可以观察到，每个人的行动都异于他人，每个人都各有其需要、爱好、认知方式、情绪、意志和价值观。

我们强调人格的独特性，并不排除人们在心理上与行为上的共同性。人类文化造就了人性。同一民族、同一阶层、同一群体的人们具有相似的人格特征。文化人类学家把同一种文化陶冶出的共同的人格特征称为群体人格或众数人格。例如，许多研究表明，由于受传统儒家文化的影响，世界各地的华人都有不少相同的人格特征。但是，人格心理学家更重视的是人的独特性，虽然他们也研究人的共同性。

4. 人格的社会性

人格的社会性是指社会化把人这样的动物变成社会的成员。人格是社会的人所特有的。人格是在个体的遗传和生物基础上形成的，受个体生物特性的制约。从这个意义上也可以说，人格是个体的自然性和社会性的综合。但是人的本质并不是所有属性相加的混合物，或者是几种属性相加的混合物。构成人的本质的东西，是那种为人所特有的、失去了它人就不能称其为人的因素，而这种因素就是人的社会性。其实，即使是人的生物性需要和本能，也是受人的社会性制约的。例如，人满足食物需要的内容和方式是受具体的社会历史条件制约的。

二、人格理论

每一种人格理论都是一个用来解释人格的概念、假设、观点和原则的系统。我们怎样才能把对人格的各种观察和认识组合在一起？人格是怎样发展的？产生人格障碍和情绪障碍的原因是什么？为了回答这些问题，心理学家提出了许多关于人格的理论，这些理论可以大致分为四类：第一类是特质理论，这类理论试图说明组成人格的特质，以及人格特质与实际行为之间的关系；第二类是精神分析理论，这类理论强调人格的内部作用过程，尤其是内部的冲突和矛盾斗争；第三类是行为主义理论，这类理论强调外部环境、条件与学习的作用；第四类是人本主义理论，这类理论更注重个体的感受和主观的体验，以及个人成长机制的作用。

（一）特质理论

特质是指一个人在大多数情境中表现出来的相对稳定和持久的品质。例如，如果你的一位女同学总是乐观、保守和对人友善，那么，这些品质就是这位同学人格中的稳定特质。

1. 奥尔波特的特质理论

美国心理学家奥尔波特是人格特质理论的创始人。奥尔波特提出将人格特质分为共同特质和个人特质。共同特质是指在某一社会文化形态下，大多数人或一个群体所共有的、相同的特质。共同特质表现出一个特殊民族或文化中的相似性，同时也反映了这种文化中所注重的某些特质。个人特质是指个人身上所独有的特质。一个人独特的人格品质通常是由个人特质决定的。

奥尔波特在对英语中一万多个用以描写人的特点的形容词进行分析的基础上把人格特质归纳为首要特质、核心特质和次要特质三类。首要特质是一个人最典型、最有概括性的特质，它影响一个人的各个方面的行为。另外，奥尔波特把5～10个最能说明个体人格的特质叫核心特质，也是人格的基本构成单位。次要特质是指人的一些表面的特点和不稳定的品质，如食物偏好、政治观点、态度和音乐品位，等等。三者之间的关系是怎样的呢？首要特质就像一棵大树的主干，核心特质就像一棵大树的几个主要分支，而次要特质就类似于大树的细小分支。

在人际交往过程中，个体之间交往与否及交往的亲密程度取决于交往双方对对方首要特质的判断。而核心特质和次要特质对人际交往的影响程度较小。

2. 卡特尔的特质理论

卡特尔继承和发展了奥尔波特的特质理论，采用因素分析方法，通过对大量人格特质进行分析从而得到若干“根源特质”。卡特尔认为，可以将人格特质分为根源特质和表面特质。根源特质是人格的内在因素，是人格结构的最重要部分，是一个人行为的最终根源。表面特质是指表现于外，并相互关联的行为特质。如“诚实”是一种表面特质，它反映了个体一系列相关行为的特征。每一种表面特质都来自于一种或多种根源特质，而一种根源特质也能影响多种表面特质。

卡特尔和同事经过长期的对不同年龄、职业、文化背景的人进行测试分析，收集了相关研究证据，最终确定了16种人格的根源特质。卡特尔认为，这16种人格特质是描述人格时必须使用的。根据人格特质的构成，卡特尔编制了“16种人格因素问卷”(16PF)。卡特尔运用16PF研究过不同的群体，结果发现，艺术家、作家、飞行员等不同群体的人格特质表现出明显不同，人格剖面图也表现出明显差异。

3. 大五人格理论

在卡特尔16种人格特质因素提出之后，人们对人格特质构成的探索仍在不断进行。一些不同的研究群体从许多不同的人格研究资料中不断地发现关于五个人格维度的证据。虽然在这些因素的命名和数量上还存在争议，但研究者还是不断地揭示出内容相似的各种因素。尽管不同的研究者可能会使用不同的名称，但使用的最广泛的是“神经质”“外向性”“求新性”“随和性”和“尽责性”。

神经质维度依据人们的情绪的稳定性和调节情况而将其置于一个连续统一体的某处。那些经常感到忧伤、情绪容易波动的人在神经质的测量上会得高分。在神经质维度上得分低的人多表现为平静、自我调适良好，不易于出现极端和不良的情绪反应。外向性是用于评估一个人是内向还是外向。外向的个体表现为好交际、精力充沛、乐观、友好和自信。内向的个体则表现为安静、被动、孤独、不合群。求新性是指对经验持开放、探究态度，而不仅仅是一种人际意义上的开放。在求新性维度上得分高的个体表现出富有想象力、创造性强、具有强烈的好奇心和标新立异的意识。在求新性维度上得分低的个体则表现为刻板、遵守习俗、缺乏好奇心和低创造性。随和性是指个体的思想、情感和行为方面在同情至敌对这一连续体上所处的位置。在随和性维度上得分高的个体是宽容的、好脾气的、乐于助人的、可信赖的和富有同情心的，而在随和性维度上得分低的个体则多持有敌意、为人多疑、刻薄、无情、易怒。尽责性是指个体如何控制自己、如何自律。在尽责性维度上得高分的个体认真、勤奋、守时，做事有计划、有条理性，而在尽责性维度上得分低的个体则表现出马虎、懒惰、不守时，做事缺乏条理性的特征。

不同学者对人格概念的内涵和构成的认知存在差异，因此在人格特质构成的数量和内容上也存在争议。另外，个人的人格的形成与发展受到先天遗传和后天环境的双重影响，而特质理论对此并未做出论述，这也是特质理论受到质疑的原因之一。

（二）精神分析理论

精神分析理论认为，研究人格必须探索人格表面背后的本质。维也纳医生弗洛伊德是精神分析理论的最著名的代表人物。弗洛伊德在临床工作中发现，许多病人的问题似乎不是由生理原因引起的，他由此产生了研究人格的兴趣。从1890年开始，弗洛伊德在人格研究领域的工作一直持续到他去世为止。

弗洛伊德认为，人格是一个动力系统，由本我、自我和超我三个心理结构组成。弗洛伊德认为，人类大多数的行为中都包含有本我、自我和超我的共同活动。

1. 本我

根据弗洛伊德的理论，本我是由先天的生物本能和欲望组成的系统，以追求非理性的、冲动性的和无意识的自我满足为目标进行活动。本我遵循的是快乐原则，即要求自由表达、寻求快乐的各种欲望。本我为整个个体的人格活动提供能量，这种能量叫做力比多，来源于人的生存本能。力比多决定了人生存的愿望，即一种潜在的满足性欲的愿望，人追求快乐的一切形式都是这种愿望的表达方式。与生的本能同时存在的还有破坏的本能，弗洛伊德称之为萨拉托斯，这种本能表现为对他人的攻击行为和破坏欲望。在大多数情况下，个体会通过非破坏性的方式释放本我的能量，缓解由于性冲动或攻击冲动造成的内部压力。

2. 自我

自我是思考、计划、问题解决和决策的系统，是在人格的意识部分控制之下发生作用的。本我产生出能量，只能够决定一个期望行为的意向，但如何使用能量，将本我的愿望落实为外部行为则需要依靠自我来实现。本我按照快乐原则行事，而自我则按照现实原则行事。因此，在本我的要求不符合实际或不合时宜的情况下，自我会对这种冲动进行控制，将行动拖延或压抑，直到认为它合适时再行动。

3. 超我

超我是人格结构中代表理想的部分，它是个体在成长过程中通过内化道德规范，内化社会及文化环境的价值观念而形成的，其机能主要在监督、批判及管束自己的思想和行为。超我的特点是追求完美，所以它与本我一样是非现实的，超我大部分也是无意识的，超我要求自我按社会可接受的方式去满足本我，它所遵循的是道德原则。弗洛伊德认为，一个缺乏控制力的超我可能使一个人成为不良少年、罪犯，或形成反社会人格，同样，一个过度严格的超我则可能使人产生压抑感或难以承受的内疚感。

精神分析理论认为，本我、自我和超我这三种力量在个体身上既相互独立又相互矛盾地存在着，三者处于一种微妙的平衡状态。比如，本我要求快乐的愿望立即得到满足，而这经常会与超我的道德标准发生冲突，本能的冲动会受到自我和超我的控制。为了降低内部冲动的压力，自我可以采取各种可行的途径达到目的：如果本我的力量占优势，自我也可能决定采用引诱或强迫行为；如果超我占优势，自我则可能需要通过其他活动方式对性冲动进行掩饰或使其升华。

根据弗洛伊德的理论，人格系统的主要功能就是解决这些内部的冲突。当本我的愿望与社会道德发生冲突时，个体会使用心理防御机制来缓解这种冲突对心理造成的不良影响。心理防御机制是自我的一种防卫功能。很多时候，超我与本我之间、本我与自我之间，经常会有矛盾和冲突，这时人就会感到痛苦和焦虑。这时，自我可以在不知不觉之中，以某种方式调整一下冲突双方的关系，使超我的监察可以接受，同时本我的欲望又可以得到某种形式的满足，从而缓和焦虑，消除痛苦，这就是自我的心理防御机制。它包括压抑、否认、投射，退化、隔离、抵消转化、合理化、补偿、升华、幽默、反向形成等各种形式。人类在正常和病态情况下都在不自觉地运用心理防御机制，心理防御机制运用得当，可减轻痛苦，帮助度过心理难关，防止精神崩溃；运用过度，人就会出现焦虑抑郁等病态心理症状。

（三）行为主义理论

行为主义认为人格就是各种行为模式的集合，人格的形成是通过经典性条件反射和操作性条件反射建立的，人格的形成取决于后天的环境。个体学习的两个基本机制是模仿和社会强化。模仿指的是通过观察而学习的现象。根据班杜拉的社会学习理论，行为为观察性学习作用的结果。社会强化是建立在受到奖励的行为有可能再次发生这一概念基础上的。个体通过对他人行为的观察、模仿，在强化和惩罚下辨别各种行为的合理性，建立和消除各种行为，或对已有行为进行修正。

行为主义理论强调学习在人格形成中的重要意义。甚至有的行为主义心理学家认为，人格中的一切都可以通过学习的作用给出解释，而一切天生的稳定人格特质都是不存在的。由此可见，行为主义理论所真正感兴趣的是行动的外部决定因素。然而，各种情境性决定因素都还不是决定行为的充分条件。特定的行为总是在具体的情境与一个人过去的经验相互作用中产生的。

（四）人本主义理论

人本主义理论的主要代表人物是罗杰斯和马斯洛。与以往理论不同的是，人本主义理论主张人的本性是健康、积极的，我们的行为不是由内心深处、看不见的灵魂的力量所决定的，而是基于自由的选择，成长和改变的能力在个人自由的内心深处。罗杰斯和马斯洛认为，人类具有一种与生俱来的自我发展、自我挖掘潜能和追求自我实现的内部动力或倾向。自我实现是一种过程，目的是在一个人的经历和他的自我认识之间寻求一致。

马斯洛在对社会各阶层优秀人物的人格特征进行系统研究后认为，自我实现的人具有以下特征：①能够准确地知觉现实；②能悦纳自己、他人和环境；③能自然地表达自己的情绪和思想；④能超越以自我为中心，而以问题为中心；⑤具有超然独立的性格；⑥对自然条件和文化环境具有自主性；⑦对平凡事不觉得厌烦；⑧具有高峰体验，爱人类，并具有帮助人的真诚愿望；⑨有知交，有亲密和温暖的家人；⑩具有民主性格；⑪伦理道德标准明确，能区分手段与目的；⑫富有哲理的、善意的幽默感；⑬具有旺盛的创造力；⑭对现有文化具有批判精神。

罗杰斯对人本主义理论发展的主要贡献体现在他的心理治疗理论。这一理论是非引导性的、以病人为中心的。治疗者并不试图将自己的看法强加给病人，而是帮助病人自己找到问题的解决办法。此外，治疗者是能够接受的、移情的、诚实的，并且表现出对病人无条件积极的关注。马斯洛对人本主义理论的贡献在于：以人的需要层次为基础，发展了需要层次理论，认为一切人类经历的最终目标就是自我实现，但是要达到这个目标，人们就必须首先满足一些较低层次的需要。

三、运动员人格的测评

(一) 运动员人格测评的作用和意义

1. 有助于了解和认识自我

通过人格测评，运动员可以全面了解自己的能力、性格和气质类型，进一步客观地认识到自己的优势和不足以在训练、竞赛和生活、学习中扬长避短，充分发挥自己的优势，充分挖掘自身的潜能，体现自身价值。

2. 有助于因材施教

首先人格测评有助于家人、教师和教练员更好地认识运动员的人格特征，了解运动员的优势和劣势，做到因材施教。而个性化的训练方案能充分挖掘每一个运动员的运动潜能。其次，对于集体项目来说，人格测评可以帮助教练员科学合理地安排每一个队员的场上位置和在运动队中的角色。对于双打项目来说，人格测评可以帮助教练员以最佳搭档进行配对，以弥补对方的劣势，充分发挥两名队员的优势。最后，在运动队的管理过程中，也要求教练员要了解运动员的人格特点。因人而异地采用个性化的管理措施，才能在运动队中建立良好的文化氛围，促进运动员的发展。

3. 有助于运动员形成健全的人格

人格测评，可以帮助教练员尽早发现运动员人格中存在的问题与缺陷，认识到这些问题与缺陷对运动员的生活、训练和竞赛的影响。对出现的人格障碍，及时采取干预措施，制订科学的心理训练方案，可以帮助运动员改善心理环境，提高运动员的心理调节和适应能力，不断完善运动员的人格。另外，在心理训练过程中，人格测评可以帮助心理学工作者全面、客观地认识运动员的人格特点，以便制订有针对性的、科学的心理训练计划，促进运动员心理素质的提升。

(二) 运动员人格测评的方法

根据不同的人格理论，不同学派的心理学发展了不同的人格测评方法。目前，关于人格测评的方法主要分为传统人格测评方法和非传统人格测评方法。

1. 传统人格测评方法

1) 客观量表类测验

客观量表类测验主要包括自陈量表和他评量表，二者的主要区分依据是根据填写量表的人是为了进行自测还是为了评价他人来界定的。这种测验方法在人格研究中应用比较广泛，具有施测简便、易于解释等优点，很多著名的人格问卷都是以客观量表方式编制的，如艾森克人格问卷(EPQ)、卡特尔16项人格因素问卷，明尼苏达多项人格调查表(MMPI)等。客观量表的编制方法主要是合理建构法，即在某种人格理论的指导下确定所要探讨的个性特征结构并据此编制测验。

客观量表类测验在各个领域广泛应用的同时也受到了很多批评，对它的批评主要集中在受测者在回答问题时会受到社会赞许性的影响，即不能准确地按照实际情况回答问题，而是倾向于给出受到社会赞许的答案。这样就不能准确地测量出人格问卷期望测出的人格特征。在有些时候，一些受测者会出现反应定势，甚至掩饰的倾向。另外，不同的文化背景也会影响受测者在回答问题时的倾向，如中国人受到中庸文化的影响，在选择中倾向于折中的答案。

2）投射测验

投射测验是在弗洛伊德的无意识理论下发展而来的，其基本假设为，人们对外界刺激的反应都是有原因并且可以预测的。个人的反应与个人的心理状况、过去经验等有很大联系。含义模糊的刺激情境时，能暴露出人格中隐藏在潜意识中的欲望、需求等。因此，投射测验被认为可以对人格进行综合的、完整的探讨，对被试的内心生活进行深层探索（可能探测到个体的潜意识内容），并做出动态解释。

Lindzey 将投射测验分为以下五类。

（1）联想型。让被试说出某种刺激（如单字、墨迹）所引起的联想，如荣格的文字联想测验和罗夏墨迹测验。

（2）构造型。要被试根据他所看到的图画编造一套含有过去、现在、将来等发展过程的故事，如主题统觉测验。

（3）完成型。提供一些不完整的句子、故事或辩论材料等，让被试自由补充，使之完整，如语句完成测验。

（4）选排型。要被试根据某一准则来选择项目，或做各种排列。可用图画、照片、数字等作为刺激项目，如内田测验。

（5）表露型。使被试利用某种媒介（如绘画、游戏、心理剧等）自由表露他的心理状态，如画人、画树测验。

常用的投射测验为罗夏墨迹测验和主题统觉测验。罗夏墨迹测验由瑞士的精神病学家罗夏最早编制。其具体操作是：将 10 张墨迹图（5 张黑色图片图案浓淡不一；3 张多色混合构成；2 张红黑两色构成）呈现给被试，由被试解释看到了什么。罗夏墨迹测验的记分解释程序十分复杂。主题统觉测验由默瑞与 Morgan 于 1935 编制，其理论基础是默瑞的“需要-压力”理论。全套测验包括 30 张图片，外加空白图片 1 张。实际测验时，要求被试根据图片内容编出一个完整的故事。

投射测验是一种非文字性的测验，因此在测量人格方面是文化公平的和文化独立的，拥有不同文化的个体可直接相互比较，因此在跨文化比较研究中有独特的价值。投射测验是一种非结构化的测验，其刺激物和指导语都是非结构化的。非结构化测验旨在通过被试完成一定任务时所表现出的行为（如绘画、完成句子、编造故事、识别图形等）间接地评定其人格。罗夏墨迹测验是这种非结构测验中的典型，这类测验的目的是隐蔽的，被试不可能猜到测验的目的，他们产生的目的性行为是为了完成当前测验任务，而根本想不到这些行为会折射出自己的人格。因此，表达出的人格信息就较少受到意识的审查，可以避免社会赞许问题的影响，被试在测验过程中也就不会掩饰和伪装。因此，投射测验具备测量真实人格的可能性。而结构化测验要求被试直接报告自己的情绪、态度、经验和行为表现，通过这种直接的报告获得行为样本得到人格的信息，这种方法得到的信息大都经过了意识的审查，每个人在报告自我的信息时，必然在考虑自己展示出来的我是否与自己的社会角色协调，也就是说，每个人都会运用印象管理机制，使反应中出现由社会赞许性等心理定势引起的偏差，使测验失去效度。

对于自陈量表和投射测验这两类测验来说，由于被试是在不同意识水平上反应的，这两类测验可能测量的是同一种人格的不同侧面，或者测量的是同一种人格的不同功能。自陈量表有可能测量了反应倾向、印象管理等方面的特质，投射测验则可能与外显行为不具有直接的关系。投射测验除了具有上述这些优点外，还引发很多的争议，争议主要集中在投射测验的信效度指标很低，不能满足测验理论的要求，并且投射测验的非结构性和反映自由性给评分和做出结论带来一定的难度。

3）作业法

作业本身的含义是指从事某项活动，作为心理学术语主要是指一种测量方法。它不依赖于被试的语言、观念、思想等，而是使用一些任务导向的客观作业测验人格，在掩蔽测验目的的条件下，从被试完成这些客观作业的态度、风格及完成作业的质和量上来了解分析被试的人格特征。常用的作业法有敲击实验、画线实验、数字划削实验、克雷佩林式作业、完成作业等。作业法最早由德国精神病医生克雷佩林编制，其中最有代表性、最有影响的是内田-克雷佩林心理测验。该作业测验法最初源于德国克雷佩林在1902年发表的连续加法计算法，日本心理学家内田勇三朗将该法引入日本，在克雷佩林研究的基础上编制而成现在的内田-克雷佩林心理测验，内田-克雷佩林心理测验自1920年起，被广泛应用于教育、医疗、司法、企业管理等许多领域。该测验假设心理过程作为一种精神现象，在一定的刺激下，总会表现为一定的外显行为，在活动中得到物化。通过测量分析人的行为活动，可以间接实现测量心理过程的目的。个人的气质、兴趣、意志活动及性格和他的身体与精神力量相辅相成，在这两个因素及动机的促使作用下，个体便开始从事某项行动，特别是其中的性格对作业效率起着举足轻重的作用。因此，可以通过作业等操作途径来推断影响作业效率的性格。

内田-克雷佩林心理测验具有施测简单，容易控制，不受语言文化和教育程度等的影响，能同时获得能力、性格和行为三个方面的信息的优点，但它在评分和分数解释上标准化程度不高，对评定者的要求比较高。

2. 非传统人格测量方法

1）精神分析学派的测量方法

精神分析学派在进行人格评估时最常用的方法有自由联想技术、单词联想技术、梦的分析和失误分析。投射测验在最初建立时并非以精神分析为理论基础，但在后来的发展中，借鉴了精神分析的潜意识理论才使得其很快地发展起来，它在应用上也可以称为精神分析的测量技术。自由联想技术是患者在分析师的指导下说出在头脑中刚刚想到的所有一切。在自由联想的过程中，患者被鼓励表达强烈的感觉和想法。弗洛伊德认为这些一闪而过的念头是潜意识力量自然发展的结果。精神分析学派的心理学家都重视通过梦来解读人的人格。失误分析的对象是在生活中犯的各种失误，如口误、笔误、遗忘等。弗洛伊德认为失误是两种不同意向（一种是被牵制的意向，一种是牵制的意向）相互牵制的结果。这些失误都是深层潜意识愿望的流露。通过对失误行为的分析，可以发掘深层潜意识的动机，从而揭示出失误行为的目的和意义。

在进行人格测评时，精神分析学派力求得到一个能解释行为的整体答案，而不是像特质理论一样得到一些分散的特点，这是精神分析学派的优点，但这在很大程度上限制了其在人格测评方面的发展。另外，精神分析学派的方法基本上应用于临床上基于个案的研究，并且精神分析学派的这些评估技术在应用时不仅分析师需要长时间的学习，而且患者也需要一定时间的学习。

2）人本主义学派的测量方法。

人本主义心理学家在进行人格测评时采用的方法主要有内容分析法、评定量表法、Q分类法、语义分析法等。内容分析法是把用言语表示的非数量化资料转换为用数量表示的资料的一种方法，这种方法是对晤谈内容的表现做客观的、系统的和数量描述研究。评定量表法是人格心理学工作者常采用的一种方法，与其他的人格量表没有本质的区别，只是评价内容的侧重点有所不同。Q分类法是一种自我评定测验的实施方法，要求被试在载有描述自我特征的一系列卡片中根据卡片所述最符合本人的程度按等级分成事先定有分类的若干类，然后研究者按照被试分类的结果进行分析，以了解被试的自我特征。语义分析法是用语义量尺对一件事物或概念进行评价，以了解该事物或概念在各评量维度上的意义和强度，一个量尺等级序列的两个端点通常是意义相反的形容词。语意分析法不仅在探讨人本主义学派的经验方面具有明显的优势，而且又能进行量化的客观测量，因此被广泛地应用于对自我的研究。

人本主义心理学派的人格范式在评价人格时具有注重行为的意义、注重自我报告、关注现在、重视意识和评价时的气氛等特点，并且具有自我报告所特有的不真实性和被试取样的局限性等缺点。

（三）运动员人格测评的工具

在过去的30多年里，我国的运动心理学工作者主要采用16PF、EPQ、MMPI等一般人格测量工具对不同运动项目的运动员及非运动员进行大样本测试、比较。研究者试图通过比较运动员与非运动员的人格差异及不同运动项目的运动员人格特征的差异，来发现优秀运动员的人格模式，并以此对运动员的运动表现进行预测，从而建立优秀运动员的人格选材标准。此类研究取得了一定的研究成果，对运动员人格的研究具有一定的启发意义，但从总体上来说，研究结果并不理想，对运动员的运动选材和运动成绩的预测效应还处于较低水平。

在研究运动员的人格时，测量工具本身是影响研究质量的重要因素之一。目前，我国运动心理学工作者在研究运动员人格时使用的测量工具主要是国外引进的人格测验。虽然这些测验都是信效度较高的标准化测验，但这些测验在适用范围和应用目的上并不能满足体育运动领域的要求。而目前适用于运动领域的专门化的人格测量工具还比较缺乏。以下介绍两个由我国运动心理学工作者研制，并经检验具有较高信效度的适用于运动领域的人格测量工具。

1. 运动员性格测量表

运动员性格研究对运动员心理选材、心理训练与咨询、运动员技能学习及运动队的管理等均具有重要意义。优秀运动员的人格特征主要表现在社会性、情绪稳定、支配性、责任感、领导力、自信、坚持性和低特质焦虑等方面。与一般运动员和非运动员相比，优秀运动员表现出了情绪稳定性、自信心强、兴奋性强、敢为性强、恃强性强、有恒性和自律性等特征。

漆昌柱根据前人对运动员人格特征的研究结论和不足，结合体育运动的自身特点，在参考了国内外人格研究的成熟研究工具的基础上，编制了运动员性格测量表。该量表包括坚韧性、兴奋性、社交性、理智性、自控性、情绪性、进取性和灵活性等 8 个维度(见表 6-1)。

表 6-1　《运动员性格测量表》各维度典型特征

维　度	高 分 特 征	低 分 特 征
坚韧性	能忍受疲劳或伤痛坚持训练和比赛，能自觉完成训练任务，在比赛形势不利的情况下能坚持到底	对疲劳和伤痛的忍受力差，在不利的形势下容易气馁从而放弃努力
兴奋性	精力充沛，乐于参加各种活动，并表现积极主动	容易感到疲劳、无力，不愿意参加各种活动，不能胜任自己的工作
社交性	乐于与人交往，喜欢同其他队员一起训练或比赛，喜欢参加各种聚会	不善于与人交往，不喜欢与其他队员一起训练或比赛，喜欢单独活动，不愿意参加集体活动
理智性	头脑冷静，高瞻远瞩，了解自我，能为自己制定现实而合理的目标	思维混乱，目光短浅，易受他人言行的影响，自己制定的目标往往不切实际
自控性	自控能力强，善于控制自己的感情和行动，能在训练和比赛中克服消极情绪的不良影响，扭转被动局面	自控能力差，不善于控制自己的感情和行为，容易冲动和感情用事，做事常常不考虑后果，在训练或比赛中经常出现失误
情绪性	情绪稳定，沉着冷静，神情安详，心境开朗	情绪波动，容易紧张焦虑，常处于抑郁状态
进取性	具有极高的成就动机，对自己的运动能力充满信心，在训练或比赛中争强好胜不服输，敢于冒险，勇于创新	成就动机低，对自己的运动能力缺乏信心，害怕与强手竞争，害怕冒险，不敢创新
灵活性	适应能力强，能迅速适应训练和比赛环境及了解对手的技术、战术特点，能根据赛场形势调整自己的技术、战术，善于捕捉战机	适应能力差，对训练或比赛环境的变化很难适应，在比赛中技术、战术应用呆板，不善于把握战机

在该测验中，8 个维度每个维度各包括 8 个条目。其中，有 7 个条目为测谎分测验，1 个条目为进入测验情境项目，不计算得分。测验计分分为正向计分和负向计分两种，每一个问题后面有 5 个选项，从“总是这样”到“从来没有”，按 Likert 5 点计分方法，正向题分别计 5、4、3、2、1 分，负向题分别计 1、2、3、4、5 分。

本测验既可以用于集体施测，又可用于个别测试。测验时，要求测试环境安静，时间充足。主试根据测验指导语的要求进行施测，并鼓励被试尽可能地做出自己真实情况的反应。

2. 运动员气质类型测验

运动员气质类型测验是 1989 年国家体委“对我国优秀运动员心理咨询和心理品质的调

查研究”课题组编制而成。该问卷共设计了20种不同的情境，以及针对每一种情境的不同反应，通过对运动员不同情境的选择反应，来评价运动员的气质特点。

运动员气质类型测验问卷

本测验包括20种不同的情境，每一种情境都有A、B、C、D几种不同的表现形式，请你比较这些不同的表现，选择一种最符合你本人特点的答案，用笔在相应的字母序号上打“√”。

1. 在训练过程中

A. 掌握动作快，但准确性较差

B. 掌握动作快，准确性也较高，但容易出现反复

C. 掌握技术动作较慢，但一经掌握就比较牢固

D. 掌握动作较慢，有时学会了还可能变形

2. 在学习、训练和生活中

A. 事事不甘落后，常常公开和别人较劲

B. 自己在某一方面不如别人，总想在其他方面超过他们，加以弥补

C. 不服输，但不明言，宁愿用事实和行动让人心服

D. 总感觉自己不如别人，有自卑感

3. 平时上训练课和参加其他集体活动

A. 喜欢按时到达

B. 总是提前5分钟或10分钟到达，一般不会迟到

C. 有时提前，有时迟到，无一定的规律，但时间都不会太长

D. 容易迟到，但不是动作慢，而是错误地估计了时间

4. 在身体素质训练中

A. 经常无力完成计划，只习惯强度小而分散的训练

B. 善于动脑筋，总是以最省力的方式完成计划，适宜于中、大强度交替的训练

C. 认真细心，能注意体力分配，喜欢强度适中而稳定的训练

D. 刻苦，有拼劲，但不太注意动作要求，喜欢强度大而集中的训练

5. 当教练员安排变换内容时

A. 总感到正是时候，似乎是按我的意思来决定的

B. 总是在我觉得疲倦了才换，早等不及了

C. 总是在我练得正顺的时候，还练一会儿再换就好了

D. 迟换或早换我觉得都可以

6. 训练疲劳或加大训练量时

A. 开始总是抱怨，但能认真去做，常常还比别人先完成

B. 态度很积极，完成任务也很快，有时可能“偷工减料”

C. 不折不扣地按要求去做，完成任务不在人先，也不在人后

D. 有时知道自己完成任务有困难，但又不讲出来，常常恨铁不成钢

7. 参加大赛之前

A. 容易激动，比赛前几天就睡不好觉，难以控制自己的情绪

B. 容易兴奋,赛前准备很快就能活动开,对自己获胜有信心

C. 情绪比较稳定,考虑问题仔细,但求胜心不强

D. 总担心自己比赛会“砸锅”,常常兴奋不起来

8. 对训练和竞赛场地

A. 喜欢检查场地器材是否标准,经常担心器材、自己的比赛用品会出毛病

B. 不在乎场地、器材条件,失误后也不在这方面找原因

C. 对新的环境很快就能适应

D. 需要一段时间才能适应新的环境

9. 在竞赛的关键时刻

A. 常常心一横,拼了,有时可能蛮干

B. 总是想法寻找对方的弱点,利用其弱点

C. 稳扎稳打,希望能发挥自己平时的训练水平

D. 动作僵硬、失调,自己失误多

10. 竞赛中处于领先地位时

A. 能充分发挥技术、战术水平,但有时急于求成,反而受挫

B. 觉得可以松一口气了,总想找机会要一下对手

C. 兢兢业业,毫不放松

D. 常常怀疑是对方的战术或对手故意让的,自己反而束手束脚

11. 如果在竞争中输给了对手

A. 常认为对方这次运气好战胜了自己,自己下次碰上好运气也能胜他

B. 觉得对方没啥了不起,好多地方他还不如自己

C. 认真总结教训,争取反败为胜

D. 常感到自己不如别人

12. 训练和竞赛时

A. 观众多少都无所谓,宁愿多一点好

B. 观众多时容易兴奋,总喜欢表现一下自己

C. 观众多时容易上火,平常不在意的事也可能发脾气

D. 观众多时常感到手足无措

13. 通过比赛以后

A. 能很快与比赛对手交上朋友

B. 比赛中容易树“敌”,易产生敌对情绪或瞧不起对方

C. 只要对方主动打招呼,也愿意跟别人交往

D. 很难与生疏的对手交谈和来往

14. 在和同伴讨论问题时

A. 常常和别人争得面红脖子粗

B. 总是能发现对自己有利的论据

C. 很少与人争论,喜欢自己推敲不同的观点

D. 不喜欢争论,并尽量避免与人争论

15. 在休息和闲聊时

A. 经常说出一些俏皮话使人发笑

B. 常常被俏皮话逗得捧腹大笑,不能自已

C. 很喜欢听别人讲,但自己不愿讲或讲不出

D. 觉得一些俏皮话并不值得大笑一番

16. 对教练员的批评和他人的指责

A. 常常当面顶嘴,事后又不在意

B. 喜欢为自己找理由、借口,进行开脱

C. 感觉自身没有过错,总能心安理得

D. 一般不顶嘴,但把这些话总是放在心上

17. 在学习某种技术动作不顺利时

A. 喜欢独立思考,想好再练

B. 只想多练,在练中提高

C. 善于观察、模仿,看别人怎么做

D. 总希望教练员和他人给予指点,训练才能放心

18. 在分析他人的技术动作时

A. 常常能指出别人还未发现的细小问题

B. 常常是先抓住问题的主要方面

C. 一下能说出多方面的问题

D. 习惯对别人的评价进行分析,很少在别人之前提出自己独到的见解

19. 在竞赛和处理其他问题时

A. 经常因犹豫而错过时机,事后又追悔莫及

B. 能够果断做出决定,可能不注意方式

C. 处事机灵,常能选择适当的对策

D. 虽然知道自己办事缓慢,但不愿意加快节奏

20. 在教练员和其他队员的印象中

A. 我是一个不拘小节的人

B. 我是一个热情活泼的人

C. 我是一个遇事不慌的人

D. 我是一个谨慎小心的人

测验完毕后,可以根据以下“气质类型测验评分表”(见表6-2)进行评分,并划分相应气质类型。

表 6-2 气质类型测验评分表

题号	1	2	3	4	5	6	7	8	9	10	11	12	13	14	15	16	17	18	19	20
胆汁	A	A	D	D	B	A	A	B	A	A	A	C	B	A	A	A	B	B	B	A

续表

题号	1	2	3	4	5	6	7	8	9	10	11	12	13	14	15	16	17	18	19	20
多血	B	B	C	B	A	B	B	C	B	B	B	B	A	B	B	B	C	C	C	B
黏液	C	C	A	C	D	C	C	D	C	C	C	A	C	C	C	C	A	D	D	C
抑郁	D	D	B	A	C	D	D	A	D	D	D	D	D	D	D	D	D	A	A	D
分值	3	2	1	1	1	2	1	1	2	1	1	1	1	1	1	3	1	1	2	3

根据被试对每一题目选择的A、B、C、D,按其分值计入相应的气质类型中,如果某一种气质类型的得分在20分以上,可以定为被试属于这种典型的气质类型。如果某种气质类型的得分在15～20分之间,其他三种气质的得分比较平均,则可定为被试属于这种气质类型的亚型。其他得分分布则可定为被试属于混合型或中间型。

(四) 体育运动中人格研究存在的问题

体育运动中的人格研究存在一些问题,如概念方面、方法学方面的问题,以及解释方面的问题。

在概念方面上,在缺少一个完好概念框架的情况下进行人格研究至少存在两个方面的问题,从而对人格研究的质量产生影响。这两个方面的问题为:一是存在非理论指导的研究缺陷,二是对人格概念缺少可操作性定义,同一术语在不同的研究中的意义存在差异,从而造成研究结果之间缺乏可比性。在方法学方面的问题主要为如何定义运动员和非运动员的样本问题、被试的失真反应问题、缺乏纵向研究设计等问题。在对结果解释方面的问题主要表现在对研究结论的不恰当推广和将相关关系当作因果关系。

第二节　人格与体育运动

一、运动员的人格特征

(一) 运动员与非运动员的人格比较

运动员与非运动员在许多人格特征上存在差异。有研究表明,与非运动员相比,运动员表现出更独立、客观和较少焦虑的特征。还有研究者在使用16PF测试运动员和普通人后发现,运动员表现出了比普通人更高的智力水平。库珀在综述了运动员人格研究之后指出,运动员与非运动员相比,更具自信心、竞争性,且性格更开朗。这与摩根和凯恩有关运动员外向和低焦虑的研究结果相同。

虽然有大量的研究结果支持了运动员与非运动员之间的人格差异,我们在做出这样的结论时仍然需要持谨慎态度,需要同时考虑其他因素或条件。这方面的研究结果只是表明多数运动员与非运动员相比,在人格特征上具有差异,并不能说明所有运动员都具有这样的人格特征。另外,如何定义运动员也是影响这一研究结果的因素,职业运动员和大学生运动员在人格特征上也可能存在差异。

（二）不同项目运动员的人格比较

克罗尔等人对橄榄球、摔跤、体操和空手道等项目高水平运动员人格特征进行了研究，结果发现，不同运动项目的运动员的人格特征存在明显差异。通过进一步比较发现，体操运动员与空手道运动员的人格特征存在明显差异，而摔跤运动员和橄榄球运动员人格特征则表现出较高的相似性。辛格调查了大学生网球运动员和大学生棒球运动员后发现，集体项目的大学生棒球运动员与个人项目的大学生网球运动员在人格特征上有显著的差异。舒尔等人研究了集体项目运动员和个人项目运动员的人格特征。结果表明，与个人项目运动员相比，集体项目运动员较为焦虑、依赖、外向和警觉，在感受性和想象力方面较差。与非身体直接接触项目的运动员相比，身体直接接触项目的运动员较为独立，具有较低的自我力量。

我国学者对不同运动项目运动员的人格特征也进行了大量的比较研究。邱宜均和贝恩勃利用 16PF 对优秀短跑运动员的人格研究表明：男子短跑运动员在好强性和兴奋性维度上的得分比篮球运动员的高，而在自制性维度上的得分比篮球运动员的低，在稳定性和兴奋性维度上的得分比排球运动员高，在聪慧性、好强性、兴奋性和敢为性维度上的得分比足球运动员的高，在乐群性和兴奋性维度上的得分比射击运动员的高，而在有恒性、独立性和自制性维度上的得分比射击运动员的低。

张力为、陶志翔和孙红标利用 16PF 对运动员的研究发现，游泳运动员在聪慧性方面的得分高于划船运动员和排球运动员的，在稳定性方面的得分低于划船运动员、短跑运动员和射击运动员的，在兴奋性方面的得分低于跳水运动员的，在有恒性方面的得分低于射击运动员的，在怀疑性方面的得分低于划船运动员、篮球运动员、排球运动员和射击运动员的，在幻想性方面的得分高于篮球运动员的但低于排球运动员的，在世故性方面的得分低于射击运动员的，在求新性方面的得分高于跳水运动员的，在独立性和自律性方面的得分低于射击运动员的。

许多研究表明，不同项目运动员的人格特征存在差异。但这种差异可能与各种研究使用的人格测量工具不同有关。由于研究采用的测量工具不同，差异表现就可能不一样。

（三）不同运动水平运动员的人格比较

一直以来，研究人员都在不断探索不同运动水平的运动员的人格特征差异，并试图通过人格测验结果来预测运动员的运动水平及选拔运动员。

威廉姆斯使用 16PF 调查了国际水平、国家水平和俱乐部水平的冰球运动员的人格特征。结果显示，国际水平的运动员和俱乐部水平的运动员在人格特征上有显著不同，但是国家队水平的运动员的人格特征与其他两组运动员的人格特征没有明显差异。

由于运动员运动水平的高低可能取决于运动员的技能水平、运动成绩、运动等级等多种因素，因此，在过去的几十年里，研究者一直未能通过人格测验成功地区分优秀运动员和一般运动员。

虽然这类研究的结果很不一致，但我们有理由预测，运动员的运动水平的差距越大，其人格特征和运动成绩之间的相关关系的可能性就越大，反之，这种可能性就越小。运动水平与运动员人格特征的关系，在很大程度上取决于运动员运动水平差距的大小。

（四）不同性别运动员的人格比较

女运动员的人格特征是否与男运动员的人格特征不同呢？一些研究结果显示，男运动员比较外向，具有情绪稳定性、支配性、社会攻击性、顽强精神和信任感等特征，而女运动员除了在情绪稳定和控制情绪的能力方面所得分数比男运动员的低，其他方面的人格特征与男运动员的人格特征表现出较高的相似性。

在关于运动员人格特征的研究中，大多数研究都是以男运动员为被试，以女运动员为被试的研究所占比例较低。威廉姆斯等人在总结分析了关于女运动员和人格方面的研究文献后指出，普通女性与成功女运动员的人格特征明显不同，优秀女运动员在自信、成就定向、支配、自满、独立、攻击、智力和缄默等人格特征方面更像普通男性和男运动员。而普通女性则趋向于被动、顺从、依赖、情绪化、社交性、低攻击性和低成就需要。女运动员的某些人格特征与男运动员的人格特征不同，但有研究发现，女运动员的一些人格特征只表现在运动情境中。

二、体育运动与人格发展

运动员与非运动员在许多人格特征上存在差异，那么造成这种差异的原因是什么呢？是长期运动的结果，还是自然选择的结果？虽然现在对这一问题还没有确切的答案，但该领域学者所做的大量研究还是有助于我们认识这一问题，并为最终解答这一问题开拓思路。

塔特菲尔德对同一年龄组的参加游泳训练的男性青少年的人格特征进行了长达5年的追踪研究。结果表明，被试的人格特征在研究期间发现了明显变化，他们表现出更加外向，具有更高的情绪稳定性，但是其依赖性增加。这一结果支持了运动对人格影响的理论假设。

目前，在这个问题上支持运动对人格有影响的研究者较少，而许多研究者认为运动一般不会影响人格，这些研究者倾向于支持自然选择的理论。Lochbaum等人对670名大学生的研究发现，锻炼动机不强和行为水平较低的个体在人格的外向性和尽责性维度上明显低于锻炼动机较强和行为水平高的个体。国内学者石岩等人对5名射箭运动员进行为期10年的跟踪研究，结果显示，在使用艾森克人格问卷测得的人格特质上，仅在情绪性上发生了不稳定方向变化的倾向，其余人格维度未出现明显变化。

值得注意的是，有氧健身运动对人的心理和行为影响引起了研究者的兴趣。多尔伯格研究发现，正常成年男性和有情绪障碍者经过6周慢跑，心理健康水平均得到提高。Julien等人对147名10岁至13岁的小学生进行的调查研究发现，儿童对自身运动能力评价的结果受到父母评价的重要影响。Jennifer等人的研究也支持了这一结论，并且发现这种影响在即时效应和延时效应上均存在。

第三节　体育运动与个体社会化

体育运动对个体社会性的发展具有重要意义。体育运动可以满足个体提高技能和能力、追求乐趣、体现自身价值、扩大社会交往等方面的需要。一方面，通过参与体育运动，个体的身体、心理和社会技能方面得到发展，个体的身心健康水平明显得到提高。另一方面，体育运动可以帮助个体建立正确积极的社会价值观、端正社会态度，促进个体的社会化程度，有利于个体社会适应能力的培养和提高。个体在学习各体育项目的过程中受到所属体育项目文化的影响，会将体育运动中的公平竞争、团结合作、沟通、关爱、尊重、礼仪等体育文化价值迁移到日常生活行为中，并将它们逐渐内化为个体人格特征的一部分，促进个体人格的全面发展与完善。

一、体育运动与个体的性别角色社会化

社会角色是指与人们社会地位、身份相一致的一整套权利、义务的规范和行为模式。性别角色是个体在社会化过程中通过模仿、学习获得的一套与自己性别相适应的行为规范。性别角色是社会角色中的一种类型，是建立在生理因素基础上的先赋角色。因此，性别角色具有两种属性：一是自然属性，即生理基础的不同决定了人的观念和行为模式不同；二是社会属性，即在不同的社会环境和社会阶层有着对某一性别特征群体的要求、期望与对待。性别角色更强调的是社会文化特征。

贝姆提出的男女双性化理论认为，个体的心理行为特征可以是双性化的，也就是可以同时兼有男性心理特征和女性心理特征。男女双性化理论假定男性化和女性化是两个独立维度，而不是同一维度相互对立的两极，两者之间没有相倚关系。个体性别角色特征均可用男性度（男性气质的多寡）和女性度（女性气质的多寡）来描述，并根据男性度和女性度的水平，可将其归于不同的性别角色类型：男女双性化气质、男性气质、女性气质、非男非女未分化气质之中。

大量的研究表明，体育运动是一种积极的主动活动过程，可以有效塑造人的行为方式，可以促进个体的性别角色健康发展。漆昌柱等人采用玩具选择任务研究范式，对 81 名来自小学和业余体校的儿童进行了实验研究，以检验体育运动对儿童性别角色社会化的影响。结果表明：①儿童性别角色的社会化受到儿童的性别、体育运动项目及参加该运动的时间等因素的影响；②参加跆拳道和体操训练都会强化男孩的男性化性别角色，弱化女孩的女性化性别角色，参加跆拳道训练对儿童性别角色的影响较参加体操训练更明显；③参加体育运动的时间越长，对儿童性别角色社会化的影响越大。

熊明生采用贝姆性别角色问卷（BSRI）对专业运动员与普通大学生的性别角色类型进行了调查，结果发现：男运动员与男大学生在各种性别角色类型上均无显著差异，男运动员具有男性特征的人数与男大学生具有男性特征的人数无显著差异。女运动员双性化人数与女大学生双性化人数有显著差异。男运动员恰当定型的人数要明显多于女运动员恰当定型的人数，而女运动员双性化人数则显著多于男运动员双性化人数。性别角色类型在不同运动等级条件下无显著差异。这说明体育运动可以改善人们的性别角色，有利于健康性别角色的形成，且更有利于女性形成健康的性别角色。体育运动水平对健康性别角色的形成没有影响。

还有研究结果表明，学校体育可以有效促进学生的性别角色社会化，同时，体育教学中

的教师因素和教学内容因素对学生的性别角色具有一定的影响作用。

另外,个体的性别角色社会化程度也会影响到其体育参与活动。Jennifer研究发现个体的性别角色社会化和体育参与程度也会影响到个体的体育参与类型。个体更倾向于参与那些与自己性别角色相符合的运动形式。钱铭怡等人研究了性别和性别角色与大学生体育运动的关系,结果发现:男性化被试和双性化被试比女性化被试和非男非女未分化被试更喜欢体育运动;男性化被试和双性化被试中坚持运动人口比例显著大于未分化被试和女性化被试的比例;坚持运动被试的男性化量表得分显著高于不坚持运动被试的得分。结果提示:影响个体坚持体育运动的性别特质可能与个体的男性化特质有关。

二、体育运动与个体道德发展

(一) 运动员体育道德的相关概念

不同学科(社会学、伦理学、心理学)从不同的角度来对体育领域内的体育道德进行了分析和概括,提出了相关概念并进行了相应定义。

Arnold依据社会学理论提出了体育精神的概念,并指出体育精神的核心特征包括仁慈、良好的幽默感、尊重、有礼貌、友善、热情、乐于助人和慷慨等八个方面。

Feezel将体育精神理解为在公正和公平竞赛的基础上表现出来的责任感和友爱精神。

Shields和Bredemeier将体育精神定义为协调体育运动目标和道德目标的品德。这类概念认为体育精神就是运动员在比赛中所表现出来的良好特征的集合体,这些特征使运动员保持在形式上和精神上的积极表现而避免脱离体育精神的本质。

Eisenberg和Fabes提出了亲社会行为与反社会行为的概念,从行为上对道德进行了解释。亲社会行为是指个体表现出的能够帮助他人或对他人有利的行为;反社会行为指的是个体表现出的对他人不利或损害他人利益的行为。有学者将这一概念引入体育领域并作为体育道德的两个维度进行研究。

Vallerand等人提出了体育道德的概念,并建立了一个关于体育道德的社会心理学模型。他认为,对体育道德行为的界定可以依据以下五个标准:①运动员在训练和比赛中能够全力以赴、不断提升自己的能力和水平;②尊重体育比赛中的社会规范,表现出良好的体育精神风貌;③尊重比赛规则,服从裁判判罚;④尊重对手和关注对手,公平竞赛;⑤体育道德行为的消极方式。祝大鹏在总结前人研究的基础上,认为体育道德的主要特征包括关注和尊重规则和裁判、社会规范、对手,对比赛全力以赴,对所有体育参与者没有消极表现。

虽然这些体育道德的概念不同,但它们在内涵上是一致的。体育精神更多地强调在社会学层面上的心理特征,亲社会行为与反社会行为则更强调运动员在比赛中的外在行为表现对他人利益的影响效应。心理学的体育道德则从道德功能(判断、意识和行为)上对体育道德的含义进行了界定,更全面地涵盖了体育道德的本质特征和规律。

(二) 运动员体育道德的测量

目前测量运动员体育道德的研究工具主要有三类:体育道德量表、体育比赛中的亲社会行为与反社会行为量表、多维体育精神定向量表。这些测量工具编制的理论依据主要包括

Bandura 的社会认知理论和 Kohlberg 的结构道德发展理论。社会认知理论主要从运动员心理特征、运动队心理环境及运动行为等方面研究运动员的体育道德，强调外部环境和内部心理因素的交互作用，强调影响因素的动态性特征。结构道德发展理论则强调运动员道德推理发展水平对其道德行为的决定作用，着重从运动员道德推理或认知的角度去分析运动员的体育道德。但该理论过于强调认知的作用，忽略了外部因素的作用。另外，它对不同道德认知发展阶段的运动员的体育道德特征描述也是模糊的。因此，在研究运动员体育道德问题时，需要综合两种理论的优势，从外部环境和运动员自身心理发展两个方面来研究运动员体育道德。

1. 体育道德量表

目前，在体育领域内还没有对运动员的一般体育道德进行测量的工具，研究者在进行体育道德研究时往往根据自己所研究的项目编制相应的体育道德测量工具。Gibbon 最早编制了针对体育教育情境中的青少年体育道德的测量工具。

有学者编制了适用于特定运动项目的体育道德功能测量工具。它选取各运动项目中常见的道德两难情境为脚本，设置相应条目，对运动员的道德判断、道德意识和道德行为进行测量。比如，该研究对篮球比赛中的体育道德两难情境设置了四种违反体育道德情境（如“情境二：假设在一场重要比赛的最后时刻，当你控球准备发起进攻时，整场比赛一直负责重点盯防你的对方队员又上来防守你。这时裁判距离你们比较远，你有机会假装摔倒，造成对手侵犯你的假象，使裁判做出对你队有利的判罚。”）和三种良好体育道德情境（如“情境六：假设在一场重要比赛的最后时刻，对方一名队员在抢篮板球时重重地摔倒在地，这时……”）。

问卷在每一种情境之后编制若干与该情境相关的条目，以测量运动员的体育道德判断、意识和行为水平。这些条目包括“你认为在此情境中这样做对吗？（认知）”，“最近 6 个月，在类似的情境中，你有过这样的行为吗？（行为）”，“如果对球队取得胜利非常重要，你的教练员会鼓励这种行为吗？（意识）”等。

这种编制与特定比赛情境相关的脚本的测量方式，在体育道德研究领域得到广泛应用。但李彬彬等人对此持怀疑态度，他们认为采用虚构比赛情境来评价运动员的道德功能很可能会产生社会期望效应，从而降低研究结果的真实性。

2. 体育比赛中的亲社会行为与反社会行为量表

体育比赛中的亲社会行为与反社会行为量表（PABSS）由 Kavussanu 和 Boardley 编制。该量表包括对队友的亲社会行为（4 个条目，如“帮助受伤的队友”）、对对手的亲社会行为（3 个条目，如“对方队员受伤时向裁判示意暂停比赛”）、对队友的反社会行为（5 个条目，如“打击、讥讽表现不佳的队友”）和对对手的反社会行为（8 个条目，如“用手势或语言挑衅对方队员”）四个分量表，共 20 个条目。该量表采用 Llikert 5 点记分（1 为从来没有，5 为非常多）。该量表经检验各分量表内部一致性 α 系数分别为 0.74、0.74、0.83、0.86。

祝大鹏对该量表的中文修订版进行信效度检验，最后得到包含与原量表相同的 4 个维度共 23 个条目的正式量表，体育比赛中的亲社会行为与反社会行为量表的四个分量表的内部一致性信度 α 系数在 0.78～0.89 之间，表明该量表具有较好的信效度。探索性因素分析也支持了原量表的理论基础和构想，方差总变异的62.53%能够得到解释，表明了原量表的理论基础适用于中国文化背景。验证性因素分析表明该模型具有较理想的拟合优度，证实了该量表具有良好的结构效度。

3. 多维体育精神定向量表

多维体育精神定向量表(multidimensional sportspersonship orientations scale，MSOS)由Vallerand和Briere等人编制。该量表包括职业承诺、尊重比赛中的社会规范、尊重规则与裁判、尊重与关注对手和体育道德的消极手段五个维度，共25个条目。该量表采用Llikert 5点记分(1为不是，5为是)。经检验，各分量表内部一致性α系数分别为0.71、0.86、0.83、0.78、0.54。

后来有学者在对该量表分析后指出，该量表存在心理测量学方面的问题。一是，该量表的条目存在社会期待效应和主观性偏差，两组在体育精神表现上明显不同的被试在该量表上获得了同样的分数。二是，运动员承诺追求卓越表现与对体育精神的积极承诺在含义上是不同的。第三，作者的价值观妨碍了量表条目设置的客观性。因此，该量表的有效性还有待于进一步验证。

(三) 运动员体育道德的影响因素

1. 个体因素

1) 运动动机

对运动动机与体育道德的关系，最近的一项针对集体项目运动员的研究表明，运动员的掌握指向的运动动机对其对队友的亲社会行为具有显著正向预测效应，而内部的成绩指向的运动动机对其对队友的反社会行为具有显著正向预测效应。Kavussanu的研究认为，任务定向可以负向预测反社会行为，自我定向可以负向预测亲社会行为。Sage和Kavussanu通过对365名青少年足球运动员在模拟竞赛情境下的目标定向与体育比赛中的亲社会行为和反社会行为的关系的研究发现，自我定向与亲社会行为、任务定向与反社会行为之间存在显著负相关；不同目标定向的运动员在亲社会行为和反社会行为上均表现出了显著性差异。并且女运动员表现出了比男运动员更多的亲社会行为。Boardley和Kavussanu的另一项研究也得到了一致的研究结果。张璐斐等人对4所业余体校220名运动员进行的研究结果显示，自我取向的人更倾向于在比赛中做不道德行为，任务取向的人则较少有采取不道德手段的意向。

Dunn和Causgrove对171名青少年冰球运动员的研究结果显示，任务定向动机与良好体育精神、自我定向动机与不良体育精神之间均具有显著正相关。并且他们发现，不管自我定向动机水平如何，低任务定向动机的运动员都显示出了较高的表现不良体育精神的动机。Stornes和Ommundsen对440名青少年手球运动员的研究表明，自我定向的运动员表现出了更多的非体育道德行为，在对社会规范、比赛规则、对手和裁判的尊重意识上则表现出了显著低于任务定向运动员的水平。低掌握指向动机气氛、高自我定向动机的运动员表现出了最低水平的对对手的尊重意识。

2）道德推脱

Bandura 最早提出了道德推脱的概念，并在其之后的研究中对道德推脱的含义进行了界定。他认为道德推脱是指个体产生的一些特定的认知倾向。这些认知倾向包括重新理解自己的行为以减轻其危害效应、最大限度地减轻自己在行为后果中的责任和降低对受伤目标痛苦的认同程度。Boardley 和 Kavussanu 在体育运动领域对运动员的道德推脱进行研究。结果发现，运动员体育道德推脱调节机制包括六个方面，分别是行为重建、优势对比、责任转移、结果扭曲、非人性和责备归因。

Boardley 和 Kavussanu 通过对 307 名男子足球运动员的研究发现，运动员的体育道德推脱对其自我定向的运动动机与在比赛中对对手和队友的反社会行为之间具有中介作用，高道德推脱的自我定向的运动员表现出更多的反社会行为。这与其之前针对曲棍球运动员和英式篮球运动员的研究结果是一致的。Boardley 通过研究发现，高道德推脱的运动员在比赛中表现出的反社会行为显著高于低道德推脱的运动员，并且发现这些反社会行为实施的对象不仅包括对手，而且包括其自己的队友和裁判。另外，还有一些研究探讨了性别、年龄、情绪反应、情绪管理能力和同情心与运动员的体育道德行为之间的关系。

2. 外部因素

1）重要他人

对于运动员来说，重要他人主要是指他的教练员、父母、队友和主管领导等。这些人与运动员的训练、比赛和各种利益有着密切的关系，因此，他们的言行和观点对运动员的竞赛行为具有重要的直接影响。Hodge 和 Lonsdale 研究发现，教练员民主、支持性的执教风格与运动员对队友的亲社会行为之间呈显著正相关，而教练员控制性的执教风格与运动员对队友和对手的反社会行为呈显著正相关。Shields 等人通过对 676 名青少年运动员进行调查，来检验运动员的体育道德行为的影响因素。结果发现，教练员的行为、对父母和教练员所认同规范的理解对运动员的体育道德行为具有显著的预测效应。Kavussanu 和 Spray 的研究还发现，运动员对队友行为的理解和判断对其体育道德认知和行为具有显著的预测效应。

另外，张良祥和刘建勋研究认为，裁判在比赛中的错误的和不公平的判罚也是诱发运动员表现出违反体育道德行为的重要因素。

2）运动队的环境气氛

运动队的环境气氛是指由教练员、运动员、运动员的父母及主管领导等所构建起来的心理环境，主要体现为运动队的道德气氛和动机气氛。运动队的环境气氛反映了运动队对体育道德和对运动成绩的占主导性的认知。

（1）运动队的道德气氛。运动队的道德气氛是指运动队对道德行为的整体认知，对运动员在比赛中的道德判断及随后的决策与行为具有重要影响。Kavussanu 和 Spray 对 325 名青少年足球运动员道德功能的研究表明，运动队的道德气氛与运动员的道德功能（道德判断、意图、行为）之间具有中等程度的相关。

Miller 等人通过对 705 青少年足球运动员、教练员行为的研究发现，在教练员控制性的道德气氛下，运动员表现出了低水平的道德行为、道德判断和较高的对攻击行为的认同。

Roberts研究认为,运动队的道德气氛是影响运动员道德功能的重要环境因素,低道德气氛的运动队的运动员表现出低水平的道德判断能力和较高的对欺骗行为的认同。Stephens和Kavanagh,对330名加拿大青少年男子冰球运动员的道德气氛与攻击行为之间的关系的研究表明,运动队的道德气氛对运动员在比赛中的攻击行为具有显著的负向预测效应,低道德气氛的运动队表现出更高水平的欺骗裁判、伤害对手及破坏规则的行为倾向。

(2) 运动队的动机气氛。运动队的动机气氛是指由重要他人(教师、父母、教练员)创造的占优势的情境目标结构。研究表明:掌握指向动机气氛的运动员表现出较高成熟水平的道德推理能力和较多的体育道德行为,同时表现出较少的违反体育道德和破坏团队规则的行为。而以追求成绩的动机气氛占主导的运动员则表现出较多的违反体育道德的行为和较少的体育道德行为。

Sage和Kavussanu进行的一项纵向研究表明,运动员赛季初的亲社会行为对赛季末的任务指向的动机气氛具有显著的正向预测效应,运动员赛季初的反社会行为对赛季末的自我定向的运动动机和自我指向的动机气氛均具有显著的正向预测效应。赛季初的任务定向的运动动机对赛季末的反社会行为具有显著的正向预测效应,赛季初的任务定向对赛季末的自我定向动机气氛具有显著的负向预测效应。另外,Kavussanu研究发现,任务定向动机与掌握指向动机气氛对亲社会行为的正向预测效应达到了显著性水平,自我定向动机与成绩指向动机气氛对反社会行为的正向预测效应也达到了显著性水平。

孙开宏针对青少年运动员体育道德取向的研究结果表明,掌握气氛可正向预测“社会规范”“裁判/规则”“完全承诺”和“尊敬对手”维度,而成绩气氛可负向预测“社会规范”和“裁判/规则”维度,同伴接纳可负向预测“尊敬对手”维度。另外,掌握气氛可调节自我定向对“社会规范”的预测作用。

体育道德是当前体育领域的一个研究热点,运动员的体育道德受到其自身因素和外部环境因素的影响。当前,运动员体育道德的研究需要进一步明确其概念、内涵,制定有效的符合中国文化背景的测量工具,加强综合性实证研究与纵向追踪研究,拓宽研究范围,为有效促进运动员体育道德的发展提供指导。

三、体育运动中的攻击行为

(一) 攻击行为的定义

Geen等人对攻击行为的概念来源进行分析,认为定义攻击行为可以从四个方面进行,即厌恶、意图、受害者的非意愿性和对成功的期望。攻击行为开始于一个人对另一个人发出的厌恶刺激。这种厌恶刺激可能是言语上的侮辱,也可能是行为上的挑衅。攻击行为涉及受害者的非意愿性,大多数攻击行为是在期待得逞的情况下发生的。

总之,攻击行为是对非意愿性受害者施行厌恶刺激的一种行为,其意图是造成伤害并期望行为得逞。

(二) 攻击行为的分类

1. 恰当的攻击行为与不恰当的攻击行为

不同体育项目本身的运动特点,使其在规则上对身体接触的要求不同,因此在某些情况下，体育运动中的攻击行为可能是恰当的。对那些允许有直接身体接触的同场对抗性项目，如橄榄球、冰球、拳击、跆拳道等项目，运动员如果在比赛中没有受到别人的冲撞或受到威胁，就可能难以发挥自己的技术、战术水平。这些体育项目在体育竞赛规则上也鼓励运动员积极进攻，敢于拼抢，对频繁的直接身体接触也是允许的。

违反体育规则、违背体育道德的攻击行为，则是不恰当的攻击行为。不恰当的攻击行为不仅不利于比赛双方运动员技术、战术水平的发挥，还会损害运动员的身心健康，阻碍体育运动的健康发展。

2. 特质性的攻击行为与状态性的攻击行为

特质性攻击行为是指受到攻击的人格特质主导的经常发生的攻击行为。而状态性的攻击行为是指一种暂时的、持续时间不长的攻击行为。具有攻击性人格特质的人更容易产生状态性的攻击行为。一般来说，状态性的攻击行为的持续时间与被激怒的强度有关。Fridhandler 研究指出，个体被激怒的强度越高，其状态性的攻击行为持续的时间越长。

3. 敌意性攻击行为、工具性攻击行为、果敢行为

敌意性攻击行为的目的就在于伤害对手，是报复性的，故意给对方造成痛苦和不快，目的就是要看到受害者的不幸。攻击者在实施攻击时，完全是有意识的和清楚的，并伴有憎恨和愤怒的情绪。运动员在实施敌意性攻击行为时，并没有考虑比赛的胜负，而且比赛的输赢也不是敌意性攻击行为的主要原因。总之，敌意性攻击的主要目标在于伤害，而不是为了赢得比赛。

工具性攻击行为是指运动员在比赛中把对手作为工具的对象，但目的不是要使受攻击者受到身心上的痛苦，而是为了得到其他的目的。在这种运动员攻击行为中，攻击者的目的可能是金钱、胜利或名誉。在比赛中运动员为获胜而故意攻击、侵犯对方队员，把攻击行为作为达到这一目的的一种手段。

果敢行为也称为自信行为，是指运动员在比赛中为赢得胜利而不顾受伤或伤人的危险，用合理的行为奋勇拼搏的行为。它的目标是运用各种合理合法的身体力量等积极因素来夺取胜利，对在比赛中所出现的伤害，是无意识的，赛前未曾预料到的是被动的。

运动员三种不同的对抗行为的区别如图 6-1 所示。

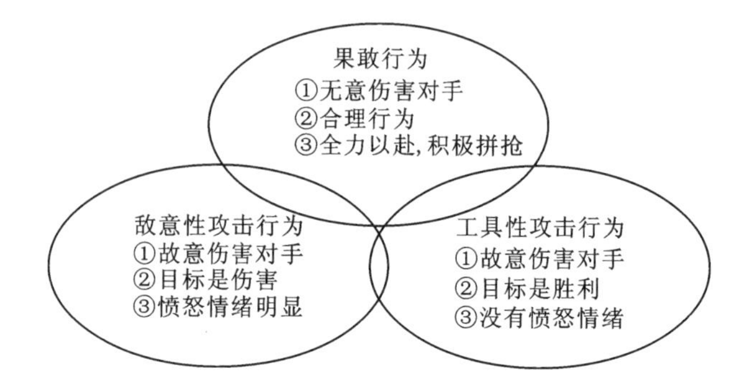

图 6-1　运动员三种不同的对抗行为的区别

（三）攻击行为理论

1. 本能理论

精神分析学派的代表人物弗洛伊德认为，攻击是人天生的、独立的、本能的倾向。弗洛伊德把人类的暴力、残害等各种攻击行为都归结为人的天生的、本能的、内部的攻击性能量的宣泄。劳伦茨在其《论攻击》一书中以对动物的观察作为自己论点的基础，并将结论推及于人。他认为，攻击性是人本能的防御机制的主要部分，攻击行为是一种先天的、同外界环境无关的本能行为，并在动物与人的进化过程中具有重要意义，攻击性是人类争取生存的一种根本动力。劳伦茨还指出，体育竞赛中的攻击行为是一种精神发泄的形式。按照这种理论观点，人类被认为是一种攻击性的动物，必须让他满足这种生物本能，不时地宣泄才能降低人类的攻击欲望。人类社会为了满足自身的攻击本能，一方面利用社会认同的激烈活动，比如具有对抗性的球赛、跆拳道、摔跤等同场对抗性运动，甚至是游泳、跑步等方法来宣泄攻击本能；另一方面，也可以通过道德规范、文明行为的发展，增强个人的内在控制能力，提高对攻击本能的自制力。

持本能理论观点的学者在分析体育运动中的攻击行为时认为，当今社会对攻击行为所采取的措施不是泯灭人类的攻击本能，而是要寻找一个积极的替代方式。体育竞赛提供了一种既安全又为社会所接受的解决攻击问题的理想的出路与途径。而大多数研究却认为体育运动使人更具攻击倾向。

弗洛伊德和劳伦茨试图用本能理论来解释人的攻击行为的观点是片面的。因为该理论分析人的攻击行为只考虑人的本能因素，而完全忽视人的社会因素，因此得出的结论必然是有失偏颇的。

2. 社会学习理论

以班杜拉为代表的社会学习理论认为，人的一切社会行为都是通过个人与环境的相互作用，通过观察、模仿而习得的结果。当一个人为追求一定的目标而进行的努力受到挫折、激起不满情绪、呈现所谓“情绪唤醒”时，这种不满情绪是否会导致攻击行为，取决于个体习得的反应类型。假如以往的攻击行为受到了强化，也就是说个体具有采用攻击行为获得成功的经验，他就可能采取攻击行为。作为人类后天习得的一种攻击行为，学习的途径与方式有以下三种。

1）观察与模仿

班杜拉认为，个体都有一种模仿他人行为的强烈倾向。运动员通过模仿同伴、教练员和父母等生活中重要他人的行为而习得攻击行为。尤其是对青少年来说，其认知发展水平还无法使他准确判断行为的对错，因此，对包括攻击行为在内的社会行为的学习是盲目的、是不加判断的模仿。

2）社会强化

社会学习理论认为，当个体的行为受到外部强化时，其表现出该行为的概率会大大增加，而当某种行为受到惩罚时，这种行为再次出现的概率就会降低。运动员在比赛中表现出的攻击行为，如果受到教练员、同伴、父母和领导的认同，甚至是赞许和表扬，那么运动员在比赛中就会更多地表现出攻击行为。另一方面，某一运动员的攻击行为受到强化，还会给其他运动员树立负面榜样，使其他运动员也习得攻击行为。

3）大众传媒

大众传媒主要是指报刊、书籍、网络和音像制品等媒介体。大众传媒通过各种方式将含有思想内容的信息传播给听众或观众。Smith 的研究表明，冰球比赛中的攻击行为是模仿的结果，年轻运动员通过观看电视或在现场直接观看与他们位置相同队员的攻击行为而习得如何进行攻击。在体育运动情境中，攻击行为产生的频度，主要取决于当时的和过去的社会经验，即在这种情境中，当运动员自我意识到其攻击行为所造成的结果时，就会对其行为产生控制与修正。

社会学习理论强调个人认知在社会行为习得过程中的重要作用，认为人的攻击行为在很大程度上由对行为结果的预测所决定，强调人们能够依靠想象预知行为活动可能产生的结果，从而确定或控制自己的攻击行为。

3. 挫折-攻击理论

多拉德等人认为攻击是由挫折引发的。这一理论主要基于以下假说：攻击行为的发生总是以挫折的存在为先决条件的。反之，挫折的存在总要导致某种形式的攻击。个体一旦受到挫折就会引起攻击动机和行为，挫折与攻击是一种因果关系。

但是，学者通过对攻击行为的长期研究发现，挫折和攻击行为之间并不存在如此单一的联系。研究发现：①挫折并不总能引起攻击行为，在某些情况下，挫折可能引起其他情绪或行为，如失助感、绝望、抑郁或退缩；②即使在没有挫折情境或强烈的刺激存在的情况下，攻击行为也会随时发生。

贝克维茨提出的线索唤起理论对挫折-攻击理论做了重要的修正。线索唤起理论认为，个体在遭受挫折以后，仅引起一种情绪唤起状态，即攻击行为的准备状态。个体是否表现出攻击行为，关键要看个体所处的环境是否提供了导致攻击行为最终发生的有关线索。如果环境内不存在导致攻击行为发生的认知线索，则挫折不一定能导致攻击行为的反应形式。贝克维茨用实验证明了这一理论。

无论是多拉德的挫折-攻击理论，还是贝克维茨的线索唤起理论，都能够解释一些体育运动中的实际现象。攻击行为是一系列挫折反应的结果，并与挫折的程度、挫折的类型及其攻击行为受惩罚的程度等相关联。但挫折只是产生攻击行为的一种可能的原因，不一定导致攻击行为。

4. 三因素理论

兹尔曼提出的三因素理论融合了有关激活-觉醒的生物特性理论与认知理论。他认为，影响攻击行为的三种因素是：①个体与生俱来的一种反应倾向；②兴奋因素，指个体当时处于一种唤醒状态，准备从事身体活动或战斗活动；③经验因素，指个体对体验到的唤醒状态做认知性评价，它是控制最初或内部攻击倾向的“调节器”。

兹尔曼的理论有助于解释在比赛中常见的对烦恼的延迟反应。兹尔曼指出，许多刺激条件（包括对未来比赛的考虑、观察比赛时其他队员的攻击行为等），在特定生理唤醒水平下，就可能显示或产生即刻的攻击行为，或以后产生延迟性反应（如敌意）（见图 6-2）。

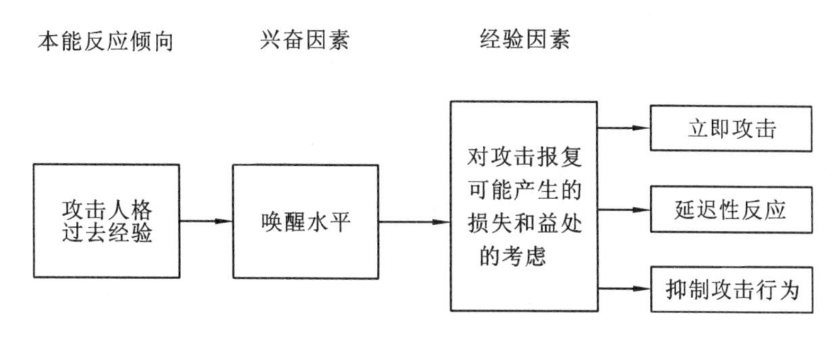

图 6-2　兹尔曼的三因素理论

(四) 运动员攻击行为产生的原因

1. 心理上的因素

1) 替代强化

在体育运动中,替代强化是攻击行为发生和维持的重要因素。当运动员观察到他人的攻击行为受到强化时,便会有重复这种行为的倾向,尤其是年轻运动员从老运动员身上学会这种行为,采取攻击行为的倾向就大大增加。反之,当看到他人的攻击行为受到惩罚时,则趋于避免这种行为。

社会学习理论认为,替代强化的获得主要受到以下几种因素的影响:榜样与观察者之间的相似性、赏罚的强度、情境的相似性及被观察的榜样的社会地位。根据预测,榜样与观察者之间的相似性越大,模仿榜样各种行为的可能性越大。

2) 唤醒水平

在运动竞赛中,运动员的身体常常处于一种高度兴奋的唤醒状态。由于运动竞赛情境的刺激,运动员的身体机能状态比平常更活跃。如果这时候再加上愤怒情绪,就容易诱发攻击行为。当个体发生攻击行为时,其在生理上处于高唤醒水平,但高唤醒水平并不意味着一定会发生攻击行为。唤醒只是一种攻击的准备状态。唤醒水平升高的人只有在遭受失败或挫折的刺激情境中才会做出攻击行为。罗素在对冰球比赛中运动员的攻击行为进行研究后指出,敌对性攻击在唤醒水平高时更可能发生。在他研究的两次冰球比赛中,第一场比赛有攻击行为,包括发球在内总共 142 分钟。第二场比赛没有攻击行为,包括发球在内总共 46 分钟。在每种情形下都是随机选择一些观众作为被试填写测量攻击性的问卷和唤醒水平的心境量表。结果表明,在比赛场上,当攻击性增加时,唤醒水平明显提高。

3) 人格特征

在人格特征上,是不是具有攻击倾向的运动员在比赛中容易出现敌意性攻击行为呢?有研究认为,人格上的攻击性特质与实际上的攻击行为之间具有很大的相关。然而,也有研究发现人格中的攻击特质与攻击行为无关。元分析研究并没有发现个性化人格与攻击行为之间有显著关系。

研究者对攻击含义的不同理解是导致研究结果不一致的重要原因。有些研究者以比赛中运动员犯规和被处罚的次数来计算攻击行为;有些研究者则以运动员的实际伤人行为来计算攻击行为,在这种情况下,有些合法行为也被包括在攻击行为之内,造成研究结果的差异。

2. 情境上的因素

1）社会心理氛围

不同的宗教、信仰、道德、文化水平等社会背景条件对运动员场上的行为有着重要的影响。狭隘的地方主义与民族主义、偏颇的新闻媒体报道、教练员的态度与言行及观众的情绪等外部环境，往往是导致运动员出现攻击行为的因素。直接来自外界的对运动员攻击行为的鼓励与纵容，会使攻击行为得到加强与维持。根据班杜拉的研究，这些外部鼓励包括：有形的物质奖励（金钱、奖品等）；地位、身份等社会性鼓励（父母、亲友、教练员、同伴的赞许与表扬）；对受害者的态度（这种外部的态度与表示有时可以抑制攻击性，有时可加强攻击性）；使受害者报复性行为的减少（致使攻击行为得到自我强化）。另外，运动队的动机氛围、道德氛围与运动员的攻击行为之间也具有密切联系。

2）家庭教育方式与程度

过度严格或溺爱的家庭教育，尤其是在童年对受攻击的压抑或忍受，均可造成孩子的攻击行为。父母对孩子施加身体惩罚的数量与攻击行为有很大关系。有攻击倾向的男孩与彼此独立、争吵和伤害对方身心健康的父母关系有关；低攻击倾向的孩子则大多来自温暖和谐、相互尊敬的家庭。

3）竞赛本身的特点

（1）项目差异。不同的运动项目对运动员在比赛中的动作行为有着各自的规范与要求，有的项目允许运动员直接的身体对抗，有的项目则隔网对抗，运动员间无身体接触。因此，运动员在比赛中攻击的机会、数量及攻击的程度都不同。

运动项目与攻击行为的关系如表 6-3 所示。

表 6-3　运动项目与攻击行为的关系

攻击程度	鼓励直接地攻击	有限制地攻击	间接地攻击	对目标、设备的攻击	很少有攻击
运动项目	拳击	足球	网球	高尔夫球	体操
	橄榄球	篮球	羽毛球	射箭	跳水
	跆拳道	手球	乒乓球	射击	游泳
	散打	冰球	排球等	田赛等	棋类项目等
	摔跤等	水球等	—	—	—

（2）比赛过程中的特点。竞赛过程本身的一些情境和结构，也经常促使运动员攻击行为的发生，如主客场条件、比赛的结果、比分差距、运动水平及队伍级别、比赛的不同时期等。

研究发现，客队的攻击行为要多于主队的攻击行为；负方的攻击性高于胜方的攻击性；当比赛双方比分差距大时，容易发生攻击行为；高级别的运动队或比赛的攻击行为多于低级别或水平的比赛的攻击行为。

3. 物理上的因素

1）温度

有研究者认为，天气炎热是引起人们发出攻击行为的原因，而且天气越热，进行攻击的冲动就越高。但巴伦的研究认为，炎热和攻击行为之间的关系应该是曲线关系。太高或太低的温度使攻击行为发生的可能性均很低，这是因为这两种情况难以使人体产生攻击行为所需要的唤醒水平。只有在适当的温度条件下才能引起人们的攻击欲望。巴伦统计了美国一些大城市发生暴力事件时的温度，发现在低于12℃和高于35℃的气温条件下，攻击的时间明显降低。但目前尚无对体育比赛中的攻击行为发生频率最高的温度是多少的研究。但从一些报道中可以看出，体育比赛中的攻击行为常常发生在闷热潮湿、烟雾弥漫，且通气不良的球场环境条件下。

2）噪音

在实验室条件下的研究发现，噪音可以直接引起人们的攻击欲望。但到目前还没有研究证实噪音是体育比赛中产生攻击行为的原因。然而，巨大的噪音可能使人的唤醒水平提高，而高唤醒水平容易诱发攻击行为。

3）拥挤的人群

拥挤的人群与气温、噪音一样，都是攻击行为的助长因素。拥挤的观众最主要的影响是造成运动员心理压力增大，倘若这时若运动员存在着敌对性的情绪，便很可能诱发攻击行为。

（五）运动中攻击行为的消除

1. 管理部门

管理部门必须在比赛期间取消或控制饮酒，迅速果断地处理观众攻击事件。尽量使体育运动更适合全家人一起看。采取措施有效监督教练员有关鼓励攻击的行为，监督运动员使其减少攻击行为。

2. 大众媒体

首先，不要在儿童或运动员面前赞扬攻击型运动员，相反，应尽可能地培养其反对攻击行为的勇气。大多数运动员都能够很好地遵守体育比赛规则和体育道德规范。对体育比赛中极少数的攻击行为，媒体应尽量淡化那些支持攻击行为的观点，尽可能地正面报道比赛中的良好行为，树立一种积极的舆论导向。其次，避免渲染暴力。最后，不要有意激起运动队之间的敌对情绪。

3. 裁判员

裁判员在控制攻击行为方面起着重要作用。首先，裁判员在比赛中要公平、公正地使用规则，减少故意的执法不公。其次，裁判员应在解释规则和应用规则方面接受业务培训。最后，裁判员一方面参与对攻击行为的预测、识别和控制过程。

4. 教练员

教练员要教育运动员区分攻击行为与果敢行为，鼓励运动员从事亲社会行为，对运动员不合法的攻击行为要给予必要的惩罚。另一方面，为年轻运动员提供非攻击性的事例使他们有具体学习的角色榜样，奖励那些具有自我控制能力、能承受惩罚性打击或受到攻击但不予报复的运动员。教练员还应该参与对攻击行为的监督控制过程。

【拓展阅读】

米尔格拉姆的服从试验

一、实验的基本过程

1963 年，美国社会心理学家米尔格拉姆着手试验一项服从试验，以探讨个人对权威人物的服从情况。这一试验被视为有关服从试验的典型性试验，并在社会心理学界产生了强烈的反响。

米尔格拉姆首先在报纸上刊登广告，公开招聘被试，每次试验，付给 4.50 美元的酬金。结果有 40 位市民应聘参加实验，他们当中有教师、工程师、邮局职员、工人和商人，年龄在 25 岁至 50 岁之间。实验时主试告诉这些应聘者，他们将参加一项研究惩罚对学生学习的影响的试验。实验时，两人为一组，一人当学生，一人当教师。谁当学生谁当教师，用抽签的方式来决定。教师的任务是朗读配对的关联词，学生则必须记住这些词，然后教师呈现某个词，学生在给定的四个词中选择一个正确的答案。如果选错，教师就按电钮给学生施以电击，作为惩罚。

由于事先的安排，实际上每组只有一个真被试，另一个是试验的助手，即假被试。抽签结果，真被试总是当教师，假被试总是充当学生。

试验开始，充当学生的假被试与教师的真被试分别安排在两个房间里，中间用一堵墙隔开。在“学生”的胳膊上绑上电极，这是为了在“学生”出现错误选择时，可由“教师”施以电击来惩罚。而且，实验者把“学生”用带子拴在椅子上，向“教师”解释说是为了防止他逃走。“教师”与“学生”之间不能直接看到，用电信传声的方式保持联系。

给“学生”施以电惩罚的按钮共有 30 个，每个电钮上都标有它所控制的电压强度，从 15 伏特开始累计，依次增加到 450 伏特，每 4 个电钮为一组，共七组零两个，各组下面分别写着“弱电击”“中等强度”“强电击”“特强电击”“剧烈电击”“极剧烈击”“危险电击”，最后两个用××标记。

事实上，这些电击都是假的，但为了使作为“教师”的真被试深信不疑，首先让其接受一次强度为 45 伏特的真电击，作为处罚学生的体验。虽然实验者说这种电击是很轻微的，但已使“教师”感到难以忍受。

在实验过程中，“学生”故意多次出错，“教师”在指出他的错误后，随即给予电击，“学生”发生阵阵呻吟。随着电压值的升高，“学生”叫喊怒骂，尔后哀求讨饶，踢打墙壁，最后停止叫喊，似乎已经昏厥过去。“教师”不忍心再继续下去，问实验者该怎么办。实验者严厉地督促“教师”继续进行实验，一切后果由实验者承担。

在这种情况下，有 26 名被试(占总人数的 65%)服从了实验者的命令，坚持到实验最后，但表现出不同程度的紧张和焦虑。另外 14 人(占总人数的 35%)做了种种反抗，拒绝执行命令，他们认为这样做太伤天害理了。

米尔格拉姆在实验结束之后，把真相告诉了所有参加实验的被试，以消除他们内心的焦虑和不安。

二、米尔格拉姆对服从问题的进一步研究

米尔格拉姆在第一次实验的基础上，进一步探讨了服从行为的产生与哪些因素有关。他从服从的主观和客观两个维度操纵实验条件进行了探索。

1. 米尔各拉姆操作的客观条件

1）“教师”与“学生”之间的距离

师生双方的距离分为四等，各等级的距离均有40名被试参加，分析“教师”与“学生”距离的远近与被试服从的相关，结果发现“学生”越是靠近“教师”，被试越是拒绝服从，而距离越远，被试越容易服从。

2）主试与被试的关系

双方的关系分为三种情况：主试与被试面对面地在一起；主试向被试交代任务后离开现场，通过电话与被试保持联系；主试不在现场，实验要求的指导语全部由录音机播放。实验结果表明，在第一种情况下，即主试与被试面对面地在一起时，被试的服从次数是其他情况下的四倍。

3）主试的地位因素

在主试的年龄、职务、权威性等不同情况下进行实验，结果发现主试的地位越高，被试用最强电压电击“学生”的人数也越多。

2. 米尔格拉姆研究服从的主观因素

1）被试的道德水平

米尔格拉姆采用柯尔柏格的道德判断问卷测试了被试。结果发现：处于道德发展高水平的第五、第六阶段上的被试有75%的人拒绝权威的命令，停止用电击处罚“学生”；处于道德发展第三、第四阶段的被试中，只有12.5%的人对权威的指示表示出不服从。可见，道德水平与服从权威两者呈现负相关，即道德发展水平越高，服从权威的可能性越小。在现实生活中常常可以看到，命令一个道德水平很高的人去干不道德的事，往往是行不通的。

2）被试的人格特征

米尔格拉姆于是1966年对参加实验的被试进行人格测验，发现执行主试的命令，对“学生”施加电击的被试，其人格特征有权威主义倾向。权威主义人格特征有一系列的特征：世俗主义，十分重视社会压力及个人行为的社会价值；权威式的服从，表现为毫不怀疑地接受权威人物的命令；权威式的攻击，对那些违反社会习俗和社会价值的人十分蔑视，主张坚决制裁，严厉惩罚；反对内省，强制压抑个人内在的情绪体验，不敢流露出真实的情绪感受；具有迷信意识和刻板现象，倾向于把责任推卸给非个人所能控制的外在力量，经常采用简单化的二分法思想方法，表现为个人迷信和盲目崇拜；追求权力和使用强硬手段，从对权威人物的认同中，满足个人企图掌握权力及服从于权力的心理需要，否认个人的弱点。

三、影响服从的因素

影响服从的因素很多，概括起来主要有三个。

① 命令发出者。他的权威性，他对执行命令者是否关心、爱护，他是否监督命令执行的全过程等，都会影响到服从。

② 命令的执行者。他的道德水平、人格特征及文化背景等也都会影响到他对命令的服从。

③ 情境因素。例如，是否有人支持自己的拒绝行为、周围人的榜样行为怎样、奖励结构的设置情况、自己拒绝或执行命令的行为反馈情况怎样等，也会影响到个体的服从行为。

四、服从的原因

社会心理学家认为个体之所以会有服从行为，主要的原因是两个。

① 合法权力。我们通常认为，在一定情境下，社会赋予了某些社会角色更大的权力，而自己有服从他们的义务。比如，学生应该服从教师；病人应该服从医生；在实验室中，被试就应该服从主试，特别是陌生的情境更加强了被试服从主试命令的准备状态；等等。

② 责任转移。一般情况下，我们对自己的行为都有自己的责任意识，如果我们认为造成某种行为的责任不在自己，特别是当有指挥官主动承担责任时，我们就会认为该行为的主导者不在自己，而在指挥官。因此，我们就不需要对此行为负责，于是发生了责任转移，以致不考虑自己的行为后果。

【本章小结】

人格是一个人独特的、相对稳定的行为模式。人格是由每个人所具有的才智、价值观、态度、愿望、感情和习惯以独特的方式结合的产物。人格具有整体性、稳定性、独特性和社会性等特点。

人格特质理论认为，人格由不同的维度的稳定的特质构成。主要的特质理论包括奥尔波特的特质理论、卡特尔的特质理论和大五人格理论等。

精神分析理论认为，人格形成的根本动力来源于人的本能。弗洛伊德认为，个体的人格构成包括本我、自我和超我三个心理结构。本我追求快乐原则，自我追求现实原则，而超我追求完美原则。

行为主义理论认为，人格的形成是通过经典性条件反射和操作性条件反射建立的，人格的形成取决于后天的环境。个体学习的两个基本机制是模仿和社会强化。

人本主义理论认为，人类具有一种与生俱来的自我发展、自我挖掘潜能和追求自我实现的内部动力或倾向。在不断发展的人格中，塑造个体的经验的开放是至关重要的。自我实现是一种过程，目的是在一个人的经历和他的自我认识之间寻求一致。

运动员人格测评对运动员了解和认识自我、形成健全人格和因材施教等方面具有重要意义。运动员人格测评的方法主要包括传统人格测评方法和非传统人格测评方法。

运动员与非运动员在人格特征上存在差异，但这种差异是特殊的，而不是一般的。不同运动项目、运动水平、性别和场上位置之间的运动员在人格特征上也存在差异。

体育运动对促进个体的社会化具有重要意义。运动员体育道德的发展受到个体因素（运动动机、道德推脱等）和外部因素（重要他人、运动队环境气氛等）的双重影响。

攻击行为是对非意愿性受害者施行厌恶刺激，意图是造成伤害并期望行为得逞。运动员攻击行为的产生受到心理因素、情境因素和物理因素的影响。攻击行为的消除需要管理部门、大众媒体、裁判员、教练员和运动员共同努力，采取综合干预措施。

【思考题】

1. 评述几种人格理论的异同及对运动训练和竞赛的意义。
2. 如何理解运动员人格特点与运动表现的关系？
3. 影响运动员体育道德发展的因素有哪些？
4. 如何采取有效措施消除运动员在比赛中的攻击行为？

【推荐阅读文献】

黄希庭.人格心理学[M].杭州：浙江教育出版社，2002，9.

第七章　体育运动与心理健康

教学目的

(1) 牢固掌握心理健康的概念，能够举例说明心理健康各项标准的含义，能够根据具体情况分析影响心理健康的因素并给出维护和培养心理健康的若干建议。

(2) 理解和掌握体育运动对心理健康的影响及作用机制，能够在实践中开出针对性强、可行、有效的运动处方。

重要概念

心理健康、体育运动、注意力分散假说、社会交互作用假说、运动处方、心理耗竭、锻炼成瘾。

第一节　心理健康概述

一、心理健康的含义与标准

(一) 健康观的演变

健康，既是人们熟悉和关切的话题，又是一个久远和丰富的概念。我国最早的中医黄籍《黄帝内经》中有内外因的病理学说：外因(风、寒、暑、湿、燥、火)、内因(喜、怒、忧、思、悲、恐、惊)。古希腊医生希波克拉认为，健康是指身体内四种体液——血液、黏液、黑胆汁、黄胆汁的平衡，疾病病因是人身体体液不平衡，并采用调节饮食、使用药物及其他非巫术的方法可以恢复身体体液的平衡、治疗疾病。进入近代社会，人们普遍认为，"身体无病无残，体格健壮不弱"就是健康。这种无病即健康的观念一直为许多人所持有，并且影响着医疗保健和卫生政策。

20 世纪，随着科学、文化和社会的不断发展，传统的生物医学模式开始向生物-心理-社会模式转变。1948 年，世界卫生组织(WHO)在《世界卫生组织宪章》中指出："健康不仅是没有疾病，而且是一种躯体、心理和社会适应方面的完满状态。"1978 年，世界卫生组织在世界初级卫生保健(PHC)大会发表《阿拉木图宣言》中重申:“健康不仅是疾病或体虚的匿迹,而是身心健康、社会幸福的总体状态,是基本人权,达到尽可能高的健康水平是世界范围的一项最重要的社会性目标。而其实现,则要求卫生部门及社会与经济各部门协调行动。”1995年,世界卫生组织西太区在《健康新地平线》中提出了健康的三个主题:生命的准备、生命的保护、晚年的生活质量。

(二) 现代健康的概念及标准

世界卫生组织给健康下的正式定义是:“健康是指生理、心理和社会适应均处于良好的状态,而不仅仅是指没有疾病或体质健壮。”从这一定义可知,全面健康具有三个要素:无躯体疾病、无心理疾病和具有正常的社会适应能力。也就是说,全面健康必须包括躯体健康和心理健康两部分,二者密切相关,不可分割。同时,为了加深人们对健康的认识,世界卫生组织还明确提出了健康的十条标准。

(1) 有足够充沛的精力,能从容不迫地应付日常生活和工作压力,不感到过分紧张。

(2) 处事乐观,态度积极,勇于承担责任,不论事情大小,都不挑剔。

(3) 精神饱满,情绪稳定,善于休息,睡眠良好。

(4) 能适应外界环境的各种变化,应变能力强。

(5) 能够抵抗一般性的感冒和传染病。

(6) 体重适当,身体匀称,站立时,头、肩、臂的位置协调。

(7) 反应敏锐,眼睛明亮,善于观察,眼睑不发炎。

(8) 牙齿清洁,无空洞、无痛感、无出血现象,齿龈颜色正常。

(9) 头发有光泽,无头屑。

(10) 肌肉丰满,皮肤有弹性。

可见,健康包括生理健康和心理健康两个方面,人体健康是生理健康和心理健康的统一,生理健康和心理健康紧密相关,相互影响,互为因果,这就是现代全面健康观的出发点。

(三) 心理健康的含义

古今中外的心理学家对心理健康进行了长期的艰苦的探索,并对其含义给予了不同的表述。

心理学家英格里希指出:“心理健康是指一种持续的心理状态,当事者在那种状态下,能做良好的适应,具有生命的活力,而且能充分发挥其身心的潜能,这是一种积极的状态,不仅仅是免于心理疾病而已。”

精神病学家孟尼格尔认为,心理健康是指人们对环境及相互之间具有最高效率和快乐的适应情况。

心理健康者应能保持稳定的情绪、敏锐的观察力、适应社会环境的行为和愉快的心态。社会工作者波姆指出“心理健康是合乎一定水准的社会行为:一方面能为社会所接受,另一方面能为本身带来快乐。”

国际心理卫生大会(1946年,第三届)认为:心理健康是指在身体、智能及情感上能保持同他人的心理不相矛盾,并将个人心境发展成为最佳的状态。

纵观以上概念，虽然人们所站的角度不同，对心理健康的理解有一定的差异，但都比较倾向地认为，心理健康是指生活在一定的社会环境中的个体，在高级神经功能正常的情况下，智力正常、情绪稳定、行为适度，具有协调关系和适应环境的能力及特性。

可见，一个人只有具备心理健康这一基本条件，才能保证机体处于完整统一的全面健康的状态，才能保证身心功能的协调和稳定。心理健康是智力发展和脑功能健全的标志，是确立正确人生观、培养良好心理品质的基础，是德、智、体等全面发展的保证。

（四）心理健康的标准

心理健康与生理健康（躯体健康）是健康的概念中不可分割的部分，但是心理健康的标准却不像生理健康那样具体、精确、绝对。

1. 根据心理健康水平划分人

根据中外心理健康教育专家的研究，按照人的心理健康水平，人大致分为三个等级。

（1）一般常态心理者：表现为心情经常愉快，适应能力强，善于与人相处，能够较好地完成同龄人应做的活动，具有调节情绪的能力。

（2）轻度失调心理者：表现出不具有同龄人所应有的愉快，和他人相处略感困难，生活自理有些吃力；若主动调节或通过专业人员帮助，可恢复常态。

（3）严重病态心理者：表现为严重的适应失调，不能维持正常的生活、学习和工作；如果不及时治疗，可能恶化，甚至成为精神病患者。

2. 心理健康的标准

一个人怎样才算健康，以什么作为心理健康的标准，这是一个非常复杂的问题。因为心理是复杂的，心理健康的界定也是多维的。个人的心理是否健康，不仅要看个体心理的客观表现，而且要注意个体心理的主观感受，即应该用主观标准与客观标准相结合的原则来判断。同时，应该指出的是，任何评价标准都是相对的，不同时代、不同社会、不同地区、不同场合、不同对象，都可以有不同的标准。心理健康的标准也不例外，它随时代变迁而变化，随文化背景有别而有异，随性别、年龄、情境的不同而不同。另外，随着社会的发展和进步，人类对心理健康的认识也在不断深化和提高。

我国多数学者认为心理健康的标准有以下八点。

（1）智力正常。心理健康的人的智商一般在80分以上。这是人们学习、生活与工作的基本心理条件，也是适应周围环境变化所必需的心理保证。

（2）情绪健康。其标志是情绪稳定和心情愉快，即乐观开朗，富有朝气，对生活充满希望，情绪较稳定，善于调节与控制自己的情绪，情绪反应与环境相适应。

（3）意志健全。心理健康的人在各种活动中都有自觉的目的性，能适时地做出决定并运用切实有效的方法解决所遇到的问题；在困难和挫折面前，能采取合理的反应方式；能在行动中控制情绪和行为，而不行动盲目、畏惧困难、顽固执拗。

（4）人格完整。人格指的是个体比较稳定的心理特征的总和。人格完整就是指有健全统一的人格，即个人的所想、所说、所做协调一致。心理健康的人具有正确的自我意识，以积极进取的人生观作为人格核心，并以此为中心把自己的需要、目标和行动统一起来。

（5）自我评价正确。这是心理健康的重要条件。心理健康的人能自我观察、自我认定、自我判断，能做到自尊、自强、自制、自爱。正视现实，积极进取。

（6）人际关系和谐。心理健康的人乐于与人交往，能用尊重、信任、友爱、宽容、理解的态度与人相处，能分享、接受和给予爱和友谊，能与集体保持协调的关系。

（7）社会适应正常。心理健康的人和客观现实环境保持良好的秩序。心理健康的人能客观地认识现实环境，能以有效的办法对应环境中的各种困难，能根据环境的特点和自我意识的情况努力进行协调或改善环境以适应自己的需要，改造自我适应环境。

（8）心理行为符合年龄特征。不同年龄有不同的心理行为，心理健康的人应具有与多数同龄人相符合的心理行为特征，如果严重偏离，就是心理不健康的表现。

3. 评判心理健康时的注意事项

值得注意的是，心理健康的标准是相对的。我们在理解和运用心理健康的标准时，应注意以下五点。

（1）一个人是否心理健康与一个人是否有不健康的心理和行为并非完全是一回事。判断一个人的心理健康状况，不能简单地根据一时一事下结论。心理健康是较长一段时间内持续的心理状态，一个人偶尔出现一些不健康的心理和行为，并非意味着这个人就是心理不健康（或心理变态）的。

（2）人的心理健康水平可以分为不同的等级，是一个从健康到不健康的连续状态，从健康状态到不健康状态有一个较长的过渡阶段。一般来说，心理正常与心理异常并无确定的界线，只是程度的差异而已。

（3）心理健康状态并非是固定不变的，而是一个动态的变化过程。人的心理既可能从不健康转变到健康，又可能从健康转变为不健康。随着人的成长、经验的积累、环境的改变，人的心理健康状况也会有所变化。因此，心理健康与否只能反映一个人某一段时间内的固定状态，并不是他一生的状态。

（4）心理健康的标准无论是哪种表述，都是一种理想的尺度。它不仅为我们提供了衡量心理是否健康的标准，而且为我们指明了提高心理健康水平的努力方向。

（5）个体心理健康的基本标准是能够有效地进行工作、学习和生活。如果正常的工作、学习和生活难以维持和保证，就应该引起注意，及时调整自己。

二、影响心理健康的因素

心理方面的问题越来越引起人们的重视，随着现在生活水平不断提高，物质生活越来越丰富，心理方面需要注意的事项越来越受重视了。心理健康的人，自控能力较好，遇到问题不慌乱，能乐观积极地面对，并且其人际关系较好，意志品质较好，能承受压力，能独自处理问题，适应能力强。以下来分析一些影响心理健康的因素。

影响心理健康的主要因素有生理因素、家庭因素、学校因素、社会因素和个体因素等。

（一）生理因素

1. 遗传

心理学家曾用家谱分析的方法研究遗传因素对个体心理健康的影响，结果发现，在有心理健康问题的学生中，家族中有癔症、活动过度、注意力不集中病史的中学生所占的比例明显大些。国内的资料表明，多动症儿童的家庭成员中有多动症史的占13.6%，其中父辈或同辈有类似病史者各占50%。精神分裂症是一种严重的心理病理形式，采用家谱分析、双生子研究及寄养子女调查等方法的研究表明，遗传占有十分重要的地位。虽然遗传因素在一定程度上对个体的心理健康有影响，但其作用也不是注定不可以改变的。遗传只是提供了一种可能性，个体是否表现出心理障碍或心理异常，关键还看后天环境的作用。在遗传与环境的相互作用中，遗传因素所决定的不良发展倾向可以得到防止和纠正。

2. 疾病

除了遗传因素之外，病菌、病毒干扰、大脑外伤、化学中毒、严重躯体疾病等都可能会导致心理障碍甚至精神失常。一些生理疾病对人的心理活动的影响可能是轻微的，如出现易激惹、失眠、不安等，随着疾病的消除，这些心理症状也会完全消失。但是，随着疾病的继续进展，人的心理障碍也会加剧，甚至会出现各种程度的意识障碍、幻觉、记忆障碍、躁动和攻击行为等。

(二) 家庭因素

家庭是社会的细胞，是儿童的第一所学校，家长是儿童的第一任教师。家庭对儿童的个性发展和心理健康具有十分重要的影响。多数研究发现，家庭结构完整且气氛和谐的家庭，有利于儿童心理健康地成长，而破裂家庭或父母不和谐，经常争吵，以及单亲家庭，对儿童身心健康成长明显有不利的影响，容易使儿童产生躯体疾病，同时儿童心理障碍的发生率也较高。

1. 父母的教养方式

父母的教养方式是影响儿童心理健康发展的重要因素。有关调查表明，父母在教育中表现出态度不一致、压力过大、歧视、打骂或者冷漠等时，儿童常常具有更多的心理健康问题。不同的家庭教养方式对儿童的人格特征具有不同的影响。在权威型教养方式环境下长大的儿童容易形成消极、被动、依赖、服从、懦弱，甚至不诚实的人格特征。在放纵型教养方式家庭环境中成长的儿童多表现为任性、幼稚、自私、野蛮、无礼、独立性差、唯我独尊、蛮横无理、胡闹等。在民主、尊重的教养方式下，儿童行为问题的发生率显著偏低。家庭是影响人的第一个场所，家长的品格、行为等都直接影响子女的成长。如果一个儿童生活在批评之中，他就学会了谴责；如果一个儿童生活在敌意之中，他就学会了争斗；如果一个儿童生活在恐惧之中，他就学会了忧虑；如果一个儿童生活在怜悯之中，他就学会了自责；如果一个儿童生活在讽刺之中，他就学会了自卑……反之，如果一个儿童生活在鼓励、忍耐、表扬、接受、认可、诚实、安全和友爱之中，他就学会了自信、耐心、感激、自爱、相信自己和周围的人，他就会以良好的心理品质从事学习与生活。

2. 家庭氛围

家庭气氛是否融洽和谐，直接关系着家庭幸福与否，对孩子的成长发展特别是心理健康状况起着至关重要的作用：在气氛和谐的家庭里生活的儿童表现出有自信心、情感丰富和互相友爱；在气氛不和谐的家庭里生活的儿童由于情绪时常处于紧张状态，从而心理健康受到严重影响。

3. 家庭环境

家庭环境的好坏直接影响孩子的心理健康。家庭居室应保持整洁美观，这有利于养成儿童爱清洁、有条理的好习惯，对陶冶情操、培养美感也有潜移默化的作用。

（三）学校因素

学校教育是相当重要的。学校的重要性首先表现在它在较长时间内对学生进行系统教育，而这种系统教育对学生社会行为的塑造是其他机构无法替代的。学校的重要性还在于它有着独特的、完整的机构，是社会的雏形，对学生了解社会、发展自我和人格、培养合乎角色的社会行为模式起着重要的作用。

1. 教育体制、学校的教育指导思想和管理制度等

教育体制、学校的教育指导思想和管理制度等会对学生心理健康产生影响。它们往往决定了一所学校的校风，决定了教师教学和学生学习的状况。

2. 学校环境

学校环境包括物理环境和心理环境，这两个方面对学生的心理健康都有重要作用。宽敞明亮、优美整洁的学校环境对学生的心理具有熏陶的作用，使学生心灵得到净化，从而促进学生心理健康发展。校园的一草一木，每个角落都应给学生以美的感受，使其从中得到教育及心灵的净化；良好的校风、班风能够感染学生，促使其积极向上，团结互助，人际关系和谐；人际关系和谐是心理健康的一个重要标志，也是对心理健康的一种强有力的促进，学生能否在学校里和老师、同学建立起和谐的人际关系，对他们心理的健康发展有着极为深远的影响。

3. 教师风格

教师对学生心理健康的影响越来越受到关注。教师对学生的认知直接影响学生的心理健康状况，这具体表现在教师对学生的理解、教师对学生的态度和教师对学生的期望上。教师对不同的学生有不同的期待，会影响到学生的发展。教师的不良言行对学生心理健康的不良影响主要表现在使学生的自尊心、自信心受损，产生焦虑、自卑、胆怯等不良心理，甚至造成其人格扭曲，留下终身的人格缺陷，如某些成绩差而又长期遭受教师言语伤害的学生容易产生反社会心理。教师的教学管理行为和日常行为表现都会对学生的心理健康产生影响。

（四）社会因素

一定社会的文化背景、社区环境、社会风气、学习生活环境及风俗习惯、道德观等因素会以一种无形力量影响着人们的观念，这种影响主要反映在人们的价值观、信念、世界观、动机、需要、兴趣和态度等心理品质上。不同文化对人的心理健康有不同的影响，其中有些是健康的，有些则是不健康的，因此，学校、家庭和社会要共同抵制不良社会风气，为个体的心理健康发展提供一个健康向上的社会气氛。人们所处的学习工作环境不同，其心理健康状况也会有所不同，城乡差异、人口密度、环境污染、噪音等对人的心理状况都存在明显影响。

社区对生活在其中的人的心理健康的影响主要是通过社区文化、社区环境产生的，组织有意义的活动不仅能锻炼人的能力，而且能使人的心灵得到净化。

（五）个体因素

个体某些方面的因素如外貌、能力、习惯等也会影响个体的心理健康状况。外貌较好、能力较强的个体，往往在生活中会更多地获得别人的喜爱，会感到更多的满意、愉快，这有助于其心理健康；反之，外貌较差的很多个体，特别是当处于青春期的时候，往往容易感到自卑、焦虑、挫折，从而导致出现心理问题。因此，培养健全人格是保持身心健康的关键因素之一。

三、大学生常见的心理健康问题与成因

从当前我国高校的普遍情况来看，多数大学生的心理是健康的，但也有相当一部分大学生的心理健康状况不容乐观。根据一项以全国12.6万大学生为对象的调查显示，20.3%的人有明显的心理障碍。尽管如此，只有极少数学生接受了心理咨询方面的专业性帮助，而绝大部分学生并没有真正认识到这一问题，这在一定程度上说明了心理健康教育的紧迫性、必要性和艰巨性。人的心理健康是一个极为复杂的动态过程。影响心理健康的因素是各种各样的，既有个体自身的心理素质，又有外界环境因素。就当前大学生的具体现状而言，影响其心理健康的因素主要有以下几个。

（一）环境变迁

心理学研究表明：个体所处的环境的巨大变迁也会使个体产生心理应激。虽然环境变迁也是生活事件的一部分，但这种变化对个体适应的影响比较突出。生活环境的变迁对新生是一个不小的挑战。新生要自己独立生活，应付一切生活琐事。例如，几个学生共住一个寝室，彼此生活习惯、作息安排及语言隔阂，都需要去面对和适应。尤其很多新生存在远离家乡、亲人的问题，要适应起来还需要一段时间。但相对来讲，大学生对新的人际关系的适应远比对学习和生活环境的适应困难。进入大学，意味着进入全新的人际关系之中。面对来自各地、特点各异的新同学，如何建立协调、友好的人际关系是非常重要的。大多数学生在入学前一直生活在自己所熟悉的同学或亲人之间，人际关系相对稳定。而一旦进入大学，将面临一个重新结识别人、确立人际关系的过程。这一过程的进展将对整个大学生活产生非常大的影响。在大学生中普遍存在的人际关系、交往及适应障碍，可能都与新生阶段的人际关系状况有着一定的关系。对新环境的适应也包括对自己地位变化的适应。这种变化既包括全新的学习内容与学习方法，又包括新的人际关系、语言表达能力与未来发展定位等。全新的角色要求大学生重新评价自己与他人，重新设计自我。在适应过程中，一个基本的特点是大学生在新的环境中希望自己优秀。对于刚刚经历巨大环境变迁的新生来讲，不仅存在一个适应外部环境的问题，同时，更重要的是他们也面临一个如何自我调适的过程。以前的新生入学教育更多注重的是前者，对后者则相对不太重视。实际上，正是后者对大学生的心理健康状况影响较大。总的来看，无论是对学习和生活环境的适应，还是对人际关系、自我地位变化的适应，都会极大地影响到大学生们当时的心理健康状况。

（二）学业期望

大学生学习的重要特点是学习自主性，学生成为学习活动的主体，而教师是学习活动的指导者。因而，大学生面临学习方法、学习内容与学习习惯的巨大转变，这也包括对自己学习能力的重新评估。许多学生在中学时代确立自己的学习优势，有着较高的学业期待。在大学，大学生又面临着学业期待的变化、学业优势的失落及对自己的学业重新定位。如果大学生缺乏足够的思想准备、不能恰当地接受和对待学业成绩，就会出现自信心下降、自卑感上升，甚至还会出现强烈的嫉妒心理和攻击行为。大学的学习目的、学习方式、学习内容都是有别于中学的。随着社会对大学生要求的提高、用人标准的转变，很多在校大学生既要学习专业知识，又要选修一些相关知识，如外语、计算机、汽车驾驶等，考取各类证书，以适应激烈的市场竞争。如果大学生学习方法不当，学习动机不强，学习目的不明确，自我约束能力弱，则容易出现焦虑、紧张等情绪反应，这些情绪反应会严重影响他们的自信心，使他们产生苦恼及自我否定等心理问题，最终导致学业失败。

（三）人际关系

与中学生相比，大学生的人际关系更为广泛与深刻，角色呈多元化。不同地域、不同教育背景、不同经济状况大学生带着各自的生活习惯与学业期待来到大学，新型人际关系的适应是他们面临的重要问题。新型人际关系的适应既包括师生关系的理解，又包括同班及宿舍的相处，还包括异性交往的适应等。大学生与人交往和相处的经验相对较少，在短期内建立起一种和谐的人际关系，往往需要很多的技巧，而大学生往往只感受到这一问题的重要性及其压力，而缺乏必要的处理这一问题的经验和技巧。人际关系更多地反映人们的一种性格特点和交往模式。因此，大学生的人际关系与自我认知和认知他人相关。一方面，他们对良好的人际关系抱有极大的期望，希望能建立和谐、友好、真诚的人际关系。另一方面，这种期望又往往过于理想化，即对别人要求或期望太高，而造成大学生对人际关系状况的不满。这种不满又会反过来对他们的人际关系带来消极的影响，最终渴望交往的心理需求与心理闭锁的矛盾集于一身。大学生中重要的人际关系是异性交往，这既包括两性之间友谊的发展，又包含爱情的成长。在异性交往中，大学生需要重新认识与确立自己的方位与坐标。有的大学生面对异性的追求不知所措，不知如何拒绝，也不知如何去爱，如何把握爱的温度；有的大学生将爱情置于学业之上，甚至认为有爱就有一切，当失恋的打击袭来时，没有充分的心理准备，不知如何面对分手，面对自己。

（四）自我认知

大学生活始终是丰富多彩、令人向往的，然而大学生进入大学以后，由于受学习生活的转变、自身所具备的特长等诸因素的影响，大多数大学生对自我的评价也在逐渐地发生转变。这些不仅表现在学习成绩、生活起居上，还表现在知识面、社会经验、人际交往及个体综合能力等方面。自我认知也会出现两极振荡：当取得一点成绩时容易自负，而遇到挫折时容易自卑。不断地调整自我认知对每位大学生都非常重要。大学生作为同龄人中学业优秀的群体，现实自我与理想自我总有相当的差距。对这一客观事实认识不足，就会引起认知上的矛盾，从而严重影响大学生的心理状态。在客观现实面前，有的大学生能及时地调整对自身的认识，重新确立目标，以符合客观现实的要求，而有些大学生则企图逃避与现实的矛盾冲突，出现消沉、颓废、苦闷、抑郁等心态，或沉湎于玩乐、放纵，发泄对现实的不满，以此来麻痹自己的心灵，甚至滋生自杀倾向等严重的心理问题。

处于大学阶段的青年人已强烈意识到“自我”，也注意到了自我的脆弱，因而产生出强烈的充实自我、发展自我的需求。有的大学生在追求发展自我中顾此失彼，没能达到期望的目标，从而产生了不良的心理反应。还有的大学生，在发展自我过程中放大了自我弱势、忽略了自我优势，由于害怕暴露自己的弱点而采取防御机制，缺乏必要的社会支持，甚至产生严重的烦恼和恐惧不安等。

（五）心理冲突

心理冲突是指个体在有目的的行为活动中，存在着两个或两个以上相反或相互排斥的动机时所产生的一种矛盾心理状态。心理冲突常常会造成动机部分地或全部地不能满足，同时也使动机所指向的目标的实现受到阻碍。动机与挫折相关，也是造成挫折和心理应激的一个重要原因。大学生的心理冲突既有群体的如独生子女与贫困学生特有的心理冲突，又有个体发展中面临的升学与就业、学业与情感等心理冲突。大学时代是心理断乳的关键期。心理断乳意味着个人离开父母、家庭的监护，彻底切断个人与父母、家庭在心理上联系的“脐带”，摆脱对家庭的依赖，成为独立的个体，完成自我心理世界的建构。当多重发展任务同时落到大学生身上时，必然会使他们产生各种各样的心理冲突。事实上，大学生的心理冲突并非判断引起的冲突，而是由于选择带来的，如是升学还是就业、毕业后是否从事专业等。

（六）生活事件

生活事件是指人们在日常生活中遇到的各种各样的社会生活的变动。生活事件不仅是测量应激的一种方法，而且是一项预测身体和心理健康的重要指标。大量的研究表明：即使是中等水平的应激事件，如果它们连续发生，对个体抵抗力就会累加，因而也非常严重。如大学生经历人际关系的疏离、评优失败及失恋后，会出现明显的心理不适。在生活事件中，重要丧失对大学生心理健康起着消极作用，如重要人际关系的丧失、荣誉的丧失，等等。重要的人际关系主要是指与家人、朋友，特别是异性（恋人）的关系。这种关系一旦丧失或出现问题，不仅仅会影响到他们的情绪及学习和生活，更重要的是，可能会极大地影响到大学生对自身及今后人生的看法。失恋带来的挫折感尤为如此。荣誉的丧失，一般表现在：认为可以获奖学金却没有获得、认为可以评优却没有评上、认为可以入党却没有入成、考试作弊、违纪受处分等。重要丧失在一定程度上影响到大学生的心理健康，严重时会导致心理障碍。在对生活事件与心理健康之间的关系进行解释时，一般认为生活事件的产生会提高个体适应环境的能力。个体每经历一次生活事件，必须付出精力去调整由于这一事件的发生所带来的生活变化，这也带来了个体抗挫折能力的提高。

（七）家庭环境

家庭的因素主要包括家庭的心理氛围、父母的教养态度、家庭结构、家庭经济状况四个方面。家庭是人生的奠基石，父母是孩子的第一任老师，家庭、父母对学生的成长与成才的影响是长久而深远的。家庭的心理氛围是良好心理素质形成的前提，家庭成员间的语言及人际氛围直接影响着家庭中每个成员的心理，对个性逐渐成熟的大学生影响更具有特别的意义。父母的教养态度和教育方法直接影响孩子的行为和心理（民主、平等而非命令、居高临下的，开明而非专制的，潜移默化而非一味娇宠的教养态度与教育方法有利于学生心理的健康发展）。家庭结构的变化如单亲家庭、重新组合家庭等因素必然会对正在读书的大学生的心理有一定影响。家庭经济状况特别困难的学生易产生心理不适感。家庭环境对学生心理健康的影响是深远而长久的。

四、心理健康的维护与培养

心理健康的影响因素是多方面的，心理健康的维护和培养也需要家庭、学校、社会和个人的共同关注和努力。大学生既要学会自助，自己对自己负责，又要学会求助，向学校和社会的心理咨询与治疗机构求助。下面我们主要谈谈大学生如何从自身做起，更好地维护和培养自身心理健康。

（一）树立正确的价值观

人们对各种事物，例如，劳动、贡献、成就、享受等在心目中都存在好坏与主次之分，这就是价值观。价值观反映人们对事物的是非与重要性的评价。价值观对人的心理健康有相当大的影响，正确的价值观能促进人们的心理健康。例如：追求工作成就的人，他们热爱劳动，热爱工作，在劳动和工作中获得乐趣，有益于身体健康；而追求享受的人，他们往往不顾自己的经济条件，不切实际地追求吃、穿、玩、乐，在这种错误价值观的支配下，人们经常要遭到挫折，闷闷不乐，或者牢骚满腹，有害于心理健康。

（二）培养良好的心理特征

人的心理特征与人的心理健康有着密切的关系。积极良好的心理特征能促进心理健康，情绪稳定、乐观、坚强、勤劳、与人为善、助人为乐等良好的心理品质，都有利于心理健康。暴躁、任性、贪图安逸、心胸狭窄、虚荣心、嫉妒心等不良心理品质，都有害于心理健康。人的心理特征是在生活与实践中形成的。人的心理特征具有一定的惰性，即一经形成，就比较难改变，但并不意味着不可改变。有的人了解自己的不良心理特征，但却认为这是不可改变的，这种认识是错误的，也是有害的。

（三）保持健康的情绪，善于管理情绪

情绪对于心理健康来说是至关重要的，几乎每一种心理疾病都有其情绪上的表现，稳定而良好的情绪状态，使人心情开朗，轻松安定，精力充沛，对生活充满乐趣与信心。相反，如果一个人情绪波动大，患得患失，处于不良的情绪状态之中，而自己又不会调节和控制，就会导致心理失衡和心理危机，甚至出现精神错乱。

保持情绪健康，首先，应学会合理宣泄，找到充分表达自己情绪的方法，既不要压抑自己又不要放纵自己。应该意识到，任何一种情绪，都是由一定原因引起的。正视这种原因，接受这种情绪，并让它适当地表达出来，才会有益于健康。其次，对消极的情绪，要学会几种自

我疏导、自我排遣的方式。当遇到忧愁、不平和烦恼时，应发泄出来。长期压抑情绪是有害于心理健康的。在忧郁的时候，找知心朋友或亲人倾诉，使不良情绪得以发泄，压抑的心境就可以得到缓解，甚至大哭一场也不失为一种调整机体平衡的方式。在倾诉郁闷的过程中，还可能得到更多的情感支持和理解，获得认识和解决问题的新思路，增强克服困难的信心。另外，也可以用转移的方式调整情绪，因为总是注意意见令人沮丧的事，就会限制自己的思维，使自己越发低沉。这时，不妨将自己的注意力转移到别的事物上去，暂时离开这件不愉快的事，如看看电影、听听音乐，这样便可将忧郁排遣出来。

（四）有规律地安排生活

人们要根据自己的生活、工作的实际情况，制订切实可行的生活时间表，把工作和休息安排好。有规律地生活，在学习和工作的时候埋头苦干，在休息的时候愉快地休息，使人产生生理上与心理上的节奏感，消除忙乱，有利于心理健康。

（五）坚持体育锻炼、重视身体健康

身体健康是心理健康的基础。坚持锻炼身体、保持身体健康是维持和增强心理健康的重要保证，也是心理健康的基本原则之一。但是，目前有些大学生为了应付考试，埋头做作业，忽视体育锻炼。还有不少人吃完晚饭不出去散步或在家走动，坐下来看电视，天长日久身体发胖，影响身体健康。

体育运动既是身体活动，又是心理活动和社会活动，因此，人们要达到身体、心理和社会适应的完美状态，追求高品质的生活，有规律的体育运动是必不可少的一种健康的生活方式。心理健康的发展，必须以健康的身体为基础。体育运动可以促使身体健康，为心理发展提供坚实的物质基础。

（六）良好的自我意识

良好的自我意识就是正确认识自己、评价自己、监控自己。一个人只有能正确地认识自己，知道自己的长处和短处，知道自己的优势和劣势，才能充分发挥自己的长处和优势，才能在工作、学习与生活中获得满意感，才有助于心理健康。一个人不能正确地认识自己，就不能正确地评价自己，就难以在生活、学习与工作中发挥自己的长处和优势，因而就可能会经常遭受挫折，致使情绪低落，心理失衡。

人贵有自知之明，人们可以通过自我体验来了解自己的心态，正确评价自己，并采取有效的方法改造有害于心理健康的心理特点。另外，经常用心理健康标准来衡量自己的行为，可以促进心理健康。办事要根据自己的智力等情况量力而行，切不可设置经过努力也无法达到的目标，否则容易受到挫折，产生心理冲突，情绪不安，从而影响心理健康。人们也可用自我观察的方法正确了解自己、正确认识自己、正确评价自己，有效地调控自己，这对心理健康非常重要。

（七）建立良好的人际关系

一个人如果经常与集体隔离，不与周围的人交往，容易养成孤独的情绪，往往心情抑郁或孤芳自赏，影响心理健康。投身社会实践、扩大人际交往、建立广泛的社会支持系统、建立良好而真诚的人际关系，是非常重要的心理保健途径。和谐的人际关系，可以增加自信和理解，减少心理上的不适感，实现心理平衡。一个孤芳自赏、离群索居、生活在群体之外的人，是不可能心理健康的。

第二节 体育运动与心理健康

我国古代的医学著作中有许多关于身心关系的描述，例如："心者，五脏六腑之主也……故悲哀忧愁则心动，心动则五脏六腑皆摇"，"因郁而致病"，"因病而致郁"等；《吕氏春秋·尽数》中指出"形不动则精不流，精不流则气郁"。这些表述清楚地阐明了运动有益于身体健康和精神健康，以及身体和精神相互依赖的关系。屈原也曾经这样来描述体育运动对情绪的宣泄作用："登大坟而远望兮，聊以舒吾之忧心"。从中不难看出，身体活动既可以使人接近自然，又可以让人抒发郁闷的情绪，起到调节心理的作用。

回顾以往对身心关系所进行的研究可以看出，躯体和精神是不可分割的，生理活动与心理活动对健康有着同等重要的意义，人类的身体健康和心理健康之间存在着相互依赖、相互影响的关系。一方面，健康的心理会促进患病的躯体以较快的速度恢复，不健康的心理会造成生理的异常和病态，并进而影响身体健康；另一方面，健康的心理寄予健康的身体之中，身体不健康、患有躯体疾病或有生理缺陷等都会影响人的心理状态，使之处于焦虑、忧愁、烦恼、抑郁之中，这既影响了人的认识、情感和意志等心理过程，又阻碍了其人格的健康发展和人际关系的和谐，最终容易导致心理上的不健康。

一、对体育运动的界定

日常生活中，我们常常会提到"体育运动"这个词，但是，"体育运动"到底是指什么样的身体活动？是严格按照运动医学标准进行的有氧练习？是日常生活中偶然进行的身体运动？还是在健身俱乐部里进行的有规律的健身训练？这些不同形式的身体活动能否达到相同的效果？在介绍体育锻炼与心理健康的关系之前，有必要对有关概念进行比较清晰的界定。

（一）身体活动

在体育运动心理学领域，身体活动是一个上位概念，它是指任何由骨骼肌肉产生的导致能量消耗的身体动作，通常是以1个单位时间消耗的热量（卡路里）来测定的，其涵盖范围较广，包括体育锻炼、职业劳动及闲暇活动。也有学者认为，身体活动是指那些能量消耗高于休息时新陈代谢水平的人类活动，通常是指那些日常生活中经常进行的有助于健康的身体活动，如有规律的长时间散步、骑单车、爬楼梯，等等。

（二）体育运动

体育运动包括各种与心肺功能、肌肉力量和耐力、柔韧性和身体成分等有关的活动形式，它通常是指那些有计划、有规律、重复性的，以发展身体、增进健康、增强体能为目的的身体活动,如慢跑、举重、有氧锻炼等。体育运动的形式可分为即时性和长期性两种。即时性的运动是指一次的、相对较短回合的运动。长期性的运动是指长期重复进行的、通常为一周几次的、持续时间长短不一的运动。

二、体育运动对心理健康的影响

大量的研究结果表明,进行一定的体育运动有助于提高学业成绩、做事和决定果断、增强信心、稳定情绪、增强独立性、提高智力水平、提高心理控制源的内控倾向、改善记忆力和心境状态、提高交往中的可接受性、得到更多的积极性身体自我评价、提高工作效率。体育运动可以降低人们的怒气、焦虑、抑郁、敌对态度、恐惧感、神经质表现、应激反应、紧张、慌乱。此外,根据已有的研究报道,体育锻炼还可以提高唤醒水平、降低应激反应、消除疲劳、增加满足感、治疗心理疾病。综合以往的研究结果,我们将体育运动对心理健康的积极效益归结为以下十个方面。

(一) 促进智力发展

经常参加体育运动不仅能增强神经系统的机能,从而提高人的注意力、记忆力、反应速度、判断力和想象力等智力因素,还能使人在空间和运动感知方面的能力得到提高。比如,打乒乓球时,球在空中飞行的速度是很快的,一般把球从本方台面打到对方台面不到0.5秒,在这样短暂的时间内,要求运动员对来球的方向、速度、旋转、落点等全面观察,迅速做出判断,并立即决定对策,迅速移动步伐,调整击球位置与拍面的角度,进行挥拍击球。为了适应各种复杂变化,运动员必须经常转换动作和战术,这就要求他在打球时思想集中、反应快、神经系统特别是视觉神经系统要处于良好的兴奋状态。因此,经常练习乒乓球能有效地提高眼、手、脑的反应速度和协调性,培养机智、灵活、冷静、果断的品质,促进人的协调性、灵敏性的提高。

体育比赛的场面复杂多变,观看体育比赛还可以提高观察、分析、判断、独立思考等能力。除此之外,运动还可以促进血液循环,使大脑获得更多的养分,提高脑力劳动的效率,可以增强大脑兴奋和抑制过程的转化,提高神经系统的反应性和灵活性,可以在一定程度上消除脑力劳动引起的疲劳。

(二) 改善人际关系

体育运动是来源于生活又高于生活的一种特殊活动,存在着人与自身、人与自然、人与人之间、个人与集体之间、集体与集体之间的相互交往性。尤其是集体性运动项目,它既要求参与者充分发挥个人技术特长,又要求他们相互配合和协助,共同享受获胜的喜悦,忍受失败的心酸。通过体育运动,可以广交朋友、交流信息,学会关心他人,帮助同伴,从集体中获得价值感、归属感、亲密感。通过与他人的接触,还可以消除孤独感,忘记烦恼和痛苦。

可见,参加体育运动,不仅有利于个体忘却工作、生活带来的烦恼,消除精神压力和孤独感,而且可以使个体社会交往的需要得到满足。此外,在体育运动中,可找到志趣相投的知音,从而给个体带来心理上的益处,有利于形成和改善人际关系。另外,轻松、高雅的娱乐性体育运动可愉悦人的身心,缓解紧张心理,增进心理健康。可以说,参加体育运动的过程就是一个与他人紧密协作的配合过程，这样的参与能够有效地提高参与者的心理素质和对现代社会人际关系的适应能力。

（三）改善情绪状态

情绪是衡量心理健康的主要标准之一，不良情绪往往会导致心理问题，而体育运动能给人带来愉悦的情绪，降低紧张和不安。体育运动本身蕴藏着诸如竞争、合作、冒险、挑战、刺激、拼搏等刺激，这些都会引起人们相应的积极情绪体验，如愉悦、兴奋、享受、畅快等。研究表明，经常从事体育运动的人较少出现紧张、焦虑和抑郁情绪。

（四）减轻应激反应

体育运动能减轻应激反应，这是因为体育运动可以降低肾上腺素感受体的数目和敏感性。再者，经常进行体育运动可以降低心率和血压，从而减轻特定的应激源对生理的影响。有研究表明，体育运动具有减轻应激反应、降低紧张情绪的作用，因为体育运动可以锻炼人的意志，增加人的心理坚韧性。有学者做过这样的实验，要求一些高应激反应的成年人参加散步或慢跑训练，或接受预防应激训练，另一些不做任何训练，结果发现，与未接受任何方法训练的被试相比，接受其中任一种训练方法的被试处理应激情境的能力较强。

（五）消除疲劳

疲劳是一种综合性症状，与人的生理和心理因素有关。当一个人的情绪消极或任务超出个人的能力时，人在生理上和心理上都会很快产生疲劳，而中等强度的体育锻炼可以使身心得到放松。有研究表明，体育运动能提高诸如最大输出和最大肌肉力量等生理功能，这就能够减少疲劳。因此，体育运动对治疗神经衰弱具有特别显著的作用。

（六）降低焦虑和抑郁水平

在心理治疗领域已经达成这样的一种共识：体育运动是缓解焦虑症和抑郁症的有效手段之一。有研究表明：诸如散步或慢跑之类的运动对降低焦虑和抑郁水平有较为显著的作用，而且锻炼者参加锻炼前的焦虑和抑郁程度越高，受益于体育运动的程度也越大；体育运动后，即使心血管功能没有提高，焦虑和抑郁的程度也有可能下降。美国的一位心理学家对大学生做跑步试验发现，跑步能成功地减轻大学生在考试期间的焦虑情绪，且发现适当步行也能降低焦虑状态和血压。运动降低焦虑的作用与其他治疗方法如冥想、放松疗法、完全性休息的效果是一样的。

（七）帮助建立正确的自我概念

所谓的自我概念，是指一个人对自己的身体、思想和情感的整体评价。它由许许多多的自我认识所组成，包括我是什么人、我喜欢什么、主张什么，等等。具有正确的自我概念，就意味着能客观地认识自己，积极地对待自己。体育运动有助于认识自我。体育运动大多是集体性、竞争性的活动，自己能力的高低、修养的好坏、魅力的大小，都会明显地表现出来，从而使自己对自我有一个比较符合实际的认识。竞争的成功可以提高自信心和抱负水平，可以获得同伴和集体的承认，从而可以使人正确地认识自己的社会价值。体育运动还可以有助于自我教育。在体育运动中暴露自己的缺点，发现自己的优点，可以不断修正自己的认知和行为，将自己的潜能和长处发扬光大，努力改正和克服自己的缺点和不足，正确地对待成功与失败。

（八）行为适度

心理健康的人行为协调，反应适度。行为协调是指人的行为是一贯的、统一的，而不是反复无常的，表现为在相同或类似情况下的行为的一致性。反应适度是指既不异常敏感，又不异常迟钝，刺激的强度与反应的强度之间有着相对稳定的关系。体育运动大多是在规则的规范要求下进行的运动，是在“公开、公正、公平”的宗旨下进行的运动。在体育运动中，每一位成员都会受到规则的约束，个人的行为要符合规则要求，因此，体育运动对培养人良好的行为规范有着重要的积极作用。

（九）培养合作与竞争意识

合作与竞争是现代社会对人才的要求。体育运动是在规则的要求下，使双方在对等的条件下进行的体能和心理等方面的较量。这种竞争就是追求卓越成绩的努力，证明自己或本队比对手更强、更出色。同时，体育运动又包括个人和集体项目，在一个集体中，每个成员为达到共同的目标而相互合作。因此，要求每位成员的一切行为都要有整体意识，要从全局出发，要抛弃个人的私心杂念，为加强和发挥整体力量而努力。当然，这种合作不局限于同一集体内，还应包括对手、观众、裁判等方面的合作。不尊重对手、观众，不服从裁判的判罚，比赛就无法进行。因此，体育运动可以有效地培养人的合作与竞争意识。

（十）培养坚强的意志品质

一个心理健康的人，应有明确的学习目标和生活目标，并有达到目标的坚定信念和自觉行动，表现出果断性、坚韧性、自制力及勇敢顽强和主动独立等精神。意志品质既是在克服困难的过程中表现出来的，又是在克服困难的过程中培养出来的。体育运动一般都具有艰苦、激烈、紧张、对抗及竞争性强的特点。在体育运动中，要不断克服客观困难（如气候环境条件的变化、动作的难度或意外的障碍等）和主观困难（如紧张、畏惧、失意、疲劳等），这当中包含了来自生理、心理、体内、体外等各个方面的因素。运动员越能努力克服困难，也就越能培养勇敢顽强、吃苦耐劳、坚持不懈、沉着果断、机智灵活、谦虚谨慎等意志品质。从体育运动中培养起来的坚强的意志品质往往可以迁移到日常的学习、生活和工作中。

同时，参加体育运动必然会经常体验到成功的喜悦、失败的沮丧、进步的欣慰和失误的悔恨，这种磨炼对心理承受力的增强有着积极的作用。

综上所述，体育运动对促进智力发展、培养优秀人格品质、增进心理健康等方面具有不可替代的重大意义，而且方法简单易行，易于被人接受。因此，我们要在遵循心理健康与体育运动相互作用的规律的前提下，科学合理地开展体育运动，促进自身心理健康发展。

三、体育运动改善心理健康的机制

体育运动为什么会产生心理健康效应？这其中的中介机制和影响因素是什么？许多研究者一直在试图回答这些问题。他们认为，体育锻炼能产生良好的心理健康效应有其生理学和心理学的机制。因此，在这一领域，出现了一些理论假设。

（一）生理学假设

1. 单胺类神经递质假说

单胺类神经递质假说认为，人在运动时，其机体内单胺类物质的变化可能是运动改善心理健康的生理机制。身体运动能促进大脑分泌内啡肽，内啡肽具有强烈的镇痛作用。脑内第一胺、去甲肾上腺素、多巴胺和血清基可以影响机体的觉醒和注意力，同时也与抑郁和睡眠失调有关。人体运动研究表明，抑郁病人在运动后，胺的代谢产物在尿中排泄增多。

2. 脑内神经肽假说

脑内神经肽假说也是一个用来说明身体运动影响心理健康的流行假说。人类大脑中的神经肽大约有20余种，但作用最明显、研究得比较多的是内啡肽和神经肽。内啡肽是一种由脑垂体、下丘脑等分泌和释放的一种强大的吗啡类激素，而且具有与吗啡类似极强的镇痛作用，并能使人产生欣快感，还在应激、记忆、免疫反应、摄食、血压调节、脑瘤生长及内分泌调节等生理活动中发挥重要作用。内啡肽引起的欣快感可降低抑郁、焦虑、困惑及其他消极情绪的程度。研究表明，人体在进行长时间运动时（60分钟以上），体内内啡肽能保持较高水平。在激烈的比赛中，许多受了重伤的运动员仍然能坚持比赛并取得好成绩，可能与内啡肽的镇痛作用有关。有氧运动作为提高心理健康的方法之一，其原因是有氧运动可以引起内啡肽的释放，从而能缓解精神疾患的某些症状，内啡肽是最好的生理镇静剂。许多坚持锻炼者能经常保持饱满的精神状态和生活信心，都与内啡肽效应有关。这种效应还能影响性格，能使人对精神紧张和来自各方面有害刺激的忍受力加强。而神经肽可能是唯一的内源性缓解焦虑物质。因此，有理由认为，运动可以治疗诸如高血压、成瘾、免疫功能低下、抑郁和神经性厌食等疾病，与脑内神经肽的变化有关。

3. 心血管健康假说

心血管系统反应是应激反应的生理指标。一些研究认为，有机体可以条件反射性地建立适应和对抗应激的自我保护机制，而经常性的体育运动有助于建立这种机制。心血管健康假说的基本理论观点是：心境状态的改善与心血管功能的提高相关。身体锻炼特别是有氧锻炼，通过加强心血管系统的功能，进而加强血管的收缩性和渗透性，健康的血液循环可以使体温恒定，有助于减轻受到应激刺激时的机体生理反应，并可以加快机体从应激状态中恢复的速度。还有研究表明，体质的增强也有助于提高有机体对抗应激和紧张及在应激和紧张状态下“正常运转”的能力。

（二）心理学假设

1. 转移注意力假说

存在心理健康问题的人注意力往往专一、持久地集中在某一类特定的事情上，通过体育运动可以分散或转移人们对自己忧虑和挫折的注意力，使消极情感得以发泄，使紧张情绪得到松弛，并趋向稳定。同时，体育运动也可以为各种情绪提供一个公开的、合理化的发泄口，使遭受挫折后产生的冲动通过体育运动得到升华和转移。一些研究表明，慢跑、游泳等活动能使锻炼者进入自由联想状态。在单调重复性的技术动作中，通过冥想、思考等思维活动，可以促进思维的反省和脑力的恢复。对于那些参加集体性项目（如篮球、排球等）的锻炼者来说，他们必须全身地投入活动之中，没有时间考虑那些使他们感到忧虑的事情。这种对注意力的有效集中和转移，可以达到调节情绪的目的，从而有利于锻炼者的心理健康。

2. 认知行为假说

体育运动可诱发积极的思维和情感。一方面，这些积极的思维和情感对抑郁、焦虑和困惑等消极情绪具有一定的抵抗作用；另一方面，当人们一旦在体育运动过程中克服了困难，经历了快乐的情绪体验，就会采用相同的行为来维持那些令人愉快的情绪，或置身于某种有望重新产生这种情绪的情境中。

随着锻炼心理学研究的不断深入，一些研究者意识到，体育锻炼之所以有助于心理健康，其原因之一就是认知评价产生了作用。体育运动会使人体验到健康的感觉，而不一定是使其实际的健康程度发生变化。换句话说，主观体验到的健康感觉与心理功能的改善密切相关。有研究发现，经过 6 个月的体育锻炼之后，120 名中年人的健康感觉导致了心理功能的积极转化，这可能是运动者自我认知评价提高的结果。

3. 社会交互作用假说

体育运动是来源于生活而高于生活的一种特殊运动，是和造成人们心理障碍的运动不同的一种运动。在比赛场上，人和人之间的交往用语言和文字进行的少，用身体的动作、表情、眼神等非语言进行的多。这是因为表情或身体活动同言语一样具有传达意思的作用。比赛中常常可以看到通过拥抱、拍拍肩膀、拍手掌或握手等身体的接触来表达友好、喜爱之情。这种特殊的交往形式使人与人在交往时不会因为感情深浅、身份高低、年龄长幼、长相俊丑、不同种族而存有戒心。这种运动中形成的全新的人与人之间的关系随运动时间、次数的增加而不断得到强化，并在以后的生活中可以成为经验，进而在后续生活交往中对原有的心理过程起到很好的调校作用。尤其对心理障碍患者来说，体育运动这个媒体可改变他们对人、对事的态度、想法，从而起到治疗心理问题的效果。

因此，社会交互作用假说的基本前提是人们在身体锻炼活动中与朋友、同事等进行的社会交往是令人愉快的，它具有改善心理健康的作用。研究表明，身体锻炼不论是集体进行还是单独进行，都具有健心作用。

4. 自我效能感假说

自我效能是指一个人对自己能否有能力去完成某种任务并达到预期效果所持有的信念。自我效能这个概念最初由美国心理学家班杜拉提出，他认为，人们完成了一项自己认为较为困难的任务后，就会产生“我能行”的自信心、积极的情感和再次尝试的欲望，而不成功的结果将导致消极的情绪体验和低自信心。研究表明，身体锻炼可以使人获得独立感和成功感。心理痛苦的人存在一个共性，就是人的主观无能感，即感觉无法应付他自己及周围的人都觉得他能够处理的问题。其典型的表现有以下几点：对自己丧失信心，不仅感到失去了对外在环境的控制能力，而且还失去了对自身情感和思维的控制能力。由于体育运动往往是个人主动、积极参与的运动，是运动者自觉、自愿参与并在其能力范围内的运动，锻炼者在体育运动过程中往往能够有效地控制自己的身体，并感到自己有控制的能力，因而获得了自信，产生了运动的愉悦感。

简言之，自我效能感假说认为，体育运动中的控制感和成就感有助于运动者看到自己的价值，增强自信，提升自我效能感，从而提升他们在日常生活中其他方面的心理潜能。

四、增进心理健康的运动处方

运动处方是指锻炼者为了获得最大的心理效应而制订的锻炼计划，计划内容主要包括锻炼的种类、频率、强度、次数、持续时间等方面。身体锻炼对心理健康的效应与身体锻炼的类型、锻炼负荷的大小、锻炼者的年龄、基础健康状况和人格特征方面有着密切的关系。因此，应该因人制宜地制定运动处方，这样才有可能使身体锻炼取得最大的心理效益。

（一）矫正不同心理问题的运动处方

1. 矫正时常焦虑、性情暴躁的运动处方

有的人因为一点小事就可以引起极大的焦虑反应，做事不冷静、性情暴躁。对有这样性格特点的人，可以选择太极拳、长距离慢跑、健身走、保龄球、台球、掷飞镖、下棋、定点投篮等活动，这些项目要求精神集中，意志专一，可以加强对神经系统的训练，提高神经系统的主导地位和调节功能。人在练完这些项目后感到轻松愉快、心情开朗。

2. 矫正不自信的心理倾向的运动处方

不自信的关键是心理素质不高，矫正的方法是参与对心理素质要求较高的体育运动项目，如武术、健美操、体操、游泳、摔跤、滑冰、滑雪等，这些项目都具有表演性和挑战性，参与此类运动，要不断克服胆怯心理，大胆表现，勇于接受挑战，克服困难，完成一次次自我超越。

3. 解除疲劳、调节睡眠的运动处方

心理学研究表明，就一般人而言，智力因素相差较少，而非智力因素相差很大。在矫正此类心理健康运动处方的制定中，要注重选择一些集心理、技能、情感于一体的体育运动，如有氧运动和肌肉力量练习为主的运动（如跳绳、俯卧撑、广播操、跑步等体育项目）。人们在参与这类运动项目时，可以宣泄不良情绪，消除心理紧张，调节心理状态，维持心理平衡。通过这类运动，人们可以改善性格，消除疲劳。另外，此类运动还可以让大脑得到充分的休息，改善睡眠，提高工作和学习的效率。

4. 矫正孤僻和自闭倾向、促进团结协作的运动处方

矫正孤僻和自闭倾向、促进团结协作，可以选择一些集体性项目较好的体育活动，如篮球、游戏、接力跑、足球、排球、拔河等项目。这类项目要求同伴之间配合默契，每个人都应具备较好的与他人协同作战的心理素质，参与这类运动，人们会认识到集体的力量胜过个人的力量。实践证明这类运动可以帮助人们改变孤僻、不合群的心理特点。

5. 矫正处事优柔寡断、行动迟缓的运动处方

在我们周围，不少人遇事常犹豫不决，做起事来不够果断，结果往往是浪费了宝贵的机会和时间，影响到学习与工作的效率。有这种心理倾向的人可以参加羽毛球、乒乓球、网球、跨栏、跳高、跳远等运动项目，这些项目都要求快速做出决断和反应，任何犹豫和徘徊都将延

误最佳时机。经常练习这些项目，能培养人们果断、自信地判断，敏锐机灵地做出反应的心理品质。

6. 矫正胆小怕事、缺少竞争意识的心理倾向运动处方

社会竞争日趋激烈，缺少竞争勇气的人不会在日新月异的社会里紧跟时代的步伐，从而无法融入社会大家庭。有这类心理倾向的人可以选择散打、拳击、摔跤等对抗性项目，以能增加勇气，培养竞争意识。

（二）运动处方的实施过程及模式

制定、实施心理健康运动处方常采用“六步法”。

1. 咨询与测试

通过心理咨询或简易心理测量等方法来弄清楚处方实施者的健康状况和人格特征，为进一步制定处方做准备。

2. 比较分析

对第一步得到的结果和数据进行处理，分清主次问题，并进行定性和定量分析。

一般来说，以上两步均可由学校的心理咨询部门或心理教师来完成。

3. 制定处方

根据第二步分析出来的结果，选择合理的运动项目。制定处方时，要根据处方制定的原则，充分考虑处方实施者的生理特点与心理倾向。不同的锻炼者对同样练习、同样的强度会产生不同的刺激效果。同样的练习对不同心理适应程度的锻炼者也会产生不同的效果。

4. 处方的实施

要求处方实施者严格按照处方要求参加运动。

5. 再测试与数据分析

在处方实施者按照处方运动一段时间后（一般是第六周至第八周后），对其再次进行心理测验，来检测处方的初步效果。

6. 调整处方

根据第二次测试后分析的结果与原始的测试结果再进行比较，发现问题要对处方进行及时调整，尽可能使处方实施者保持良好的情绪，以积极的态度、主动的精神去参与锻炼，把规定与自愿结合起来促进他们心理的进一步完善。

（三）制定心理健康运动处方的原则

1. 兴趣导向原则

“兴趣是最好的老师”，因此，在制定运动处方的时候必须充分地考虑到处方实施者的兴趣和爱好，选择他们喜爱的项目，这样才能有效地提高处方实施者的热情，充分地调动他们的积极性，收效也会更显著。如长跑虽然可以锻炼他们克服焦虑、急躁的缺点，但是大多数学生对长跑并不感兴趣，所以可以用越野定向活动来代替。如进行健身操练习时，长时间练习也会使人感到枯燥，如果加上音乐，会使人感到轻松愉快、精力充沛、紧张消除、肌肉放松，从而有更好的情绪体验。总之，处方的内容要避免过于单一和重复。

2. 可行性原则

在制定处方时，必须充分考虑到处方的可操作性和便利性。在制定处方之前，应当充分了解处方实施者生活环境周边拥有的场馆设施、可利用的运动器材等，根据实际的情况和条件制定出操作性较强的运动处方。

3. 针对性原则

不同运动处方治疗的心理功效是不同的，因此在制定运动处方时必须了解处方实施者主要的心理倾向和问题是属于哪一类型，只有充分了解后，才能真正做到“对症下药”，有针对性地进行处方的制定。即使是同一类型问题的处方实施者也要考虑其性别、年龄、身体状况等因素，因人制宜地选择不同的运动内容、运动量和运动强度，以取得良好的效果。

4. 负荷强度适中原则

增进心理健康的运动处方不同于增进身体素质的运动处方，要考虑到适宜的运动强度。强度过小，则不能满足身体发展的需要，达不到通过体育锻炼身心的目的；强度过大，则会导致心脏、肠胃、肌肉、骨骼的不适，给处方实施者的机体造成一定的伤害，使他感到极度疲劳从而导致心理上的不适，出现厌恶情绪。实验表明，中等强度的运动量，具有较好的心理效应。只有中等强度的运动量，才能对人体的机能和心理健康产生积极的影响。另外，应通过心率来控制运动的强度，使平均心率控制在每分钟 130～160 次。

5. 有氧运动原则

许多研究表明，有氧练习与心境改变和(或)应激减少有关。慢跑与健康幸福感的许多方面有关：焦虑和抑郁的降低、自我观念的增强、对精神压力的耐受力增高及出现跑步者高潮，等等。消遣性游泳在许多方面与慢跑类似。两种练习不仅在形式上都是有氧的，而且都是个体的、周期性的、动作有节律的身体活动。然而问题并非这样简单。除了“有氧”这一因素外，腹式呼吸也可能是身体活动和(或)锻炼产生情绪效益的原因。对瑜伽、步行、低运动负荷功率自行车的心理效益研究显示，这些项目的腹式呼吸特征与心理效益的关系更为密切，腹式呼吸比“有氧”更能促进心理效益的产生。我国传统的东方健身术一直很重视有节奏的腹式呼吸对健康的积极作用，太极、气功、导引等项目十分强调使用腹式呼吸，这也是腹式呼吸有利于产生积极情绪的实例。

6. 安全性原则

运动处方的制定要充分考虑实施过程中的安全问题，定期地对运动场馆和设施进行检查，对处方的负荷和强度进行合理的安排，以避免造成处方实施者的运动损伤，特别是有危险性的运动项目，要有保护措施，确保运动处方的实施顺利安全地进行。

【拓展阅读一】

乐观与健康

乐观的人寿命更长，乐观是抵抗疾病的第一道防线。给老鼠注射癌细胞，将老鼠分为三组，分别安排到不同的三种环境中。第一组老鼠可以通过逃避而成功地摆脱电击（乐观组）；第二组则在第一组成功逃避电击时遭到更重的电击，它们无论如何也逃避不了电击（悲观组）；第三组老鼠在没有危险的环境中（对照组）。结果，第一组老鼠中患癌症的大约只有1/4，第二组为3/4，第三组为1/2。这个实验说明：积极有效地应对危险可以提升免疫力。乐观主义可以增强人的免疫系统，使之获得更多的社会支持。乐观意识能够在人迷茫的时候为人提供力量的支撑，有助于维护身心健康和提升生活质量。研究发现，乐观者比悲观者平均寿命长19%。

【拓展阅读二】

体育锻炼与主观幸福感

主观幸福感是指个体依据自身的评价标准对其生活质量的主观的综合性评价，它是重要的衡量个体生活质量的心理指标。卡特尔（1977）对不自觉、无规律参与体育锻炼的个体与自觉、有规律参加体育锻炼的个体的主观幸福感水平进行研究。结果发现：个体体育锻炼情况对其主观幸福感产生影响，两者之间存在正向相关。Lox和McAuleyl对感染艾滋病病毒的被试进行实验研究，试验中将33名艾滋病病毒感染者随机分成三个组，第一组进行有氧锻炼，第二组进行力量锻炼，第三组不进行锻炼。经过实验，参加有氧锻炼的第一组被试和参加力量锻炼的第二组被试的主观幸福感的消极情感有显著的降低，积极情感、生活满意感和身体自我效能维度有显著的提高。

我国学者对183名老年人进行了为期17个星期的实验研究，实验中研究者对随机选取的实验组进行体育舞蹈、太极拳和门球等体育锻炼，控制组不做任何体育锻炼。结果显示，实验组和控制组的被试的主观幸福感存在显著的差异，不参加体育锻炼的被试的主观幸福感明显低于参加体育锻炼的被试。上述所开展的研究，其结果都证明了身体锻炼对提高主观幸福感的积极作用。

【本章小结】

心理健康是指生活在一定的社会环境中的个体，在高级神经功能正常的情况下，智力正常、情绪稳定、行为适度，具有协调关系和适应环境的能力及特性。

我国多数学者认为心理健康的标准包括：智力正常、情绪健康、意志健全、人格完整、自我评价正确、人际关系和谐、社会适应正常、心理行为符合年龄特征。

影响心理健康的主要因素有生理因素、家庭因素、学校因素、社会因素和个体因素等。

体育运动包括各种与心肺功能、肌肉力量和耐力、柔韧性和身体成分等有关的活动形式。

转移注意力假说认为体育运动可以分散或转移人们对自己的忧虑和挫折的注意力，使消极情感得以发泄，使紧张情绪得到松弛，并趋向稳定。

社会交互作用假说认为体育运动有助于心理健康的原因在于人们在身体锻炼活动中与

朋友、同事等进行的社会交往是令人愉快的，具有改善心理健康的作用。

【思考题】

1. 心理健康的概念及标准是什么？
2. 影响心理健康的因素有哪些？
3. 如何维护和培养心理健康？
4. 体育运动对心理健康的影响有哪些？
5. 请谈谈体育运动改善心理健康机制的心理学假说。
6. 简述制定心理健康运动处方时应注意的原则。

【推荐阅读文献】

[1] 张中秋. 优秀运动员心理训练实用指南[M]. 北京：人民体育出版，2007.

[2] 史文艳. 大学生参与体育锻炼与心理健康关系的研究[C]. 硕士论文. 大连：大连理工大学，2010.

[3] 王甲福. 大学生心理健康素质及其与体育锻炼关系研究[C]. 硕士论文. 武汉：华中师范大学，2011.

[4] 韩军，李翔. 体育运动与大学生心理健康探讨[J]. 四川体育科学，2009，(1)：57-60.

[5] 陈烨. 浅谈体育对大学生心理健康的重要性及其提高途径[J]. 运动人体科学，2013，3(19)：21-23.

[6] 席菲菲. 体育锻炼影响大学生心理健康观[J]. 运动人体科学，2013，3(5)：15-16.

第八章　团体心理学

教学目的

通过对本章的学习，需要理解与掌握团体凝聚力的概念、功能、分类，团体凝聚力的测量方法，影响团体凝聚力的因素，领导行为的概念、领导者的功能、领导者的影响力，领导行为的分类，影响领导行为的因素，影响体育教学的团体心理学因素，影响群众健身的团体心理学因素，团体凝聚力与运动成绩的关系，教练员与运动员关系的测量与评价，影响教练员与运动员关系的因素。

重要概念

团体凝聚力、领导行为、课堂活动结构、师生关系、从众行为、同伴关系、心理契约、教练员与运动员关系。

第一节　团体心理学基础理论

社会心理学中所指的团体或群体，与一般生活中群体具有一定的差异。它是指由相互依赖、相互影响的人为了一定的共同目标，按照一定的方式结合在一起的集合体。体育运动领域中涉及的团体心理学包括团体凝聚力与领导行为两个部分的内容。

一、团体凝聚力

（一）团体凝聚力概述

1. 团体凝聚力的概念

团体凝聚力是指团体成员之间相互吸引并愿意留在团体中的程度。它包括两个方面：一是群体对成员的吸引力；二是成员彼此之间的吸引力。因此，团体凝聚力既体现团体团结的力量，又体现个人的心理感受。这种个人的心理感受表现在三个方面：一是认同感，即团体成员对重大事件与原则问题保持共同的认识与评价的心理感受；二是归属感，即团体成员在情感上融入团体，成为团体的一员时的心理感受；三是力量感，即团体成员在依靠团体、得到支持、完成任务的信心方面的心理感受。总之，团体凝聚力表现在知、情、意三个方面。认同感给团体成员的认知以知识的信息，归属感是团体成员情感上的依据，力量感则给团体成员以力量，使团体成员的活动坚持不懈。

2. 团体凝聚力的功能

团体凝聚力对团体具有重要作用。首先，它是团体发展水平的重要标志。团体凝聚力越大，团体对成员的吸引力和影响力就越大，团体就越稳定，团体的发展水平也就越高。其次，团体凝聚力也是团体功能发挥的重要因素。一个高凝聚力的团体，能充分调动成员的积极性，成员能自觉遵守团体规范，从而使团体活动效率得到提高，使团体功能得到很好的发挥。最后，团体凝聚力对个体也具有重要意义。在高凝聚力的团体中，个体具有更多的安全感、归属感，有更高的自尊心，表现出更低的焦虑。同时，由于团体成员之间关系融洽，沟通频繁，个体能从群体和其他成员那里获得更多的社会支持。

3. 团体凝聚力的分类

团体凝聚力可以分为任务凝聚力和社交凝聚力（社会凝聚力）。任务凝聚力是指团体成员团结一致，为实现某一目标而付出努力的程度。社交凝聚力是指团体成员彼此相互欣赏，并愿意成为团队中的一员的程度。有的团体人际关系看上去一团糟，但其操作表现却并不似人际关系那么糟。之所以如此，是因为人际关系表现的社交凝聚力较低，但其任务凝聚力不一定低，所有团体成员为了完成共同的团队目标暂时将个人恩怨放置一旁，为实现团体目标付出努力。因此，仅从社交凝聚力的视角不足以全面理解团体凝聚力与操作表现的关系。

（二）团体凝聚力的测量

目前，测量团体凝聚力的方法主要包括社会测量法与问卷调查法。

1. 社会测量法

社会测量法是测量团体凝聚力的基本方法，又称团体成员关系测量法，由美国社会心理学家莫雷诺所创。运用这种方法，一方面可以了解个体在团体中的地位、适应性及成员之间的心理关系，另一方面也可以了解团体的特性，如团体结构、团体气氛及团体凝聚力等。

社会测量法认为，人与人之间的相互选择，反映了他们之间心理上的联系，肯定的选择意味着接纳，否定的选择意味着排斥。如此，我们便可以通过考察团体成员之间在不同方面进行选择的情况，定量地测量出每个团体成员在某个特定群体中的人际关系状况，也可以测量整个群体的人际关系状态。

莫雷诺随后又提出了一种更具有针对性的测量团体凝聚力的方法。这种方法先让团体中的一个成员选出愿意一起完成某项任务的他人，这些人当中只有一部分是该团体的成员。衡量团体凝聚力的指标是选择团体内部成员在总选择中所占的比例，如果一个团体中大部分成员选择了该团体以外的人，则该团体的团体凝聚力就低。

关于团体凝聚力的计算，心理学家多伊奇还提出了一个计算公式：

$$\text{团体凝聚力}=\frac{\text{成员之间相互选择的数目}}{\text{团体中可能相互选择的总数目}}$$

2. 问卷调查法

问卷测量法是指研究者根据理论模型编制的用于测量团体凝聚力的方法。目前，测量团体凝聚力的问卷或量表包括体育运动凝聚力问卷、团体凝聚力问卷、体育运动凝聚力测试问卷、团体环境问卷及团体心理问卷。卡农等人为了区别任务凝聚力和社交凝聚力，在群体动力学的基础上，发展了团体凝聚力的概念模型(见图8-1)。群体动力学认为，一个团体既具有个人特征，又具有团体特征。团体对个体的吸引力是个体特征的标志，而团体的一体化或一致性是团体特征的标志。在此基础上，卡农于1985年编制了团体环境问卷。该问卷对个体与团体、任务与社交方面进行了区分并形成了四个维度：团体任务对个体的吸引力(指运动员参加所属团体任务、活动和接受团体目标程度的知觉)；团体交往对个体的吸引(指团体成员个人在团体被接受的程度及与队友人际关系的知觉)；团体任务一致性(指团体成员对团体工作能彼此合作、意见一致)；团体社交一致性(指团体成员能彼此关心、尊重，并相处愉快)。这四个维度分别构成了该问卷的四个分量表，使得该问卷具有较好的信效度。

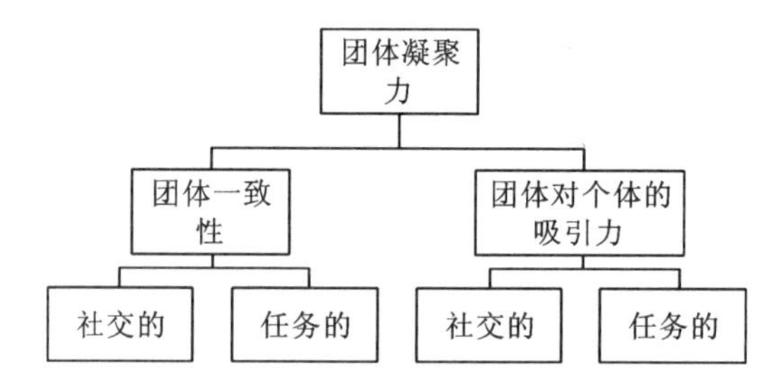

图8-1 团体凝聚力的概念模型

我国学者马红宇以此问卷为基础，依据中国的文化背景及语言习惯进行了修订，修订后的团体环境问卷的四个分量表的内部一致性系数为0.71～0.82，均超过了0.7，这说明该问卷内部一致性的程度较高。

(三) 团体凝聚力的影响因素

团体凝聚力是一个动态的发展过程，其影响因素会随时间的变化而变化。影响团体凝聚力的因素来自两个方面：一是来自团体内部；二是来自团体外部。内部因素包括领导因素、团体规模、团体的稳定性、目标结构、成员的相似性、成员互补，外部因素包括外部压力和团体的社会地位。

1. 领导因素

团体领导者的人格魅力、领导方式、领导作风等因素都会影响团体凝聚力。其中，领导方式或风格对团体凝聚力的影响较大。领导方式是指领导者在领导行为动态变化过程中表现出来的影响被领导者的风格。例如：勒温将领导方式分为民主型、专治型和放任型；日本学者三隅二不二将领导方式分为工作取向高的和人情取向高的两类；运动心理学家马腾斯将教练员执教方式分为顺从型、合作型和命令型。不同的领导方式对团体凝聚力会产生不同的影响。显然，民主型领导方式、人情取向较高的领导方式及合作型领导方式容易产生较高的团体凝聚力。

2. 团体规模

团体规模，即团体内成员的人数。团体规模过大，团体凝聚力越低，这是因为：团体规模会影响团体成员参与团体活动的程度，团体规模越大，团体成员平均参与团体活动的机会就越少；团体规模会影响机会分配的公平性，团体规模越大，就越容易出现机会分配上的不平衡；团体规模会影响团体功能的发挥，团体规模越大，团体成员之间差异越大，人际关系越难协调；团体规模还会影响团体成员的沟通与交往，团体规模越大，团体成员之间沟通和交往的机会越少，从而导致熟悉感和亲密感下降。然而，团体规模过小，团体凝聚力也较低。团队规模小的团体虽然在任务目标上容易达成一致，但由于人力资源不足会影响任务目标的完成。因此，适中的团体规模有助于团体凝聚力的提高。管理心理学领域的研究成果表明，团体成员人数在 7 人左右时，团队效率更高。

里格曼曾进行过一项实验，专门探讨群体行为对个人活动效率的影响。他要求被试尽力拉绳子，并测量被试独自拉绳子和以 3 人或 8 人为组拉绳子的拉力。结果发现，个人独自拉绳子时拉力为 63 公斤；3 人团体总拉力为 160 公斤，人均拉力为 53 公斤；8 人团体总拉力为 248 公斤，人均拉力只有 31 公斤，是个人独自拉绳子时拉力的一半。

这个现象在社会心理学中被称为社会性懈怠或责任扩散。所谓社会性懈怠，是指一个团体内的个体由于动机水平的下降，在集体工作时不像独自工作时那样付出 100%的努力。

3. 团体的稳定性

团体的稳定性是指团体成员的变动程度。团体凝聚力的发展是一个动态的过程，其培养也需要一定的时间，因此，团体的稳定性会影响团体凝聚力的形成、巩固和发展。在一段时间内保持团体成员的不变是加强团体成员团结、提升团体凝聚力的第一步。研究表明，团体成员结构的不稳定不仅会导致凝聚力下降，还会影响团体的工作效率。有一项研究考察了 18 支德国足球队的胜率与阵容的稳定性之间的关系后发现，获胜球队对阵容的改变要比失利的团体的小。同样，某一团体的团体凝聚力越高，团体成员越不愿意离开这一团体。比如，NBA 的马刺队中的核心球员邓肯、吉诺比利和帕克长期效力于这支球队。

4. 目标结构

目标结构是指以目标为导向的人际相互作用方式，主要分为三种：合作目标结构、竞争目标结构和个体化目标结构。合作目标结构是指在团体中，不同个体之间有着共同的目标，只有当团体中所有人都能实现目标时，个体才能实现目标获得成功。竞争目标结构是指在团体中，不同个体的不同目标存在着对抗性，只有当其他人不能实现目标时，个体才有可能实现自己的目标获得成功。个体化目标结构是指在团体中，个体能否实现目标与其他人无关，个体注意的是自己对任务的完成情况和进步程度，个体之间形成相互独立、互不干扰的关系。总体上，合作目标结构对成就的影响优于竞争目标结构和个体化目标结构。显而易见，合作目标结构也更有利于团体凝聚力的提高。多伊奇进行了一项实验，他让一个班级的学生讨论问题，对其中一半的学生说，每个学生与成员合作得越好，成绩就会越高，对另一半的学生说，按每个学生竞争的能力分等级打分，越突出则分数越高。结果表明，强调合作的一半学生比强调竞争的一半学生能更好地解决问题，团体更加协调，关系更加融洽，团体凝聚力也更高。

5. 成员的相似性

成员的相似性是导致人际吸引的重要条件。这种相似性包括民族、地域、教育、年龄、职业、性格、爱好、兴趣、态度、价值观等各方面的相似性。在某一方面相似，容易使人感到彼此接近，从而相互之间容易产生好感，相互吸引，相互欣赏，这就是所谓的“物以类聚、人以群分”。因此，团体成员之间的相似性越高，彼此之间的吸引力就越大，团体凝聚力也就越高。

6. 成员互补

成员互补是指团体成员在完成某一任务中的互补。一个团体内，每个成员所扮演的角色不同，承担着不同的责任，需要在不同方面取长补短，这样才能增强团体凝聚力。这种互补主要表现在三个方面：第一，智力的互补，既需要具有不同智力水平的人，又需要不同智力结构的人；第二，性格、气质等人格特征的互补，不同人格特征的人在一起，能够得到互补，从而使心理气氛和谐；第三，年龄的互补，一个团体中需要不同年龄阶段的成员，如领导班子的老、中、青结合。

7. 外部压力

外部压力是指团体遇到来自外界的威胁时产生的紧张情绪。当团体遇到外部压力时，团体成员会自觉减少分歧、统一意见、一致对外，以避免所属团体受到损失。因此，团体内部的凝聚力往往会得到提升。有关研究表明，来自外部的压力，无论是积极的，还是消极的，都会提高团体凝聚力。比如，外族入侵时，民族凝聚力会明显增强。迈厄斯曾组织了几个三人一组的步枪射击组，设置了不同的情境，即让有些组彼此竞争，有些组不搞竞争。结果表明，开展组间竞争的组比不开展竞争的组团结得更紧密。

8. 团体的社会地位

团体的社会地位对团体凝聚力也有影响。这往往包括两种情况：一是当团体社会地位高时，如先进团体，它的团体凝聚力会由此提高；二是当团体社会地位低时，也会在一定程度上增强团体凝聚力。

二、领导行为

（一）领导行为概述

1. 领导与领导行为

领导行为是对群体或个人施加心理影响，使之努力实现团体目标的过程。领导者是指在某一团体中处于法定或实际的领导地位，力图影响群体行为的人。通常我们将领导者称为领导，把领导者的行为也称为领导。事实上，这两者是两个不同的概念。在英语中，这两个概念是有不同的单词描述，领导行为是 leadership，领导是 leader。领导行为是领导者所表现出的行为，而领导者则是领导活动的主体。

2. 领导者的功能

与其他组织一样，领导者可以分为正式领导者和非正式领导者。正式领导者拥有组织结构中的正式职位、权力与地位；而非正式领导者虽然没有组织赋予的职位与地位，但由于其个人条件优于其他人的条件，能够使其他人诚服，因而对其团体具有实际的影响力。正式领导者的主要功能是领导团体成员实现团体目标，如制订和执行团体的计划、制定政策与方针、提供情报知识与技巧、授权下级分担任务、对团体成员实行奖惩、代表团体对外交涉、控制团体内部关系，以及沟通团体内上下的意见。非正式领导的主要功能是满足团体成员的个别需要，如协助团体成员解决私人问题、倾听团体成员的意见、安慰团体成员的情绪、协调与仲裁团体成员间的关系、提供各种资料情报、替团体成员承担某些责任、引导团体成员的思想、信仰及对价值的判断。

3. 领导者的影响力

作为一个团体的领导者，要对团体进行有效的领导，就必须具备较强的影响力。这种影响力就是在与团体成员交往过程中，能够对团体成员的心理与行为进行影响或改变的能力。当然，在社会中每个人都具有一定的影响力，只是每个人的影响力的强度存在差异。作为团体的领导者，其影响力必然高于一般人群的影响力。按领导者影响力的性质，影响力分为强制性影响力和自然性影响力。

强制性影响力，也称为权力性影响力，它由通过社会、行政组织赋予领导者的职务、地位、权力等条件构成。由此可见，这种影响力并不是每个人都具有的，只有某个团体或组织的领导者才具有。强制性影响力有奖励与惩罚两种基本形式。领导者可以采用不同范围与不同程度的奖励手段来影响被领导者的心理与行为；领导者也具有施行惩罚的权利，被领导者为了避免接受不愉快的甚至痛苦的惩罚，必须执行团体或组织对其提出的要求，接受领导者的影响。

自然性影响力，也称为非权利性影响力，是通过人自身具备的能力特点、人格魅力、业务水平及道德修养等形成的影响力。这种影响力任何人都具有，只是存在强度差异。作为团体的领导者，除了社会、行政组织赋予的强制性影响力之外，更应当具备内在的自然性影响力。与强制性影响力不同，自然性影响力对被领导者所产生的心理和行为的影响是心悦诚服的。因此，自然性影响力的作用要比强制性影响力的作用大得多。

（二）领导方式的分类

领导方式是指领导者的领导作风。什么样的领导作风能够提升团体领导的有效性？领导方式有哪些分类？针对这些问题，以下介绍一些比较具有代表性的关于领导方式的分类。

1. 勒温的分类

德国心理学家勒温根据行使权力和发挥影响力的方式不同，将领导方式分为三类：专制式领导方式、民主式领导方式与放任式领导方式。专制式领导方式是一种将权力掌握在领导者手中，具有独断专行特点的领导方式。民主式领导方式是将权力定位于团体，具有相互尊重、博采众长特点的领导方式。放任式领导方式是将权力定位在团体成员，具有无为而治、放任自流特点的领导方式。三种领导方式的行为效果如表 8-1 所示。

2. 李克特的分类

美国心理学家李克特将领导方式分为剥削式的集权领导方式、慈善式的集权领导方式、协商式的民主领导方式与参与式的民族领导方式四类。

表 8-1　三种领导方式的行为效果

类型 活动	专制型领导方式	民主式领导方式	放任式领导方式
团体方针的制定	一切由领导者一人决定	所有方针由团体讨论决定，领导者给予激励与协助	完全由团体或个人决定，领导者不参与
团体活动的了解与透视	分段指示工作的内容与方法，因此无法了解团体活动的最终目标	团体成员一开始就了解工作程序与最终目标，领导者提供两种以上的工作方法让团体成员选择	领导者提供工作上需要的各种材料，当团体成员前来质询时，即给予回答，但不做具体指示
工作的分工与同伴的选择	由领导者决定后，通知团体成员	分工由团体决定，工作的同伴由团体成员自己选择	领导者完全不干预
工作参与及工作评价的态度	除示范外，领导者完全不参与团体作业。领导者采用个人喜好的方式评价团体成员的工作成果	领导者与成员一起工作，但不干涉指挥。领导者依据客观事实评价职工的工作成果	除非成员要求，否则领导者不自动提供工作上的意见，对团体成员的工作成果也不做任何评价

剥削式的集权领导方式是一种将权力集中于领导者身上，由领导者单独做出决定，然后传达给团体成员，并在必要时以强制的方式让团体成员执行的领导方式。在这种领导方式下，团体成员无任何发言权，领导者与团体成员互不信任，从而使团体的目标难以实现。

慈善式的集权领导方式是一种将权力控制在领导者身上，但授予团体成员部分权力，领导者对团体成员采用一种比较和气的态度的领导方式。在做决定时，领导者会考虑团体成员的反应，执行过程中奖惩并用。在这种领导方式下，领导者与团体成员之间存在一定的沟通与交流，但仅限于表面。领导者对团体成员并无信任，团体成员对领导者心存畏惧。因此，团体成员工作的主动性受到一定的限制。

协商式的民主领导方式是一种将权力控制在领导者身上，授予团体成员部分权力的领导方式。决策权虽然控制在领导者身上，但领导者需要在充分听取团体成员意见并在取得团体成员同意之后才能做决定。在一些不是非常重要的问题上，团体成员也具有决定权。领导者与团体成员沟通机会较多，沟通程度较深，彼此都具有一定的信任感，执行决定时，能够获得一定的相互支持。

参与式的民主领导方式是一种领导者让团体成员参与管理和领导，上下级处于平等地位，双方具有比较充分的信任和一定的友谊的领导方式。有问题时，领导者与团体成员相互协商，并由领导者做最后决策。在规定的范围内，团体成员有自行决策权。领导者根据团体目标的要求，向团体成员提出具体目标，不过多地干涉团体成员如何实现目标，而是给予实现目标的支持。

显然，采用参与式的民主领导方式，效果最好，而采用剥削式的集权领导方式，效果最差。

3. 三隅二不二的分类

日本心理学家三隅二不二将领导方式分为人情取向领导方式与工作取向领导方式两类。人情取向领导方式是指以团体成员的利益和情感为重的领导方式。工作取向领导方式是指以完成工作任务和实现工作目标为重的领导方式。三隅二不二将人情取向与工作取向各分为高、低两种水平，将高、低两种水平与两种取向匹配，形成了四种领导方式，即工作取向与人情取向均高的领导方式、工作取向高而人情取向低的领导方式、工作取向低而人情取向高的领导方式和工作取向与人情取向均低的领导方式。研究表明，在工作取向与人情取向均高的领导方式下，团体成员的生产效率和工作积极性最高，而在工作取向与人情取向均低的领导方式下，团体成员的生产效率与工作积极性最低。

4. 费德勒的分类

美国管理学家费德勒在对各种领导方式进行了长达 15 年的研究之后，提出了领导行为的权变模型。他认为，任何类型的领导方式都可能有效，不存在一种普遍使用的“最好”领导方式或普遍不适用的“不好”领导方式，领导方式的好坏取决于情境的影响。他认为，有三个条件影响领导效果：领导者与下属的关系，即领导者被下属所接受的程度；任务的结构，即工作任务是否明确，工作是否具有常规性、例行性；职位的权力，即领导者被授予的权力的大小和获得各方面支持的程度。以上三个条件都具备，领导效果最佳；三者都不具备，就是领导效果最差。

费德勒将领导方式分为两大类：一类以工作任务为中心，即以完成工作任务为满足，称为任务导向型领导方式；一类以人际关系为中心，即以实现良好的人际关系为满足，称为关系导向型领导方式。在不同的条件下，需要不同的领导方式。他通过对 1200 个小组的研究发现，在团体情况极有利或极不利的情况下，任务导向型领导方式是有效的领导方式；在团体情况一般时，关系导向型领导方式是有效的领导方式。不同情境与领导方式之间的关系具体如表 8-2 所示。

表 8-2　不同情境与领导方式之间的关系

情　境	领导者与下属的关系	任务结构	职位权力	有效的领导方式
1	良好	有结构	强	任务导向型
2	良好	有结构	弱	任务导向型
3	良好	无结构	强	任务导向型
4	良好	无结构	弱	关系导向型
5	不良	有结构	强	关系导向型
6	不良	有结构	弱	—
7	不良	无结构	强	—
8	不良	无结构	弱	任务导向型

(三) 影响领导行为的因素

作为一个领导者,如何保证对其团体的高效领导,关系到其团体目标能否实现。领导者的领导行为的影响因素有以下四种。

1. 领导者基本素质

领导者的影响力分为强制性影响力和自然性影响力。其中,自然性影响力的作用要比强制性影响力的作用大得多,而这种自然性影响力主要依靠的就是领导者自身的素质。那么一个优秀的领导者应当具备哪些素质,或者哪些素质更有利于领导者产生有效的领导行为?

美国心理学家吉色利认为,职业成就需要、自我实现需要、自我保证、决策、智力和管理能力是优秀的领导者应当具备的个性品质。其中,管理能力是预测领导有效性的最重要的因素。

美国普林斯顿大学鲍莫尔提出了作为一个企业家应具备的十个基本条件:合作精神、决策能力、组织能力、精于授权、善于应变、敢于求新、勇于负责、敢担风险、尊重他人和品格高尚。也有人认为,一个企业的领导者,只有学习和具备技术、人文和观念三种技能,才能实施有效的领导。

2. 领导者的领导方式

前面介绍了不同学者对领导方式的分类,在此不作赘述。

3. 情境的特点

费德勒认为,任何一种领导方式都可能有效,没有一种普遍适用的"最好"领导方式或普遍不适用的"不好"领导方式,领导方式的好坏取决于情境的影响。因此,情境不同,所要求的领导方式也不尽相同。情境因素主要表现在以下四个方面。

第一,当前任务。最重要的情境变量是当前任务。当需要团体成员快速做出决策时,民主式领导方式或许并不是最佳的。这个时候,领导者需要承担起快速决策并坚决执行既定方案的责任,不应当犹豫徘徊。因此,专制式领导方式更优。

第二,团体传统。一个团体如果长期经历一种领导方式,就不大可能对这种领导方式的改变产生迅速而积极的响应,不管改变这种方式的领导者是谁。

第三,助手。助手也就是常说的助理或智囊团队。领导者的助手越多,联合他们向领导者指引的方向共同努力的问题就越重要。

第四,紧张。有关研究表明,在紧张的情境下,专制式领导方式下的成员,任务完成得更好,而在不紧张的情境下,民主式领导方式下的成员,任务完成得更好。

4. 团队成员的特点

除了受领导者自身素质和情境因素的影响外,领导行为还受到被领导者的特点的影响。这些特点包括人口统计学因素(如年龄、职业、能力、性别等)和一些心理特点(如成就动机、态度等)。下面以运动队为例介绍运动员自身特点与领导行为的关系。

不同运动项目的运动员喜欢不同的领导方式。由于集体项目对教练员布置技术、战术要求更高,因此,集体项目运动员(球类项目)比个人项目运动员(射击)更喜欢工作取向型领导方式。

不同运动水平运动员喜欢不同的领导方式。技能水平高的运动员更喜欢运动员定向的教练员，因为他们能够提供情感方面的支持。

不同年龄的运动员喜欢不同的领导方式。研究表明：在冰球运动中，处在小学生年龄的运动员喜欢关系行为高、任务行为低的领导方式，处在大学生年龄的运动员喜欢关系行为低、任务行为高的领导方式；在篮球运动中，较成熟的运动员比不成熟的运动员更希望任务行为和关系行为都好的领导。

不同性别的运动员喜欢不同的领导方式。男运动员比女运动员更倾向于专制的和社会支持性的领导方式。

不同运动动机的运动员喜欢不同的领导方式。任务动机越高，越喜欢训练和指导性的领导方式；亲和动机和外部动机越高，越喜欢社会支持性的领导方式。

第二节　团体心理学在体育运动中的应用

一、团体心理学在体育教学中的应用

（一）课堂活动结构

合作与竞争是群体内两种主要的互动方式，是社会生活中最为常见的现象之一。所谓合作，是指不同的个体为了共同的目标而协同活动。这些目标通常是无法通过个人努力而实现的。在合作中，目标的实现既有利于自己，又有利于他人。竞争是指不同的个体为了同一目标而展开争夺。在竞争中，因为争夺同一目标，一方的成功必然会导致另一方的失败。合作与竞争在形式上是对立的，但在社会生活中却常常是相伴相随的。事实上，许多体育运动既有合作成分，又有竞争成分。比如，在篮球比赛中，为了战胜对方球队，己方球员就需要紧密协作，打配合战术，这就是合作，但球队中的每个球员都希望自己是这个球队中某个位置上最优秀的，也希望是这个球队中最优秀的，因此球员之间也暗暗较劲，这就是竞争。合作与竞争是一个球队生存与发展的必要方式，也是人类社会生存和发展的必要方式。因此，在一个群体中，我们既要鼓励成员之间开展有效的合作，又要引导成员之间进行积极的竞争，只有这样，才能更好地发挥群体的功能。

如前所述，目标结构是影响团体凝聚力的因素，也是影响群体合作与竞争的重要因素。在体育教学情境中，课堂活动结构是影响团体凝聚力和团体绩效的重要因素。所谓课堂活动结构，是指在课堂学习中，对学生达到学习成就目标产生不同影响的基本人际关系。在课堂情境中，课堂活动结构存在竞争式学习、单干式学习和合作式学习三种形式。

在竞争式学习中，个人将超过别人作为成就目标。学生对自身的评价和情感体验的标准是“我是否能赢过别人”。单干式的学习是个人主义的，其最大特点是个人目标的独立性。学生衡量目标是否实现时并不过分关注社会性比较，而是依据任务完成的质量及与以往水

平的比较。在合作式学习中，只有取得群体的成功，才能获得个人的成就。因此，个人获得成就的机会反而会因其他学生的存在而增加。一般而言，大多数研究者推崇合作式学习。这种学习形式实际上包含了合作、竞争和单干三种学习成分。比如，在体育教学中，一个班级分为若干小组，每个小组又由若干名学生组成。个体通过小组成员间的合作、竞争和单干，学会掌握一定的内容，每个成员的工作都是整个小组工作的有机组成部分。最后以小组的活动与其他小组的活动进行竞争，这是一种合作式竞争。大多数研究表明，合作式学习能够对学生起激励作用，产生良好的学习效果。

（二）课堂心理气氛

体育课堂是进行体育教学的主要场所，也是学生身体活动的重要环境。在这个环境中，通过教学的双边活动，师生之间相互交往，会逐渐形成一种特定的课堂心理气氛。所谓课堂心理气氛，是指在课堂教学中，通过师生之间的相互作用而产生和发展起来的一种综合的群体心理状态，包括教师和学生的注意状态、知觉状态、思维状态、情感状态、意志状态和定势状态等。体育课堂教学气氛是体育教学过程中相对稳定的集体情绪状态，是体育教学中集体心理动态结构的特点之一，是体育教学活动的心理背景。体育课堂教学心理气氛具有相对稳定性和流动变化性的特点。心理气氛形成后，会成为一种团体的环境压力，对每个成员产生影响，并持续一段时间。

在体育课堂教学中的一种重要心理气氛是动机气氛，它是课堂心理气氛的心理动力因素，是教学目标的共同认识，是师生行动所要达到的预期结果，也是师生之间感情共鸣、积极参与体育教学活动并取得成就的强大动力。埃姆斯认为，动机气氛是由教师对学生目标的评价和奖励的过程、所要完成的任务结构及参加者彼此的关系决定。他还提出了两类动机气氛，即学习气氛和成绩气氛。在学习气氛的体育课中，要求学生关注自己技能的掌握，为掌握技术而努力练习，自己与自己相比较有没有进步，只要学生有进步就能得到表扬。在成绩气氛的体育课中，教师只对成绩超过他人的学生给予表扬，强调相互比较、相互竞争。

鲍晓玲等人对大学、中学维吾尔族和汉族教学班进行了为期 8 周的两种课堂动机气氛（学习气氛与成绩气氛）的教学实验。结果表明，动机气氛可以改变大、中学生的目标定向与身体自尊：学习气氛教学可以提高学生的任务定向、身体自尊；成绩气氛教学则提高学生的自我定向。鲍晓玲在另一项对大学、中学维吾尔族和汉族为期 8 周的不同动机气氛教学实验研究中发现，学习气氛实验班的主观幸福感明显高于成绩气氛实验班的主观幸福感；学习气氛教学情境对不同年级学生的主观幸福感水平的影响程度不同；成绩气氛教学情境对学生的主观幸福感的负面影响更大。褚昕宇在对初中生进行的为期 6 至 8 周的不同动机气氛（成绩定向组、掌握定向组合对照组）教学实验的研究中发现，两种不同动机气氛都改善了学生的体育学习兴趣，但掌握定向实验班产生更积极的心理效应。

孙延林对我国初中学生体育课中动机气氛，对学生的动机水平、目标定向、能力知觉和体育成绩的影响做了研究。结果表明，学习气氛的体育课能够提高学生的动机水平，使学生喜欢上体育课，在体育课中采取任务定向，能提高学生对自己体育能力的认识，而成绩气氛会降低学生的动机水平，使大多数学生对体育课产生厌烦情绪，但动机气氛对运动成绩没有影响。

此外，学生自身的目标定向与体育课堂的动机气氛存在交互作用。目标定向理论认为，当人们面临一个活动时，不同人格倾向的人会追求不同的目标：一种是成绩目标，一种是学习目标（或称为任务定向和自我定向）。任务定向的个体关心是否已经掌握了任务或者提高了任务掌握水平，自我定向的个体则必须将自己和其他人的努力程度和成绩比较。同时，目标定向理论指出，任务定向的学生的能力知觉在学生的动机中仅有微弱的作用。当学生知觉到高学习目标时，由于能力知觉而产生的内部动机没有差异，在这种情况下，学生的注意力集中在完成任务上，完全关注如何做或如何做好，决定学生动机的是任务的挑战性，而不是他们对自己能力的感觉。而成绩气氛可能更适合于自我定向的学生。因为在这种环境中，学生有更多机会展现其能力。如果学生认为他们是有能力的，在成绩气氛中也会有较高的动机。李京诚等人的研究表明，中、小学生体育教学中的成就动机存在任务定向与自我定向两种定向，两种目标定向存在年龄差异，小年龄组倾向于任务定向，大年龄组倾向于自我定向。掌握动机气氛感与任务定向、表现动机气氛感与自我定向之间存在一定的相关。动机气氛感与高任务高自我、低任务低自我、高任务低自我的目标定义有较高水平的相关。

从上述研究中，我们可以得到相关启示，在组织体育课堂教学中，不仅需要控制好课堂的动机气氛，而且还应当结合学生自身的成就目标进行定向人格倾向调整与控制合理的课堂动机气氛。

（三）师生关系

教育活动是由教师和学生共同参与的活动，由于教师和学生都是能动的主体，因而教育活动是一种双边活动，是教师和学生互相影响、互相作用的活动。在师生互动过程中，形成了发展变化的师生关系。师生关系是指教师和学生在教育、教学过程中结成的相互关系，包括彼此所处的地位、作用和相互的态度等。由于师生关系普遍存在，以及学生认知过程和个性心理发展过程的社会性，师生关系不仅成为教育学的一种背景和环境，而且其本身也成为一种重要的教育要素。因此，师生关系一直是教育领域研究中的一个重要课题。下面将介绍一些国内有关体育教学中师生关系的研究。

贺亮峰通过调查和访谈发现，在对影响师生关系的教师品质的评价中，教师和学生之间存在一定的认知差异；学生之间存在性别和年龄的差异，并建议教师在体育教学过程中应根据不同的对象采取不同的方式教学，以建立良好的师生关系，从而达到良好的教学效果。戴维红通过对中学体育教学中，师生关系的现状进行调查发现，中学体育教学中，师生关系总体评价较为一般，中学生的体育学习态度、兴趣及体育课学生成绩与他们同体育教师之间的情感、心理关系存在较高水平的相关，体育教师和学生在角色认知特征的选择上存在差异。更新教师的教育观念、转变体育教师的角色认知是实施课程改革、改善师生关系的关键。郑晓明对体育教学中师生关系不协调的原因进行了分析，认为在体育教学中建立相互理解、相互信任、相互促进、相互提高、民主平等、心理相融的体育学科新型师生关系，关键在于体育教师。肖尔盾以主体间性理论为视角，指出体育教学是人与人之间身心交流的活动，因而体育教师与学生的交往不仅要建立在知识、技能的传授上，而且还要建立在情感、意志、道德、信念的理解与共识上，并通过教学中师生、生生之间的主体交往互动，来实现主体间性。苗强对初中体育教师在成功体育教学过程中对师生关系的特征认知状况调查后，指出在教学过程中体育教师应虚心接受来自学生的监督，反思和总结自己的教学经验，不断提高教学技能，实现教学相长。

体育教学活动是由体育教师与学生构成的一个群体。显然，师生关系的融洽与否与教师的领导方式、教学风格密切相关。正如上节团体心理学的基础理论中介绍的领导方式的类型，体育教学活动中教师的领导方式也包括专制型、民主型和放任型。教育界广泛提倡与推崇的领导方式或师生关系是民主型关系或合作型关系。因此，在体育教学过程中，体育教师应从领导方式上进行改革，从而改善体育教学过程中的师生关系。近年来，我国进行的体育课程改革中更是注重师生关系的研究。沙冕在教学中采用家长参与策略和师生共建策略探讨新型师生关系对高中体育教学中师生关系及体育成绩的影响。研究表明，在体育教学中，以家长参与策略和师生共建策略为主导的新型师生关系能够有效促进师生之间的互动，增进师生之间的沟通与交流，同时，也能够提升教学效果。该研究为今后的体育课程改革中体育教学改革具有指导意义。此外，师生关系不仅与体育教师的领导方式、教学风格密切相关，而且是影响体育课堂动机气氛的一个重要因素。

二、团体心理学在群众健身中的应用

(一) 从众行为

所谓从众，是指个人在社会团体压力下，放弃自己的意见，转变原有的态度，采取与大多数人一致的行为。通俗地说，从众就是“人云亦云”，“随大流”；大多数人这样认为，大多数人这样做，我也这么认为，我也这么做。从众行为是社会心理学中一个普遍的现象。从众行为既有积极的作用，又有消极的作用。其积极作用主要表现在三个方面。一是，有利于集中全力达成共同目标。在外界环境的影响下，从众行为能适时地发挥集体的力量，从而实现既定目标。二是，有利于增强集体意识。在团体中，所有成员同心协力，交流互补，容易产生新的观点，形成新的力量。对群体内个别不太自觉的后进者，也能在从众行为的影响下，改变自己的观念，使自己的行为符合团体的目标。三是，有利于良好作风和习惯的养成。团体中的正面典型，可以带动团体中其他成员，进而通过对团体的影响，使所有成员产生从众心理，形成良好的行为方式。从众行为的消极作用主要表现在其倾向一致的压力，容易抑制个体个性的发展，束缚思维，扼杀创造力，使人变得无主见和墨守成规。因此，我们需要发扬从众行为的积极作用，避免从众行为的消极作用，努力培养和提高自己独立思考和明辨是非的能力。遇事和看待问题，既要慎重考虑多数人的意见和做法，又要有自己独立的思考和分析，从而使判断能够正确，并由此来决定自己的行动。片面从众或反从众都是不可取的。

体育锻炼的健身效果、健心效果已被大量研究证明。然而，仍有大量人群因为某种原因不愿意参与体育锻炼。为此，锻炼心理学提出了各种相关理论与模型，并设计各种干预方式促进人们参与体育锻炼。有关从众行为的知识提示我们，可以利用人们普遍存在的从众心理来引导人们参与体育锻炼。

社会心理学家发现，持某种意见的人的数量是影响从众行为产生的一个重要因素。人们总是愿意信服或顺从多数人的意见。我们进行是非判断的标准之一就是看别人是怎么想的，尤其是当我们决定什么是正确的行为的时候。如果我们看到多数人在某种场合做某件事情，我们就会断定这样做是有道理的。因此，扩大锻炼群体，有目的、有计划地扩大群众健身组织的规模，开展各种群众健身活动，能使那些还处于观望状态的不锻炼者在好奇心的驱使下不自觉地参与体育锻炼。

团体凝聚力是影响团体成员从众行为产生的另一个因素。团体凝聚力越高，团体成员之间依赖性、意见一致性及团体规范的从众倾向就越强烈。即便个体持不同意见时也容易从众。因为在一个团体凝聚力高的群体中，个别不同的意见容易被理解为不合群或内斗，因此群体成员出现与大多数人不一致时，第一反应往往会去进行一定程度的自我反省，并附和群体大多数人的意见。如 Massie 等的研究表明，进行群体锻炼的个体的出勤率高于独自进行锻炼计划者的出勤率。Stephens 等的研究表明，65%的锻炼者喜欢在群体的氛围中进行锻炼。与独自进行锻炼计划的个体相比，实施群体锻炼计划的人的行为的坚持性要更好一些。此外，群体中的地位高或有威望的人的思想和行为也是影响人们从众或不从众的因素。正所谓"人微言轻，人贵言重"就是这个道理。例如，在香港有一个体育日，前任行政长官董建华特意穿上运动服以显示对体育运动的热爱，这引起了当地人们的注意。很多人也效仿董建华穿上运动服去参加体育运动，掀起了居民参与体育运动的高潮。因此，可以利用群体中的权威人物来影响群体成员参与健身活动，从而发挥从众行为的积极效应。

（二）同伴关系

除了从众行为外，同伴关系也是影响人们参与体育锻炼的一个重要因素。在管理学中，同伴关系是指在合作互利的共同目标下，以平等地位的精神持续交往而形成的一种关系。同伴关系的基石是平等、合作、互利、依存。

人是社会的动物，人不可能脱离社会而独居。我们每个人的想法、情感、认知、行为、态度等都受到我们身边的实际的或潜在的他人的想法、情感、认知、行为和态度的影响。自我效能理论认为，人的自我效能受到生理唤醒、先前经验、替代经验及言语劝说的影响。其中，言语劝说就是指重要他人对我们的鼓励、赞美、许可和肯定。

青少年的同伴关系是在交往过程中建立和发展起来的一种青少年之间特别是同龄人的人际关系，它存在于整个人类社会。无论是在狩猎采集时代，还是在竞争激烈的现代社会，尽管文化不同，青少年接触的环境有很大变化，他们最早接触其他青少年的时间和范围也有很大差别，但是一般情况下，青少年都有与其他青少年进行交往的机会。同伴关系在青少年生活中，尤其是在青少年个性和社会发展中起着成人无法取代的独特作用，是不容忽视的环境因素之一。大量的文献资料表明，同伴关系有利于青少年社会价值的获得、社会能力的培养及认知和健康人格的发展。具体表现在：同伴可以满足青少年归属和爱的需要及尊重的需要；同伴交往为青少年提供了学习他人的机会；同伴是青少年特殊的信息来源和参照框架；同伴是青少年得到情感支持的一个来源。

此外，同伴关系对青少年参与体育运动具有重要的影响，它不仅可以帮助青少年提高运动技能、增强参与体育运动的动机，还可以向青少年提供社会支持。同伴带来的社会影响对体育行为具有激励作用，体育锻炼中的同伴关系可能影响到青少年参与体育运动的程度。锻炼心理学的研究表明，青少年参与体育运动的一个重要心理前因是多交朋友。

莫连芳通过问卷调查发现，同伴关系会影响大学生参与体育锻炼。大学的锻炼同伴主要是同学、朋友，在同伴进行体育锻炼时，大部分大学生会因受到影响而参加体育锻炼；而在同伴不锻炼时，也有部分学生会因受到影响而放弃锻炼；有体育锻炼习惯的大学生对同伴的影响不如没有体育锻炼习惯的大学生对同伴的影响大。该研究提示，同伴关系对体育锻炼习惯中的负效应影响大于正效应。向渝对中学生校外体育活动中的同伴效应进行了研究。结果表明：同伴关系对青少年的体育参与、运动技能的掌握、心理发展方面有着重要的影响；同伴之间的友谊质量与体育参与存在正相关，积极的友谊质量促进中学生参加校外体育活动。Rittenhouse 比较了正常体重儿童和超重儿童分别在两种情境下（独自、与不熟悉的类似同伴）参与体育锻炼的效果。结果表明，超重儿童与不熟悉的类似同伴一起参与体育锻炼具有良好的效果。

同伴关系不仅影响青少年参与体育运动，而且对老年人参与体育健身具有重要影响。参与体育健身不仅可以促进老年人的健康，延缓衰老，而且对老年人的心理具有积极的影响。锻炼心理学的研究表明，体育锻炼能够缓解老人的焦虑，降低抑郁，减少孤独感，形成良好的情绪体验，同时，能够在老年人的认知功能如反应时、记忆等方面发挥积极的效应。

近年来，我国空巢家庭一直呈增多的趋势。所谓空巢老人，是指无子女或虽有子女，但子女长大成人离开后长期独居的老人。空巢家庭老人面临着诸多心理问题，主要表现在精神空虚、孤独、社会交往少、悲观等。而造成这些心理问题的主要原因则是缺乏归属感，找不到“我们”在哪里。

美国人本主义心理学家马斯洛在其“需要层次理论”中指出，归属和爱的需要是人的重要心理需要。人们从小到大都在寻求归属感，家庭需要归属感、学生需要归属感、员工需要归属感，婚姻需要归属感。一个家庭、一支球队、一个班级、一个公司、一个民族都可以被视为一个群体。同样，参与体育锻炼群体也需要归属感，一个锻炼群体或组织，甚至同伴也可视为一个群体。通过锻炼群体中的人际交往，个体自我概念发生了变化，从“我”变成了“我们”，从而产生了群体的归属感。

相关的研究还表明，老年人参与体育锻炼的心理前因包括消磨时光、社会交际、保持或促进身心健康、追求美和获得快感。由此可见，实际上，许多老年人乐于参与体育健身。因为在健身群体中他们能够找到归属感，特别是对那些属于空巢家庭的老年人。但如果没有相关同伴或组织的支持，无法找到依赖感和归属感，老年人很有可能放弃参与体育健身。因此，同伴关系对老年人参与体育健身具有重要的影响，尤其是通过同伴关系参与自发性群众体育健身组织能够使那些空巢老年人找到久违的“家庭归属感”。

正所谓“近朱者赤，近墨者黑”。经常与喜欢参与体育健身的同伴相处，必然会受其影响，从而产生参与体育健身的意象、动机和行为。而且上述的研究表明，无论是从生理功能来看，还是从心理效果来看，与同伴一起参与体育健身效果要优于个人单独参加体育健身。

（三）心理契约

心理契约的提出是在 20 世纪 60 年代。Argyris 在《理解组织行为》中认为，心理契约是组织中除了正式的经济契约关系规定外所隐藏的组织和成员之间的一种相互期望和理解。著名的管理心理学家施恩也提出，“心理契约是个人将有所奉献与有所获取之间，以及组织将针对个人期望收获而有所提供的一种配合”。Argyris 使用心理的工作契约来描述工厂雇员和工头之间的关系，但是 Argyris 仅仅提出了这样的概念，没有给它下确切的定义。Levinson 等人在一个公共事业单位的个案研究中，将心理契约描述为未书面化的契约，是组织与雇员之间相互期望的总和。它被用来强调产生于双方关系之前的一种内在的、未曾表述的期望。其中，有些期望比较明确，比如工资；而有些期望则比较模糊，比如长期的晋升前景。施恩将心理契约定义为时刻存在于组织成员之间的一系列未书面化的期望。他将心理契约划分为个体和组织两个层次。他强调虽然心理契约是未明确书面化的契约，但在组织中却是行为的重要决定因素。Kotter 认为，心理契约是存在于个体与其组织之间的一种内隐契约，它将双方关系中一方希望付出的代价及从另一方得到的回报具体化。

显然，从上述研究者对心理契约的界定中我们可以知道，自从心理契约的概念被提出并被研究者界定后，心理契约经常被应用于企业管理或其他组织行为中，它强调的是两个具有雇佣关系的双方之间的一种未书面化的契约。目前，关于心理契约方面的研究也主要集中于企事业单位等组织，其作用主要体现在凝聚作用、满足成员的心理需求及提高成员和组织双方的工作效率三个方面。

实际上，任何组织都是由各种契约构成的一个集合体。在人与人的交往、个体与组织的互动过程中，都需要通过一系列成文的或不成文的契约，实现组织和个人进行全方位的管理。因此，心理契约也可应用于具有组织性质的群众体育健身组织（正式的或非正式的）。在非正式的体育健身组织中，组织成员之间没有明确的规定，成员之间的交往比较自由，只按照一定的规范进行。非正式体育健身组织的组织化水平较低，目标广泛而不明确，主要靠情感、道德等手段进行控制，非正式体育组织虽然组织效率低，却能够满足人们多方面的体育需求，具有形成的自发性、目的的隐蔽性、规范的非正式性、角色承担者的不稳定等特性。据相关数据统计：我国各类群众体育活动点由锻炼者自发形成的占总数的 57.5%；社区自发性体育组织占各类社区体育组织的 76.5%。由此可见，自发性体育组织已成为我国大众体育健身活动的主要载体，在现阶段我国大众体育在发展中扮演着重要的角色，是绝大多数人民群众健身的组织保障，是人们身边最方便的体育健身组织。

Rousseau 认为，心理契约可以分为交易契约和关系契约两类。交易契约包括高额薪酬、绩效奖励、提升和发展等物质交换有关的契约项目，关系契约包括长期工作保障、职业发展、培训等与社会情感交换有关的契约项目。与企业、学校等组织不同的是，非正式体育健康组织（自发性群众活动组织）不存在雇主与成员之间的雇佣关系，即交易契约，而他们之间的心理契约主要是以群体成员的感情、人际关系为主，即关系型心理契约。

从心理契约的特点与作用来看，提高与加强群众健身体育组织内的心理契约对促进群众参与体育健身具有重要的作用与意义。王国成在对农民工的组织化及其体育健身激励研究中提出，农民工组织成员的心理契约特征表现为希望得到尊重、需要保护和支持、增加就业机会、加强社会交往、寻找精神寄托。农民工组织化的心理契约应建立在相应的尊重的需要、安全的需要、生理的需要、社交的需要和自我实现需要的层面上。团体心理学的知识与理论告诉我们：提高团体凝聚力，特别是社交凝聚力，能够扩大团体内部的人际关系与人际交往的程度；满足团体内部成员的各种需要，特别是归属感的需要，能够加强团体对成员的吸引力;团体领导的民主型领导方式对加强团体领导与团体成员及团体成员之间的沟通与交流具有积极作用。应用团体心理学的相关理论与知识能够提升群众健身体育组织成员与组织之间心理契约的平衡,进而强化群众参与体育健身的动机并促进群众参与体育健身的行为。

三、团体心理学在竞技运动中的应用

(一) 团体凝聚力与运动成绩的关系

很多时候人们觉得,将每个位置的好球员组合在一起,一定能够获得好成绩。然而,运动实践的经验告诉我们,并不是将所有的好队友组合在一起就能够取得比赛的胜利,1+1有时候不一定等于2,也可能小于2。比如,NBA2003—2004赛季的洛杉矶湖人队,当时拥有奥尼尔、科比、马龙和佩顿四大天王,但却在总决赛中败给了平民球队底特律活塞队。从这些运动竞赛中的实际现象,人们想到了一个群体心理学中的重要概念,团体凝聚力。团体竞技能力的表现不仅在于团体中个人实力的大小,还在于团体凝聚力的强弱。在竞技运动中,特别是在集体运动项目中,如何提高团体凝聚力是教练员、运动员最为关心的问题。那么,团体凝聚力是否真的能够提高团体的运动表现呢?

1. 团体凝聚力与运动成绩正相关

直觉上,人们会认为团体凝聚力与团体运动成绩呈正相关,也就是说,团体凝聚力越高,运动成绩也越好。因为在团体凝聚力高的团体中,人际关系好,没有矛盾,不会内讧,所以运动成绩也应当越好。这是人们普遍存在的一种直观感受。在运动心理学领域的相关研究中,大多数也得出这样的结果。美国运动心理学家马腾斯对团体凝聚力与运动成绩的关系进行了一系列研究。结果表明,运动队的团体凝聚力与运动成绩的关系密切,高团体凝聚力的队伍比低凝聚力的队伍赢得更多的比赛。我国在对排球项目的研究中,也得出了团体凝聚力与运动成绩呈正相关关系的结果。

2. 团体凝聚力与运动成绩负相关

上述研究是通过集体球类项目得出的。然而,研究者在对其他一些项目的研究中得出了不同的结果。麦克瑞斯在对射击运动员的研究中发现,三名人际关系不好的射击运动员组成的小组的成绩要好于三名人际关系好的射击运动员组成的小组。兰克通过对奥运会划船运动员的研究发现,尽管这些运动员之间存在严重的内部冲突,但他们依然获得世界最好的成绩。这些研究结果与我们的直觉感受截然相反。有研究者认为,教练员不应担心团队中的冲突或对立关系,个体之间存在一定的紧张关系不一定是坏事,引导得好,就有可能取得较好的成绩。

3. 研究结果为什么不一致

我国学者马红宇对团体凝聚力与运动成绩的关系进行了文献检索,得到的结果与上述一致,即团体凝聚力与运动成绩的关系既有正相关也有负相关。通过对这些研究的理论背景、测量工具等因素分析后,认为导致研究结果不一致的主要原因包括测量工具的不同和运动项目的不同。正如第一节提到的团体凝聚力可以分为任务凝聚力与社交凝聚力,两者对运动成绩的影响不一样。那些得到团体凝聚力与运动成绩为负相关的研究大多是采用只能评价社交凝聚力或以社交凝聚力评价为主的测量工具，而采用既评定社交凝聚力又评定任务凝聚力的测量工具时，得到的结果是混合的。此外，运动项目不同，团队内成员之间的相互依赖程度也不同。那些对需要团队成员紧密配合、对战术要求更高的项目进行的研究大多数显示团体凝聚力与运动成绩呈正相关，而对那些不要成员紧密配合、对团队战术不做要求的项目的研究则多显示团体凝聚力与运动成绩呈负相关或无关系。

4. 团体凝聚力与运动成绩，孰因孰果？

如前所述，当以任务凝聚力评价团体凝聚力时，团体凝聚力与运动成绩呈正相关。显然，凝聚力的提升有助于运动队获得优异的运动成绩，而优异运动成绩是否也有助于提高团体凝聚力呢？从理论上来看，当某个运动队实现预期的目标、取得优异成绩时，其成员自然会体验到更多的积极情绪，这些积极情绪会使团队成员更加认可团体的一致性，更加遵守团体的规范，以期在未来的竞赛中再次获得佳绩。正如体育运动领域中的人格研究问题一样，究竟是具有某种人格特征的个体适合从事某一运动项目，还是因为从事某一运动项目而造就了其具有某种人格特征，这是一个说不清楚的问题。

毫无疑问，运动成绩和团体凝聚力之间具有紧密的联系。每个运动团体都不可能永远成为冠军，任何一个运动团队都会经历从巅峰走向低谷，再从低谷返回巅峰。如是，团体凝聚力也是一个动态的过程，期间会经历从高到低或从低到高的过程。运动成绩与团体凝聚力是一种双向的关系，团体凝聚力会对运动成绩产生影响，反过来运动成绩也会影响团体凝聚力，正所谓“你中有我，我中有你”。

（二）教练员与运动员的关系

团体凝聚力主要涉及一个运动队中运动员之间的关系，而教练员与运动员的关系是运动团体中的另一对重要关系。Jowett 将教练员与运动员的关系界定为：教练员与运动员的感觉、想法和行为的彼此依赖情境。依据该界定的含义，教练员与运动员的关系与团体凝聚力一样是一种动态的过程，也是一种状态的过程。它受到两者之间互动形成的认知、情绪和行为的动态品质的影响，并随着时间的改变而改变。另外，该关系是由教练员与运动员的思想、感觉和行为的互相结合来决定的。例如，一名运动员有志成为一名优秀篮球运动员，对其教练员非常信任（认知和感觉），那么可能会遵从教练员的执教，另一方面，由于教练员感受到运动员的承诺、信任和行为反应的鼓励，教练员也会受到这种情境的影响，从而对该运动员做出关心的回应。这是一种积极的关系，反之，则会出现一种消极的关系。

1. 教练员与运动员关系的类型

Jowett 认为可以从两个方面对教练员与运动员的关系（见图 8-2）进行描述，即夺牌关系（成功和不成功）和帮助/关怀关系（有效和无效）。将这两个维度交叉分类，则可以得到有效且成功关系、有效但不成功关系、无效但成功关系以及无效且不成功关系四种教练员与运动员关系。

有效且成功的教练员与运动员关系是一种最佳的关系，它既让运动员取得了竞技上的成功，又维持了一种良好的教练员与运动员关系，使运动员身心得到了健康的成长。这一关

		帮助/关怀	
		有效的	无效的
夺牌	成功的	有效且成功的（E-S）	无效但成功的（I-S）
	不成功的	有效但不成功的(E-U)	无效且不成功的(I-U)

图 8-2　教练员与运动员关系的分类

系最好的例子便是美国著名游泳运动员菲尔普斯与其教练员鲍曼之间的关系。有效但不成功的教练员与运动员关系尽管没有获得竞技上的成功，但带来了一些积极的效应，如促进运动员的身心健康发展。无效但成功和无效且不成功的教练员与运动员关系是最不好的状况。因为这种关系付出了不满意、失望、挫折、悲伤及寂寞的代价，即便在竞技上成功了，其付出的代价也远远超过其获得的报酬。这方面的例子包括英国著名足球运动员贝克汉姆与其教练员弗格森之间的关系。

2. 教练员与运动员关系概念模型及其测量

Jowett 等对教练员与运动员的关系概念界定中提到，教练员与运动员之间关系具有高度的相互依赖的特征，即运动员对教练员的遵从影响教练员对运动员的关爱。因此，在教练员与运动员的关系概念定义及相互依赖理论基础上，以教练员与运动员关系定义为导向，对教练员与运动员关系研究文献进行评述后，Jowett 等人提出了一个教练员与运动员关系的 3Cs 整合模型(原始模型)。该模型认为，教练员与运动员关系机构包括亲密性、共同取向和互补性三个方面。亲密性反映的是教练员与运动员彼此信任、尊重及评估彼此关系经验时所呈现出来的喜好程度。亲密性反映的是教练员与运动员关系的情感要素。共同取向反映的是教练员与运动员的共同观点或知识，以及对相互之间角色、愿望、信仰与价值的相互理解。这种共同取向来自相互交流的开放渠道，因此，相互交流共同取向所必需的一部分。互补性则反映在教练员与运动员的合作行为上，合作的互动包括互相对应的行为，例如，教练员给予指示，运动员就依照指示做出相应的行为。互补性描绘了教练员与运动员关系中的行为特征。

在提出教练员与运动员的关系概念原始模型之后，Jowett 及其团队进行了一系列的质性研究，以探讨这些教练员与运动员关系结构在现实生活中教练员与运动员感知与经历的真实性，这些研究在一定程度上支持了 3Cs 整合模型。为此，Jowett 等人根据 3Cs 整合模型，编制了一个由 23 个条目构成的教练员与运动员关系问卷，以测量教练员与运动员对相互之间想法、感觉及行为的自我感知。在对 120 名英国运动员与教练员进行施测后，统计结果支持亲密性与互补性两个结构，而共同取向没有得到支持。同时，主成分分析的结果出现了一个新的结构，命名为承诺，即教练员与运动员对一个维持互相依附的意图，以及长期维持这种关系的意愿。随后，对 214 名教练员与运动员的验证性因子分析结果支持了教练员与运动员关系的多维性及 3Cs 的存在。

Jowett 等人进行的多项质性研究支持了共同取向在描述与界定教练员与运动员关系的内容与本质中的重要性。考虑到共同取向在教练员与运动员关系中的重要性，Jowett 及其团队对共同取向在 3Cs 整合模型中的地位与内容进行了重新界定与确认，并确立了一种更为准确的测量方法。在对共同取向结构进行测量时，Jowett 等人采用 Laing 等人的人际知觉方法，即从直接视角（自我知觉）和元视角（元知觉）来评价人际互动中的双边关系。直接视角反映团体成员对与其他成员人际关系的个人想法与感觉，如在教练员与运动员的关系中，运动员的直接视角表述为“我会对我的教练员承诺”，而教练员的直接视角表述为“我会对我的运动员承诺”。元视角反映的是成员个人努力从他人视角感知人际关系，如在教练员与运动员的关系中，运动员的元视角表述为“我的教练员会对我承诺”，教练员的元视角表述为“我的运动员会对我承诺”。同时，Laing 等人认为存在三种不同的共同取向维度，即实际的相似性、假定的相似性和移情的理解。

实际的相似性是指两个关系成员对他们真实的感受、想法和行动的相似程度，可通过比较教练员与运动员的直接视角（自我感知）来确定。例如，“我信任我的教练员”和“我信任我的运动员”。假定的相似性是指关系成员认为其感受、想法和行为与另一位成员共享的程度，通过比较关系成员的直接视角（自我感知）与元视角（元感知）来确定。例如，“我信任我的教练员”和“我的教练员信任我”。移情的理解则是通过比较关系成员的元视角（元感知）与另一成员的直接视角（自我感知）来确定的。例如，“我的教练员信任我”和“我信任我的运动员”。合并直接视角和元视角的研究能够揭露教练员与运动员关系中共同取向三个重要维度（见表 8-3）。

表 8-3　教练员与运动员关系中的共同取向维度

比较的重点 直接视角与元视角	共同取向的维度
运动员的直接视角/元视角和 教练员的直接视角/元视角 A：我尊重我的教练员/A：我的教练员尊重我 C：我尊重我的运动员/C：我的运动员尊重我	假定的相似性
教练员的直接视角/运动员的直接视角 C：我喜欢我的运动员/A：我喜欢我的教练员	实际的相似性
教练员的直接视角/运动员的元视角和 运动员的直接视角/教练员的元视角 C：我信任我的运动员/A：我的教练员信任我 A：我信任我的教练员/C：我的运动员信任我	移情的理解

注：A 代表运动员，C 代表教练员

利用 Laing 等人的人间感知方法对教练员与运动员关系中共同取向结构的定义与操作化具有重要的作用。在教练员与运动员关系中，共同取向反映的是他们对双边关系的地位相适应的共同观点和感知一致性。将共同取向整合到 3Cs 整合模型中，为研究者研究教练员与运动员关系及教练员执教提供了概念、实证和实践的途径（见图 8-3）。

在对教练员与运动员关系概念模型进行整合后，Jowett 等人在原本采用直接视角（自我

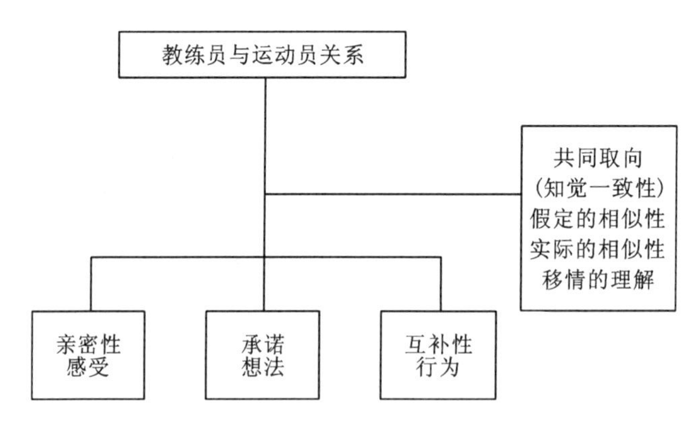

图 8-3　教练员与运动员 3+1Cs 概念模型

感知)对围绕亲密性、承诺以及互补性三个维度进行测量的教练员与运动员关系问卷进行了调整,增加了从元视角(元感知)对三个维度的评价方法。例如,用“我的运动员喜欢我”评价亲密性,“我的运动员对我承诺”评价承诺,“当我执教我的运动员时,我的运动员感觉到轻松”评价互补性(见表 8-4)。心理测量学的指标表明该问卷具有良好的信效度。

表 8-4　3+1Cs 概念模型中的直接视角与元视角及其测量方式

测量方式	3Cs 的定义		
教练员-选手关系问卷(CART-Qs)	亲密性:教练员与运动员评估其关系经验后,对彼此关系的信任、尊重与喜爱的感受	承诺:教练员与运动员想要维持运动场上关系的意图,以及依附的想法以形成整合的一部分	互补性:反映在教练员与运动员的合作上。合作行为包括一致与相互对应的行为
教练员-运动员关系问卷的直接视角(运动员版本)	我信任我的教练员。 我尊重我的教练员	我觉得我对教练员定下承诺。 与我的教练员共事,我的运动生涯是大有可为的	当我的教练员指导我时,我对教练员的努力采取热烈的回应。 当我的教练员指导我时,我会尽力做到最好
教练员-运动员关系问卷的元视角(运动员版本)	我的教练员信任我。 我的教练员尊重我	我的教练员对我定下承诺。 和我共事,我的教练员的执教生涯大有可为	教练员在指导我时,对我的努力会进行热烈回应。 当教练员指导我时,他会尽力做到最好

注:该问卷有两个版本,一个是针对运动员,另一个是针对教练员。每个版本都有直接视角和元视角两种视角。

3. 3+1Cs 概念模型相关研究

教练员与运动员关系 3+1Cs 概念模型的提出及相应测评工具的研制为更全面地探索人际互动中教练员与运动员关系提供了理论支持与技术支撑。研究者对教练员与运动员关系与其他相关变量进行一系列量化研究,重点探索影响教练员与运动员关系的相关因素及哪些团体心理学变量(团体凝聚力、领导行为、团体动机气氛等)会影响教练员与运动员关系。Jowett 和 Chaundy 调查了教练员与运动员之间领导行为对运动队团体凝聚力的影响，111 名集体项目运动员参与了该研究，分别对他们对教练员的领导行为感知、教练员与运动员关系（包括自我感知与元感知）及团体凝聚力进行了测量。结果表明，当考虑教练员与运动员关系时，教练员的领导行为对任务凝聚力的预测力强于社交凝聚力，这提示，如果教练员致力于建立合作型团队，需要有效地改善教练员与运动员关系。同时，研究结果提示，运动员对教练员的假定相似性能够促进与其他运动员的交往。

Olympiou 等人探讨了运动员对教练员与运动员关系对运动员团队角色模糊的影响，779 名大学生集体项目运动员参与了该研究，结果表明，良好的教练员与运动员关系能够提高运动员在团队中的角色意识。随后，Olympiou 等人进行的一项研究，考察了教练员与运动员关系与团队内动机气氛的关系，591 名集体项目运动员参与了该项研究，结果表明，以任务投入主导的团队动机气氛（强调努力训练实现个人提高）能够预测教练员与运动员关系中高水平的亲密性、承诺及互补性密切相关，而以自我投入为主的团队动机气氛（强调努力训练超过他人）则与教练员-运动员关系中低水平的亲密性、承诺以及互补性相关。该研究提示，教练员与运动员关系对团队内动机气氛具有预测的作用。

Olympiou 等人的另一项研究探讨了教练员与运动员关系与运动员基本需要（自主权、能力感、关联性）的关系，936 名大学生集体项目运动员参与了该研究，研究表明，亲密性、承诺以及互补性的直接视角与元视角测量能够预测运动员的三种基本需要，而三种基本需要的实现也能够预测运动员对团队成绩及个人成绩等的满意度。上述的各项研究提示，和谐的教练员与运动员关系是以高水平的亲密性、承诺及互补性为特征的，而高水平的亲密性、承诺及互补性又与运动队中的团体凝聚力、清晰的队员角色知觉、团队动机气氛、运动成就以及满意度等密切相关。

4. 如何改善教练员与运动员关系

运动心理学研究的最终目的是服务运动实践，或者解决运动实践中存在或遇到的相关心理学问题。上述的研究表明，教练员与运动员关系对维持良好的团队环境/氛围，增强团体凝聚力、满足运动员的基本心理需要及提高个人或团队运动表现具有重要的作用。因此，如何改善或促进教练员与运动员关系，从而保证团队高校运行是摆在教练员面前一个现实的问题。显然，Jowett 等人提出的教练员与运动员关系 3＋1Cs 概念模型为我们提供了方向：从亲密性、承诺、互补性以及共同取向四个方面改善或促进教练员与运动员关系。

第一，亲密性。从亲密性的定义中我们可以了解到亲密性描绘的是教练员与运动员之间情感要素，因此，教练员可以通过给予运动员一定的信任、尊重以及欣赏，使运动员感受到自己在团队中的价值。相关研究表明，缺乏信任、尊重容易导致团队内的不良竞争、嫉妒、沮丧等负性消极现象的产生，从而瓦解教练员与运动员关系。

第二，承诺。运动成就的突破需要时间、努力及能力去克服与战胜运动训练过程中的困难与挫折，如伤病、疲劳、失败及心理耗竭等。因此，关系成员间的承诺显得尤为重要。研究表明，教练员与运动员之间高度的承诺关系能使其更附和，同时，团队中更多的是和谐而不是冲突。此外，研究表明，承诺主要从运动员的角色承担中体现。因此，教练员可以通过组织团队例会使运动员明确自己在团队内所承担的角色与职责。

第三，互补性。这是教练员与运动员关系中的一个重要环节。因为，两者之间的双边关系本身就是一个互动循环的过程。合作是教练员与运动员关系中的核心，没有得到运动员回应的执教行为是无意义的执教行为。相关研究表明，就教练员而言，教练员与运动员关系包括体现控制与决断成分的行为，而就教练员与运动员双方而言，双边关系包括接纳、友谊及回应成分的行为。因此，教练员与运动员之间应当开展这类互动模型更容易形成和谐的教练员与运动员关系。

第四，共同取向。共同取向的一个重要维度是移情的理解，那么教练员的移情的理解主要反映在对运动员的想法、感受及行为的准确揣测上。对教练员与运动员的系列访谈表明，当教练员与运动员能够感受到理解时，他们之间彼此欣赏程度更高。教练员与运动员之间的相互理解是指通过紧密的观察与互动或者通过想法、信仰的基础交流以达到对关系成员的了解。显然，沟通与交流是促进移情的理解最主要的渠道。因此，教练员与运动员可以通过言语的或非言语的交流与沟通方式彼此相互理解。

【拓展阅读一】

从众行为

从众行为是指个体在群体压力下，在知觉、判断、信仰以及行为上，表现出与群体中大多数人一致的现象。从众是一种常见的社会生活现象，因而社会心理学家对此进行了大量的实验研究，其中最为经典的研究莫过于阿希的实验。

1952 年，美国心理学家阿希为了了解人们在做出决策或行动时，是否会受到他人的影响。阿希力图了解从众的需要对我们的行为到底有多大影响。虽然从众经常会涉及一些笼统、模糊、含混的概念，如态度、伦理、道德和信仰体系等，但阿希选择了“知觉从众”这一较为清晰的形式作为切入点，通过一个简单的视觉比较任务来检验从众行为。下面就让我们进入阿希的实验。

这项实验是在一所大学进行的，实验对象是一群大学生。实验前，他们被告知实验的目的是测试人的视觉能力。在参与实验的大学生到来之前，他安排好了 5 个人等在实验室的外面，当参加实验的大学生来到了实验室门口看到已经有 5 个人坐在那里时，便不自觉地坐到了第 6 个座位上。实验正式开始后，阿希拿出两张画有不等长线段的图片，他让参与实验的大学生比较线段的长度并指出其中相同长度的两条。

对这些普通的线段，正常人是很容易做出正确的判断。此次判断一共进行了 18 次，起初的两个人先做出了正确的判断，而紧接着事先安排好的 5 个人则一致认为所有这些线段都是等长的(这个答案显然是错误的，这是主试事先安排好的)。当听到前面大部分人都说出了所有线段等长的错误答案后，那些主动参与实验的大学生开始犹豫不决了，最终的结果是约 76％的人至少做了一次从众判断，只有约 24％的人没有从众，而在正常情况下，人们判断错误的可能性还不到 1％。

这个实验可以给我们这样的启示：从众行为是一种非常普遍的心理现象，但从众并不一定好，也不一定坏，人云亦云也不等于迷失自我，要用端正的态度面对从众，科学地从众。

【拓展阅读二】

服从实验

如果某人利用职权命令你对另一个人施加350伏电压的电击，原因仅仅是因为这个人在回答问题时答错了，你会听从命令吗？一般而言，我们大多数人都会回答没人会这样做。如果有人愿意这样做了，我们会认为他是一个残酷的人或虐待狂。然而，耶鲁大学的米尔格莱姆所做的一项研究，将颠覆我们的观点。

米尔格莱姆采用实验的方法在实验室里验证了服从的力量。他设计了一个看起来非常骇人的电击装置。在一个大电表里有30个调节的开关，不同的开关代表着不同的电压，电压从30伏开始，每次以15伏为单位递增，一直增加到450伏。这些开关被分成3组，即轻微电击组、中等电击组和高压危险电击组。

参加该实验的被试被告知这是一项关于“体罚对学习行为的效用”的实验。其中，有的被试作为“老师”，有的被试作为“学生”。学生与老师的角色是通过被试从帽子里抽纸条来决定的。这个签是研究者事先安排好的，因此真正的被试总是抽到“老师”，而研究者的助手（假被试）总是抽到“学生”。然后，“学生”被带到隔壁的房间里，被试看到工作人员将他绑在椅子上，用电线将电极与邻近房间里的电击装置连在一起。虽然“学生”的胳膊被绑着，但是他仍能够得着标有A、B、C、D符号的按钮，并以此来回答隔壁房间里老师提出的问题。

主试向“老师”和“学生”清楚地交代了学习任务。该任务是让“学生”对各种各样的单词配对进行联想记忆。单词表很长，因此这不是一个简单的记忆任务，当“老师”的被试把每对单词读给“学生”听，然后检查“学生”的记忆情况。主试要求被试在学生做出错误的反应时给予电击惩罚。并且，每增加一次错误，惩罚的电击就要提高一级。当“学生”的助手的反应是预先安排好的，正确或错误的反应顺序对所有的被试来说完全一致。所以，当电击总量随着错误的反应增长时，“学生”开始从另一个房间里发出痛苦的叫喊（这也是事先安排好的，包括叫喊的内容）当电压达到300伏时，他猛撞墙壁，要求工作人员放他出去。电压超过300伏后，他变得完成沉默，拒绝回答任何问题。主试告诉“老师”，用处理错误反应的方式来处理不反应的情况并继续进行应有的电击惩罚。

在进行实验之前，米尔格莱姆曾对他的同事做了预测实验结果的测验，只有大约1%的人认为自己会狠下心来继续惩罚直到最大强度。尽管每个被试都在达到某种程度时暂停并质疑这项实验，但由于主试对他们说“请继续”，“实验需要你继续”，“继续进行是极其必要的”，“你别无选择，你必须继续”。

最终的结果令人震惊，在主试的命令下，几乎所有被试都将电压提升到了300伏，直到学生猛撞墙壁，要求离开实验室，并拒绝回答问题为止。但是，最令人吃惊的是使用全部30个电压水平并使电压达到最大值的被试数量达到了65%。

这个实验可以给我们这样的启示：人们习惯于服从权威，因为人们认为权威不会出错。

然而，服从权威，使群体成员变得麻木，忘记去区分正误、是非。这种惯性与合理化，会让本来就存在的错误倾向看起来越来越正确。因此，我们要学会辨明是非，不应盲目地追捧权威。

【本章小结】

团体凝聚力是指团体成员之间相互吸引并愿意留在团体中的程度。它包括两个方面：一是群体对成员的吸引力；二是成员彼此之间的吸引力。

团体凝聚力可以分为任务凝聚力和社交凝聚力(社会凝聚力)。任务凝聚力是指团体成员团结一致为实现某一目标而付出努力的程度。社交凝聚力是指团体成员彼此相互欣赏，并愿意成为团队中的一员的程度。

测量团体凝聚力的方法主要包括社会测量法与问卷调查法。团体环境问卷是测量体育运动领域中团体凝聚力的重要方法。该问卷对个体与团体、任务与社交方面进行了区分并形成了四个维度：团体任务对个体的吸引力，指运动员参加所属团体任务、活动和接受团体目标程度的知觉；团体交往对个体的吸引，指团体成员个人在团体被接受的程度以及与队友人际关系的知觉；团体社交一致性，指团体成员对团体工作能彼此合作、意见一致；团体社交一致性，指团体成员能彼此关心、尊重，并相处愉快。

影响团体凝聚力的因素来自两个方面：一是团体内部；二是团体外部。内部因素包括领导因素、团体规模、团体稳定性、目标结构、成员相似性、成员互补性，外部因素包括外部压力和团体的社会地位。

领导行为是对群体或个人施加心理影响，使之努力实现团体目标的过程。

正式领导者其主要功能是领导团体成员实现团体目标，如制订和执行团体的计划、制定政策与方针；提供情报知识与技巧；授权下级分担任务；对团体成员实行奖惩；代表团体对外交涉；控制团体内部关系，沟通团体内部上下的意见。

非正式领导的主要功能是满足团体成员的个别需要。例如：协助团体成员解决私人问题；倾听团体成员的意见，安慰团体成员的情绪；协调与仲裁团体成员间的关系；提供各种资料情报；替团体成员承担某些责任；引导团体成员的思想、信仰及对价值的判断。

领导者影响力是指在与团体成员交往过程中，能够对团体成员的心理与行为进行影响或改变的能力。

按领导者影响力的性质，影响力可分为强制性与自然性影响力。前者是通过社会、行政组织赋予其的职务、地位、权力等条件构成；后者是通过人自身具备的能力特点、人格魅力、业务水平以及道德修养等形成的影响力。

德国心理学家勒温将领导方式分为专制式领导、民主式领导与放任式领导三类。其中，民主式领导为团队最受欢迎的领导方式，其造成的团体士气最高，工作效率最高。

美国心理学家李克特将领导方式分为剥削式的集权领导、慈善式的集权领导、协商式的民主领导与参与式的民族领导四类。

日本心理学家三隅二不二将领导方式分为人情取向领导与工作取向领导两类。人情取向领导是指以团体成员的利益和情感为重的领导方式；工作取向领导是指以完成工作任务和实现工作目标为重的领导方式。三隅二不二将人情取向与工作取向各分为高低两种水平，将高低两个水平与两种取向匹配，形成了四种领导方式，即工作取向与人情取向均高、工作取向高而人情取向低、工作取向低而人情取向高以及工作取向与人情取向均低。

美国管理学家费德勒提出的领导行为的权变模型认为任何类型的领导方式都可能有效，关键在于情境的影响。

影响领导行为的因素包括领导者的基本素质、领导者的领导方式、情境的特点、团队成员的特点。

课堂活动结构是指在课堂学习中，对学生达到学习成就目标产生不同影响的基本人际关系。在课堂情境中，课堂活动结构存在竞争式学习、合作式学习和单干式学习三种形式。

课堂心理气氛是指在课堂教学中，通过师生之间的相互作用而产生和发展起来的一种综合的群体心理状态，包括教师和学生的注意状态、知觉状态、思维状态、情感状态、意志状态和定势状态等。

动机气氛是由教师对学生目标的评价和奖励的过程、所要完成的任务结构以及参加者彼此的关系所决定，它包括两类动机气氛，即学习气氛和成绩气氛。

目标定向理论认为，当人们面临一个活动时，不同人格倾向的人会追求不同的目标，一种是成绩目标，一种是学习目标，或称为任务定向和自我定向。任务定向的个体关心是否已经掌握了任务或者是提高了任务掌握水平，自我定向的个体则必须对自己和其他人的努力程度和成绩进行比较。

师生关系是指教师和学生在教育、教学过程中结成的相互关系，包括彼此所处的地位、作用和相互对待的态度等。

从众是指个人在社会团体压力下，放弃自己的意见，转变原有的态度，采取与大多数人一致的行为。

同伴关系是指在合作互利的共同目标下，以平等地位的精神持续交往。

心理契约是存在于个体与其组织之间的一种内隐契约，它将双方关系中一方希望付出的代价以及从另一方得到的回报具体化。

直觉上，团体凝聚力与运动成绩呈正相关关系，但有的研究得出了相反的结果。研究结果的不一致可能是测量工具与运动项目的不一致导致。

团体凝聚力可能影响运动成绩，反过来，运动成绩也可能影响团体凝聚力。

教练员与运动员关系是指教练员与运动员的感觉、想法和行为的彼此依赖情境。

教练员与运动员关系概念模型包括亲密性、承诺、互补性以及共同取向四个维度。可以从两个视角对教练员与运动员关系进行测量，即直接视角与元视角。直接视角反映团体成员对与其他成员人际关系的个人想法与感觉，元视角反映的是成员个人努力从他人视角感知人际关系。

【思考题】

1. 什么是团体凝聚力？它具有哪些特征？
2. 如何检验任务凝聚力与社交凝聚力，哪个与运动成绩关系更为密切？

3. 如何测量团体凝聚力？
4. 影响团体凝聚力的因素包括哪些？
5. 领导具有哪些影响力？
6. 领导方式有哪些分类？你希望你的教师采用哪种领导方式？
7. 影响领导行为的因素有哪些？
8. 如何营造体育课堂气氛，从而提高教学效果？
9. 在体育教学中，如何提升师生关系？
10. 如果你是健身教练员，如何利用从众行为现象影响他人的锻炼行为？
11. 同伴关系如何影响人们参与体育锻炼？
12. 群众健身中如何提高成员的心理契约？
13. 你觉得团体凝聚力与运动成绩哪个是因，哪个是果？
14. 如何测量教练员与运动员关系？
15. 如何改善与促进教练员与运动员关系？

【推荐阅读文献】

[1] 孙科炎，詹燕徽. 群体心理学[M]. 北京：中国电力出版社，2012.
[2] 卢俊宏，廖主民. 运动社会心理学[M]. 季力康，译. 台北：书苑出版社，2007.

参考文献

[1] 张春兴.现代心理学[M].上海:上海人民出版社,2005.

[2] [美] 理查德·格里格,菲利普·津巴多.心理学与生活[M].北京:人民邮电出版社,2003.

[3] 黄希庭.心理学导论[M].北京:人民教育出版社,2001.

[4] [美] A. Leuens and J. R. Nation.运动心理学导论[M].姚家新,等,译.西安:陕西师范大学出版社,2006.

[5] 马启伟,张力为.体育运动心理学[M].浙江:浙江教育出版社,1998.

[6] 孙鹏.浅析网球运动员接发球的注意力[J].辽宁体育科技,2006,(6):37-41.

[7] 王甦,汪安圣.认知心理学(重排本)[M].北京:北京大学出版社,2006.

[8] 王雁.普通心理学[M].北京:人民教育出版社,2002.

[9] 张春兴.现代心理学[M].上海:上海人民出版社,1998.

[10] 张力为,毛志雄.体育科学常用心理量表评定手册[M].北京:北京体育大学出版社,2004.

[11] 张力为,任未多.体育运动心理学研究进展[M].北京:高等教育出版社,2000.

[12] Richard H Cox.运动心理学[M].张力为,张禹,牛曼漪,等,译.北京:清华大学出版社,2003.

[13] Jerry M. Burger.人格心理学[M].陈会昌,等,译.北京:中国轻工业出版社,2004.

[14] Dennis Coon.心理学导论[M].郑钢,等,译.北京:中国轻工业出版社,2004.

[15] 陈红.体育教师的性别和教学内容对儿童性别角色发展的影响[J].体育学刊,2004,11(1).

[16] 祝大鹏.运动员体育道德:概念、影响因素、测量与展望[J].武汉体育学院学报,2013,47(7):64-70.

[17] 张力为,毛志雄.运动心理学[M].北京:高等教育出版社,2007.

[18] 季浏,殷恒婵,颜军.体育心理学[M].北京:高等教育出版社,2010.

[19] 吴才智,包卫.大学生心理健康[M].上海:华东师范大学出版社,2009.

[20] 邓荣华,颜军,金其贯.运动增进心理健康的机制及运动处方[J].西安体育学院学报.2003,(20)3:107-110.

[21] 叶培军,徐南强.体质弱势大学生体育锻炼与心理健康影响机制探讨[J].吉林体育学院学报.2009,25(1):65-67.

[22] 文树彪.试谈体育运动促进心理发展[J].科学大众科学教育,2012,(10),166.

[23] 李森,李越,等.体育锻炼知、信、行干预对大学生心理健康的影响[J].体育与科学,

2008,(29)6:91-94.

[24] 宋子良.不同频度的体育活动与大学生心理健康状况关系的研究[J].北京体育大学学报.2008,(31)7:948-950.

[25] 张立新,杨静.体育与非体育类专业大学生心理健康状况比较分析[J].武汉体育学院学报.2009,43(9)59-72.

[26] 张力为,毛志雄.运动心理学[M].上海:华东师范大学出版社,2003.

[27] 苏东水.管理心理学[M].上海:复旦大学出版社,2002.

[28] 窦胜功,等.组织行为学教程[M].北京:清华大学出版社,2007.

[29] 郑雪.社会心理学[M].广州:暨南大学出版社,2004.